古今義烈傳

張岱全集

〔明〕張岱 撰

丁紅 點校

浙江古籍出版社

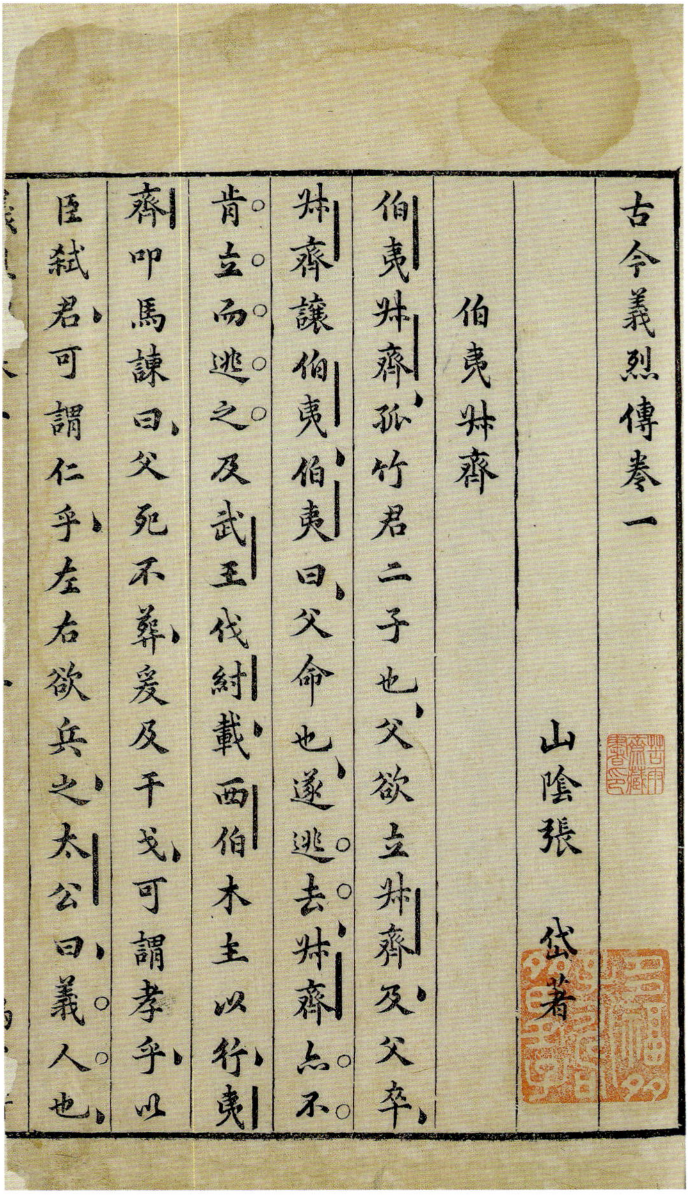
古今義烈傳卷一

山陰張　岱著

伯夷叔齊

伯夷叔齊、孤竹君二子也、父欲立叔齊、及父卒、叔齊讓伯夷、伯夷曰、父命也、遂逃去、叔齊亦不肯立而逃之、及武王伐紂、載西伯木主以行、夷齊叩馬諫曰、父死不葬、爰及干戈、可謂孝乎、以臣弑君、可謂仁乎、左右欲兵之、太公曰、義人也、

國家圖書館藏崇禎刻本《古今義烈傳》

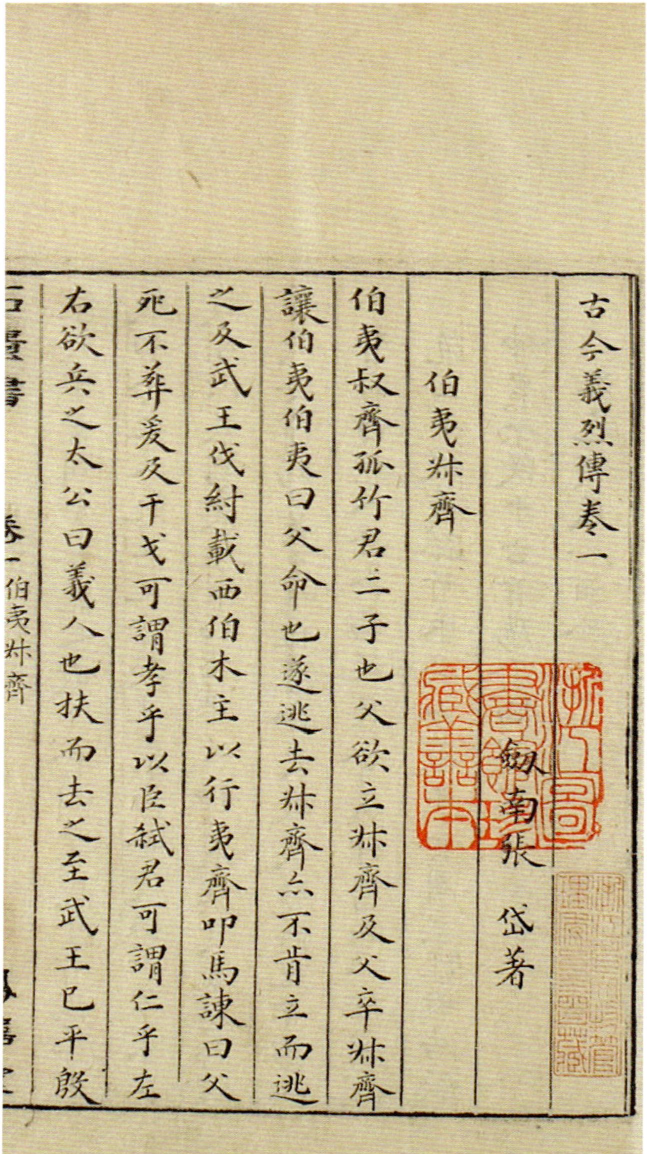
古今義烈傳卷一

劍南張　岱著

伯夷叔齊

伯夷叔齊孤竹君二子也父欲立叔齊及父卒叔齊讓伯夷伯夷曰父命也遂逃去叔齊亦不肯立而逃之及武王伐紂載西伯木主以行夷齊叩馬諫曰父死不葬爰及干戈可謂孝乎以臣弒君可謂仁乎左右欲兵之太公曰義人也扶而去之至武王已平殷

石匱書　卷一　伯夷叔齊

浙江圖書館藏稿本《古今義烈傳》

前言

丁紅

《古今義烈傳》八卷，是明末清初著名的文學家和史學家張岱撰寫的一部述評歷代義烈之士的傳記體史書。

張岱，初字宗子，以人稱『石公』，即改字石公，號陶庵，又號蝶庵，山陰（今浙江紹興）人。生於明萬曆二十五年（一五九七），卒於清康熙年間（一説爲康熙二十四年，一六八五）。平生讀書廣博，經史百家，靡不涉獵，著述弘富，史論、小品、佳作疊出。據其《自爲墓誌銘》所載，已編集成書的即有十五種，其中像《瑯嬛文集》、《石匱書》、《陶庵夢憶》、《西湖夢尋》等，早已爲世人所熟知。這部《古今義烈傳》，則是見載於《自爲墓志銘》而又流傳甚少的一種。

《古今義烈傳》卷首有明末文士陳繼儒、劉光斗、祁彪佳、馬如蛟、劉榮嗣所撰的序和張岱自序，除劉光斗序未署年月外，其餘五篇序均撰於崇禎元年至五年間（一六二八—一六三二）。其中崇禎四年（一六三一）祁彪佳序云：『張宗子目窮學海，才注文河，少年搜輯得烈士數百餘人，手自删削，自成一家言。』據此，張岱開始纂輯本書的時間，不會晚於天啓元年（一六二一）。本書張岱自序撰於崇禎元年（一六二八），序中有『余自史乘，旁及稗官，手自鈔集，得四百餘人，繫以論贊，傳之剞劂』云云，而列于該篇自序後的《古今義烈名籍》（張岱撰），則謂本書『始於周鎬京，迄于明崇禎甲申（十七年，一六四四）』，『得五百七十三人，爲四百七十二贊』。兩文對勘，可見早在崇禎初年，張岱已經完成本書的第一稿，請人作序，準備刊印。而後由於時局的變化，作者續加搜輯，人數由初稿的四百餘人增加到五百餘人，時間下限也延至崇禎末年，這便是我們今天所能見到的本子。簡略記載這個本子纂輯實況的《古今義烈名籍》未曾撰寫年月，但從本書收人的下限看，它的最終定稿，當在清初。

從天啓到清初，歷史發生了重大的轉折，明王朝從没落終至于崩潰，清兵入關，統治了全國大部分地區。張岱本人也在這天崩地裂的突變中，由一個二十餘歲喜愛鮮衣美食的紈綺子弟，成長爲一位年近知命、布衣蔬食而又富于洞察力的史學家。這一成長的歷程在《古今義烈傳》裏留下了明顯的印痕。一方面，受晚明以來崇尚個性解放、思想獨立思潮的浸潤，作者在選擇『義烈』之士時，首先考慮的，是那些不爲功利目的所左右，純粹從道德立場出發而其行爲又明顯具有個人魅力的人。卷首《凡例》開宗明義：『凡慷慨赴義，必於倉皇急遽之交，生死呼吸之際，感觸時事，卒然迸裂，如電光、江濤不可遏止，雖生平未通半面，遽欲與臧洪同日死者，此爲第一。其餘受人恩結，有爲而死，如荆軻、聶政之流，不在此列。』荆軻、聶政在傳統中國社會中一向被當作義士的典範，而張岱卻棄之不取，原因即在張岱所謂的『義烈』，是非功利性的，而荆、聶所爲，則是受人之恩，帶有交换性的功利之舉。與這種非功利性相關聯，張岱所看重的，還有義烈之士思想人格上的獨立性。他對于傳統的君臣名分評價甚低，認爲『君臣之分，莫逃天壤，無論名節懸於其前，實亦斧鑕逼於其後。故一丁艱厄，有死無他』（同上），一針見血地指出了『忠臣死節』背後的嚴酷。由此對愚忠之舉痛加貶斥，以爲『有死主之勇，須先有擇主之明。苟使託身非人，不能見幾，復爲死難，則是蔡邕之哭董卓，揚雄之死王莽，徒資萬世笑罵耳，何義之有與』（同上）。這也就將習慣上經常連提並舉的『忠義』之説，從理論上作了細緻的區分，能盡忠者未必都是義士。在自序中，張岱回憶自己讀《水滸傳》小説時的感受，謂『宋江爲宋室一大盗俠，少有折挫，輒爲之扼腕懊惱，與官兵截殺，惟恐水滸之人不獲全勝；一至以征大遼，手足零落，慘然悲悼，不忍終卷。宋江，盜也，何愛護之若是？無他，爲忠義兩字所排激也。』這其中所歸的『忠義兩字』，聯繫上面所引，可知重心在『義』字，是基於義的忠。這種基於義的忠基本上不考慮政治名分，而同時又帶有十分强烈的個人性格魅力，因此即便是大盜，依然爲張岱所激賞。

另一方面，由於明清易代之際，士大夫在去就大節上出現分流狀況，有人屈服以至投靠清王朝，有人義不降清，而張岱本人作爲明王朝高級官僚的後裔——高祖天復爲嘉靖二十六年進士，曾任雲南臬司副使，曾祖元忭乃隆慶五年狀元，官至翰林院侍讀、詹事府左諭德，祖父汝林是萬曆二十三年進士，出任廣西參議，而父親耀方晚年做過山東兖州魯王府的右長史，是魯獻王的親信——感情上必然偏向明室，因而在《古今義烈傳》的最後一卷中，録載了不少盡忠王朝的義烈之士。如『陳元綸』條云：『陳元綸，字道掌，福州人，名士貢薦。丙戌，貝勒兵入福，京有爲清官者，與元綸夙交，造廬通好，元綸束網頂儒巾青袍迎坐。清官顧駭，請具清式以見。元綸笑起，云：「欲生换制，迨少選。」入内。清官竢之坐次，忽哭聲出户，報元綸頂儒巾青袍，雉經死矣。』這種對於名分的重視，又顯現了張岱在特定時期裹編纂本書的特殊用意。不過即便如此，作者對於那種追求形式的迂執的『義烈』做法仍然不太贊賞。如卷八記述平湖人陸士鉉在甲申事變後撰《絶粒篇》，絶食而死；一位福建籍的『畫網巾先生』因不願雉髮，反在自己額上畫網巾，而被清兵所害，即撰贊曰：『作《絶粒篇》而不必絶粒，畫網巾而不必網巾。世間凡事何須認真？取其意也，則亦可以成名。』雖語涉玩世，但所謂『取其意』，歸根到底還是强調『義烈』之舉應建立在尊重個人的人格，以及思想獨立方面，而非片面的殺身成仁。

《古今義烈傳》從總體上説是一部帶有濃重道德色彩的史傳著作，然而由於作者張岱不僅是一位睿智的史學家，同時也是一位傑出的文學家，因此本書在文學上也頗有創意。祁彪佳謂『其點染之妙，凡當要害，在餘子宜一二百言，宗子能數十字輒盡情狀，及窮事際，反若有千百言在筆下』（《義烈傳敘》），即點出了張岱寫傳言短意長、情狀畢肖的特色。又書中敘述義烈之士的事跡時，常采用轉録人物對話的形式，增加了本書的感染力。像卷四『嚴顔』條記三國時張飛破劉璋軍，俘獲巴郡守嚴顔後，張、嚴二人間的一段對話，便極有意思：『飛呵之曰：「大軍至，何敢拒戰不降？」顔答曰：「卿等無狀，侵奪我州，但有斷頭將軍，無降將軍也。」飛怒，令左右牽去斫頭。顔應曰：「斫頭便斫頭，何爲怒邪？」』幽默的語言，活畫出一位視死如歸的義士不屈的性格。本書每則傳記的末尾，又均有張岱所撰的論贊，或爲總結義士之思想，或爲補充篇中未及之事，或抒己見，或寓褒貶，文筆流暢清新，語句跌宕多姿，被陳繼儒評爲『蒼翠筆底，贊語奇峭，風雹雲霆，龍蛇虎豹，腕下變現，而雋冷悠然，飄渺孤鴻，天外嘹嚦，是又《漢書》、《三國》諸贊中所絶不經見也』。

鑒於本書對於研究明代史學和文學均頗有參考價值，我們將此書校點刊行。這次所用的底本，爲一個八卷四册的本子，正文以楷書寫録，書口上下方分别印有『石匱書』、『鳳嬉堂』字樣，而《石匱書》是張岱入清後編纂的一部著名的明代史書，其原稿本也録在有『鳳嬉堂』印鑒的稿紙上，由此可知這部《古今義烈傳》乃是張岱原作的謄清稿本，具有極爲珍貴的文獻價值。國家圖書館藏有八卷四册的刻本（其中第二册爲抄配），經核對，刻本與稿本差别甚大。刻本的贊語與稿本存在諸多差異，正文的傳記文字也頗有差别。考慮正文傳記多翦裁自歷代史書，文句的不同並不影響史實，故未作校勘，但贊語的不同，反映了張岱著述的嚴謹態度，不能忽略了之，故全文録入。另據謝國楨先生《增訂晚明史籍考》吴江柳氏舊藏有一種傳鈔本，惜不知其是否尚存人世。校點中對於原本中的損蝕文字，參考有關史書作了校補，難以校補者則用□號代替。錯别字、手寫簡化字和異體字已經改爲通行字。限於水平，校點中難免還有失誤，敬祈方家教正。

目録

古今義烈傳卷二

古今義烈傳卷三

古今義烈傳卷四

古今義烈傳卷五

古今義烈傳卷六

古今義烈傳卷七

古今義烈傳卷八

序

四海相識，落落如曉星，而老病相妬，不能一酬其墓。所當車過腹痛者，莫如山陰張肅之。肅之與余稱卅年老友，而素心遥對，杖屨詩酒，呼吸相通。今棄我七年，墓木已拱。陟阜臨風，人琴懷感，篔簹遺卷，曝書忽見，每動與可之哭也。今年夏，吾鄉太史吴澹人持其友張宗子《烈士傳》視余，向余徵序曰：『若故人子，若識之乎？』余取讀之，見其凡例、名籍，竪議侃侃，已心異其人。讀未終卷，其條序人物，深得龍門精魄，典贍之中，佐以臨川孤韻，蒼翠筆底，贊語奇峭，風雹雲霆，龍蛇虎豹，腕下變現，而雋冷悠然，飄渺孤鴻，天外嘹嚦，是又《漢書》、《三國》諸贊中所絶不經見也。余於是深異之，力究其人。澹人曰：『是若友張雨若先生孫也，爲海内知名士，靡所不長，古文辭其游戲也。』余噱然笑，口張而不能噏，曰：『嗟乎！有以也。』昔張肅之與黄寓庸、羅玄父、張夢澤、王弱生諸公讀史于白門，余及見其評騭諸史，議果而確，識敏而老。余手鈔其副本歸，奉爲定論。今宗子風霜之口，酷似其祖，但其才力天出，靈動活現。老泉之質，不若斜川之穎也。余少時亦有是志，取古來義士，列其名，未及作傳。後見皇甫士安《列士傳》、屠緯真《義士傳》，寥寥數人，如武帝食露盤，無補多欲，便爾中止。迺宗子遠逮商周，近迄熹廟，卑至奴隸，瑣及犬馬，洋洋大章，洵是持世之作。《三都》成而傖父輟筆，嗣今以往，保無敵手也。常見老人飴弄孫子，見孺子囁嚅效大人語，則其祖若父必喜而笑，舉以示座客，座客亦無不喜而笑。余於肅之不止座客，而宗子將作大聲驚人，亦不止僅僅作效大人語。余思吾良友，雖終不可得吾肅之之一笑，而見有文孫如此，肅之其不死矣。

壬申秋七月曬書日，雲間老人陳繼儒書於頑仙廬。

義烈傳序

自嫽澳者盈宇宙，有利害而無是非。非無是非也，利害之太晰，一如鶩，一如沍，即是非之鏡朗懸于前，而闇然不能自振，爲突梯，不爲濡縷，而大義之頓淪也，直以温蠖障燭龍之馭。于是上關國社，旁及衿盟，瑣至閭井，蒙貍面而匿鼠首。而古今之瀝肝指髮者，盡汩汩于容脰之智，如行墟墓間，無有生氣，如入女人國中，無有男子氣，以至偷蔭處堂，坐視禍敗，而莫之所。故曹蜍、李志之毒天下，較蹻、蹠烈也。夫百年有盡，人殺、鬼殺埒耳，亦安見汗餌牀簀者之必不死哉！而究不如直行其是者。其幸而成也而得不死也，可以肉虎狼而飴鼎鑊；即不幸而身殉之，心抒一寸之丹，血化九原之碧，赤利刃而死，青柔翰而生，而烈士之名猶足以炤千古。余不佞，夙負毅憤，見拳曲不平，輒爲眥奮，往往讀二十一氏之牒，流覽一二，則疾引大白酬之。既局局理官，括帖、簿書兩耗疇昔，然私心所赴泐，拂拂從湛盧躍去。乃一睹張宗子之所彙《義烈傳》，而爽然消我瘕也。凡事出士大夫，勿概論。其或它人之酒杯，與下士之嚆矢，無編摩以勗之，無旗表以驅之，不縮不矜，不利熒，不害怵，要于必行其是，尤足術也。宗子，文恭曾孫，四世簪組，所家儲不止三十乘，故綜列閎博蒐足異。余尤異宗子貌恂恂，挹對温克，無卞激之態，而持論諷誼，直以電光霍開魅界。至諸贊詞，又復手涴七襄，腸貫九曲，而五色摩尼逼現毫楮，使人琅琅披之，滌而日月，震而雹霆，栗而霜雪。究從舌瓣作冷香，沁入脾腑，又不翅釀沆瀣爲甘露也。宗子才擅金閨，行出而樹世，即《義烈》一刻，唾玉屑于地，而亘銕英于天，且盡呼天下之蜍志，而鼓朝氣以還其鬚眉，于功世也弘矣哉！余時迫去越，亟題之以歸宗子。

蘭陵劉光斗題于龍嶼之夙有齋。

義烈傳敘

孫樵曰：『爲史官者，明不顧刑辟，幽不見鬼怪。若梗避於其間，其書可燒也。』古人高擅史才，龍門、西蜀，千載絶唱。唐興二百年間，作者數十輩，獨高昌黎。昌黎修《順宗實録》，尚不能當班孟堅，遑問它邪？至於廬陵、涑水，驥失而鴑，鴑失而蟆，雖有作者，子長、子雲勿可及已。乃議者謂太史公排節義，退正直，不敘殺身成仁之美，而莽大夫劇秦美新，行負其腹，磨毫黷札，叢閣飽帙，但以官大寵濃，講文張字，如司馬子長之敘周繆，班孟堅之傳蔡義，其所謂梗避者，亦已甚矣！余生平有史癖，見烈士俠徒，握拳攘臂，洶洶思逞，但記載散見，如雷光石火，不能多遘。余友張宗子，目窮學海，才注文河，十年搜戢，得烈士數百餘人，手自删削，自成一家言。其點染之妙，凡當要害，在餘子宜一二百言，宗子能數十字輒盡情狀。及窮事際，反若有千百言在筆下。論贊雜出，一字之評，筆懷秋嚴，舌蓄霜斷，出没其意中，忖度其言外，秦銅相照，纖悉不能躲閃。至如索隱鉤深，推心置腹，一出一入，無不忤直骨於枯墳，爨諂魂於泉下。其所鑒别，片言武斷，尤足令千古輸心。宗子齒髮未及壯，其所得如此，則不知子長、子雲當宗子年齒時，文章果何如也？余里居三年，與宗子析疑賞奇，數山間晨夕，得以窺其武庫獨富。而宗子王大父太史公創《紹興郡志》、《會稽縣志》，而太史公尊人太僕成《山陰縣志》，義嚴衮鉞，傳爲一方信史，時人比之班氏父子，而未得殫其精華，常爲懊惜。今吾宗子以纗虎之才，克世其美，不減談、遷之繼述。異日石渠、虎觀虛左席以待宗子，宗子亦何庸多讓焉？余驅車將北，告人曰：『會稽宛委禹穴間，有出手眼而挾龍門、西蜀之奇者，將大用矣。』

辛未仲夏，山陰友弟祁彪佳書於西湖偶居。

義士傳序

余濫竽山陰，暗中摸索，得交宗子。五年守土，略去世法，幾同家人骨肉。余去越時，曾有句曰：『貌疑子羽爲文士，舌在張儀必偉人。』蓋宗子不特爲文人，真豪士也。宗子意氣如雲，肝腸如火，神情開霽，朗朗日月入懷。而民間利弊，磊砢不平，嚄唶喑嗚，風雨颯颯，集座間縱口直言，絕無畏忌。余喜其駿爽不凡。猶憶丙寅年以公事入武林，簿書之暇，放浪於六橋三竺間，桂塢飛觴，蘭舟載月，朱佩南、楊石攻隤然大醉，每噱噐不可致，夜則翦燭劇譚，嘮嘈不倦，此樂洵不減長慶當年。而時序忽移，荏冉不可復追矣。白水蒹葭，懷我素侶。今年，予奉命有川江役，楊石攻、張宗子取道采石，破浪來訪，促膝經旬，慰勞交至。一夕夜話，宗子以所著《義士傳》命余序之。予嘗留心於二十一氏之往牒，有概於中，謂義士俠徒多以躁敗，佯狂抱器，無害其成仁，而臺下結纓，不許其取義。蓋義無前準，匹夫慷慨，婦女從容，其所肉視虎狼，冰顧湯鑊，宜與山間明月、江上清風同其安適，義斯高於千古矣。留侯博浪一擊，尚爲義氣所動，幾陷虎口，圯橋老人抑其志而鋤其氣，三返而不怒，納履而不羞，身爲帝者師，而卒報韓仇，所以善用其氣也。宗子此集，其義鵠乎？非直義藪也。宗子以雄邁敏給之才，伋籀蚪文，靡不殫究，至若荒碑斷版，一字當心，輒坐卧其下。其振筆數千言，拔地干雲，峭削危聳，華頂不足據，而蜀峽不足開也。間以時事相商，籌畫安詳，鑿鑿可用。國家如此，人急如荒年之穀。異日聖天子聽琴瑟而思志義之臣，宗子應運起，以是編爲隴中數語，必加異數，將晉臣蛟而勞之曰：『是爾昔爲宰時所釋陽喬而得鱮魴也，惟爾之伐。』予光寵復何似耶？宗子勉諸！

歲己巳暮春，友人馬如蛟題。

敘義士傳

生平見異人，讀異書，輒作數日喜。余待罪東兖，張爾弢來相魯國，一見而異之。其人似莊似騷，半諧半謔，蓋以謫仙中人借金馬門作遊戲散吏也。一日，李滕宰索余顔署，爾弢在座，余擬議未得，爾弢曰：『薛歸於滕，今李宰晉秩郡司馬，宜書滕薛大夫。』一座叫絶。少頃，爾弢亦索書，余曰：『能工確如前語乎？』爾弢應聲曰：『季孟之間，非魯右史而何？』余服其敏妙。丁卯冬，嘉祥趙令以大計殤於道，借庫藏千金，囊廉無補。胥役至，留難其妻孥喪輀，一邑騷動，以攝篆請者視爲巖邑。余曰：『老子胸中兵甲，無過余右史才者。』爾弢遂以單騎往。見其老婆諸孤，煢煢無措，毅然解其囊中千金代輸公帑，更錘其腰間黄鏹爲麥舟之贈。東土喧填，謂范式再世矣。余於是益敬憚之。今秋，其長公宗子來，望其丰采，軒軒若朝霞舉，商古論今，如數家物。余方驚其言似河漢之無極，出一卷見視，迺其所著《義士傳》，自商迄今得四百餘人，各爲論贊。余得卒業，奇古靈雋，蓋統《腐史》、《世説》合而成一家言者。余平昔讀劉向《列女傳》，貞淫雜出，繁簡失宜，末贅小贊，寥寥寂寂，媿不成語，乃擅一代詞宗，閉閣燃藜，至來太乙之照，是不可解。宗子著作足垂千古，爾弢又身作之儀，留爲世則，如范堯夫以麥舟舉石曼卿三喪，文正聞而歎其贈之何晚，一氣一理，水乳吻合，則是宗子以世德世其文章，彼青藜爝火，敢與日月争光耶？

己巳秋仲，半舫劉榮嗣書於兖東公署。

自敘

天下有絶不相干之事，一念憤激，握拳攘臂，攬若同仇，雖在路人，遽欲與之同日死者。余見此輩，心甚壯之。故每涉覽所至，凡見義士、俠徒，感觸時事，身丁患難，余惟恐殺之者下石不重，煎之者出薪不猛。何者？天下事，不痛則不快，不痛極則不快極。强弩潰癰，利錐拔刺，鯁悶臃腫，横決無餘，立地一刀，鬱積盡化，人間天上，何快如之！蘇子瞻無病而多蓄藥，不飲而多釀酒，嘗曰：『病者得藥，吾爲之體輕；飲者困于酒，吾爲之酣適。』余于節義之士，竊亦爲然。當其負氣慷慨，肉視虎狼，冰顧湯鑊，余讀書至此，爲之頰赤耳熱，眦裂髮指，如羈人寒起，顫慄無措，如病夫酸嚏，淚汗交流。自謂與王處仲之歌老驥而擊碎唾壺，蘇子美之讀《漢書》而滿舉大白，一往深情，余無多讓。因憶少時讀《水滸傳》，宋江爲宋室一大盜俠，少有折挫，輒爲之搤腕懊惜，與官兵截殺，惟恐水滸之人不獲全勝，一至從征大遼，手足零落，慘然悲悼，不忍終卷。宋江，盜也，何愛護之若是？無他，爲忠義兩字所挑激也。夏間，余偶令小傒演魏璫劇，聚觀者數萬人。酖殺裕妃，杖殺萬燝，人人憤恨，怒目相視；至顔佩韋擊殺緹騎，人聲喧擁，洶洶崩屋，有跳且舞者；大井旅店勾攝璫魂，撫掌顛狂，楹柱幾折，可見忠義一綫，不死于人心。田横五百人皆爲義死，豈五百人不混雜一不肖哉！一人創而死義，四百九十九人不得不死於創義之人。如謂爲田將軍而死，又其第二念矣。聽鄭聲而思淫，聽鼓鼙而思勇，情以境移，人緣物感，無怪其然也。余自史乘，旁及稗官，手自鈔集，得四百餘人，繫以論贊，傳之剞劂，使得同志如余者快讀一過，爲之裂眦，猶余裂眦；爲之撫掌，猶余撫掌。亦自附子瞻之蓄藥釀酒，不以爲人，專以自爲意也。

龍飛崇禎戊辰鞠月，會稽外史宗子張岱讀書於壽芝樓，秉燭撰此。

凡例

凡慷慨赴義，必於倉皇急遽之交，生死呼吸之際，感觸時事，卒然迸裂，如雹光江濤不可遏滅，雖生平未通半面，遽欲與臧洪同日死者，此爲第一。其餘受人恩結，有爲而死，如荆軻、聶政之流，不在此列。

君臣之分，莫逃天壤，無論名節懸於其前，實亦斧鑕逼於其後，故一丁艱厄，有死無他。至如草莽卒徒，分誼殊絶，乃有爲國捐軀，至死不悔，是蓋純任憤烈，非謂當然而然也，凡如此者，悉併列之。

家臣門客，名分雖定，乃名士不免射鈎，賢臣亦嘗鬻羖，朝秦暮楚，世半有之。有如轉展於家亡國破之餘，困頓於託孤寄命之日，至有仇讐相向，如豫讓、貫高之流，血族虀骸，萬死不顧，較之莫逃之王臣，尤難之難也，爲之撿卷三歎。

有死主之勇，須先有擇主之明。苟使託身非人，不能見幾，復爲死難，則是蔡邕之哭董卓，揚雄之死王莽，徒資萬世笑駡耳，何義之有與？故凡狗黨狐群，即有義徒，概屏不録。

古來有爲人謀事，既竭心膂，繼之以死者，如田光、侯嬴、古押牙之輩，據其生平，亦堪稱俠烈，但皆積慮所成，爰非義憤所激。故李禿翁集《藏書》，入之智謀名臣，而不入之直節，是具眼者。

博浪一擊，千古有椎秦帝之子房；沐浴一朝，萬世有討陳桓之孔子。雖係空弦，有關寔録。吾嘗讀漢吉平與宋施全傳，毛髮倒豎，寒慄不能自禁，何快如之！故凡豺狼當道，請劍無門，凡能以一身挫其鋒，以片言折其角者，併收列之。蓋欲以空言存斧鉞，不欲以成敗論英雄也。

烏反哺，羊跪乳，孝故常彝。若伍員鞭尸，何兢矐目，怨毒之深，報及君父，此蓋純任憤激，員所謂倒行而逆施之也。下如曹娥、光絡死求父屍，嚴武、崔鑑椎殺父妾，此又二十四孝中所不盡也。孝不足以盡出於義矣。

男女未偕伉儷，是夫婦而朋友也。曾未識面，肯以死殉，與矢志柏舟，苦嘗熊膽者，又勝一儔矣。至如節義所動，不辭刃斧，是節而烈矣。併録之。

間有商及時事，謬據傳聞，自成月旦，不無亥豕之訛，亦欲紆曲附會，以成人美耳。責之者曰：『朝憲未伸，公論未定，輒敢雌黄以成信史，爾何僭且誕也！』余應之曰：『以草莽之董狐，定揶揄之野乘，雖遭兩觀之誅，決不泯三代之直也。覺爾時意氣，湯鑊在前，亦冰顧之矣。』

世之人空列鬚眉，終鮮仁義。吾不得已而求之夷，則有達官垛耳。更不得已而求之獸，則有義馬、義猴。夫馬如孫符之能救主於澗下，猴如弄猴之能擊賊於殿前，是即馬中之尉遲敬德，猴中之段秀實也。余特署之簡末，以媿世人之不如猴馬者。

古今義烈名籍

始於周鎬京戊寅，訖於明崇禎甲申。書某代以崇厥系，書某客以榮厥主，蓋有一字之予奪焉，書法嚴。

卷之一

周

商首陽餓士

伯夷　叔齊

洛邑頑民八百人

左儒

周主父婢

豫讓

青荓

北郭騷

辛俞

石文子　叔愆子

羊角哀　左伯桃

魯仲連

齊太史

家石他

張胥鄙　譚夫吾

伍員

江上丈人

擊絮女子

申包胥

棼冒勃蘇

卷之二

朱虛侯劉章
緹縈
梁刺客
灌夫
孔車
楊賢
任安
鐵勒奴
辛慶忌
云敞
光絡
王皓　王嘉
龔勝附邴漢
費貽
逢萌
陳咸

任永　馮信
譙玄　譙瑛
劉平
陳綱
李業附子李翬
楊政
郅惲
周嘉
范式
王忳附子約
劉茂
李善
陸續
彭脩
廉范
鄭弘

卷之三

种拂　种邵
祖俊
龐娥親
龐涓
沮授
吉平
關靖
尾敦
韓珩
孫瑾　張逸　張瓚
牽招　史路

卷之四

關羽
嚴顏
北地王劉諶
諸葛瞻　子尚

李氏
吴範
王延年
孫翊妻徐氏　孫高　傅嬰
郭憲
脂習
梁習　王思
楊阜　姜敘　趙昂　尹奉　姜母
　趙昂妻　趙月
鮑出
田疇
李娥
向雄
石崇
緑珠
鄧攸

卷之五

王君操
衛孝女
周智壽　智爽
韋月將
周璟
張琇　張瑝
盧氏
安金藏
吴保安
張説
李敬業　駱賓王
俊刺客
李勉
李約
嚴武
石演芬
顔泉明
雷萬春
南霽雲
李宜得
雷海青
僕固懷恩母
孔璋
孫揆
賈直言
馮燕
辛讜
關盼盼
黄帛
金溪女
曹文洽

卷之六

宋

王回
張吉
陳東
歐陽澈
李猷
高登
王婉容
司馬朴
徐揆
真保
李震
閻進
趙師檟
趙孟松
趙立
歐陽珣
邵雲
陳剛中
張順
張貴
唐琦
蔡定
張浚刺客
范旺
張咼僕
隗順
劉元升
銀瓶女
施全
秦檜伶人
哮張二
趙廣

卷之七

明

卷之八　陸尚質

明二　賈石

湯文瓊
周童生
畫士
王氏
張氏
李氏姑息
羅田女子
尹熙華妻
武愫家奴
孔四郎
董福兒
金陵乞丐
愧二先生
許德溥
許琰
王毓著

高岱父子
楊守程
倪百朋
朱奇生
倪舜平
王文宇
潘集
朱瑋
周卜年
傅中煌
謝龍震
黄毓祺
博和尚
曹文耀
張應選
吴應箕

方國焕

馮協颺

陝西吏

周之蘭

劉復興

賣柴鄉民

舟山百姓

建寧百姓

江西百姓

動物

義馬

義象

義鴛

義雁

義鸜鵒

義鳩

義鸚武

義犬

義虎

義猴

義烏

義鵰

烈鳥

義燕

烈鶴

義鴿

是集也，志在表微，故略於正史，詳於外史，略於前朝，詳於本朝，得五百七十三人，爲四百七十二贊。睢陽城失載南霽雲，昌黎竊歎；陳橋驛勿録韓節度，歐陽貽譏。耳食未詳，目獵有限，頗多漏遺，以俟博雅。

古今義烈傳卷一

（明）劍南　張　岱著

周

伯夷　叔齊

伯夷、叔齊，孤竹君二子也。父欲立叔齊。及父卒，叔齊讓伯夷，伯夷曰：『父命也。』遂逃去。叔齊亦不肯立，而逃之。及武王伐紂，載西伯木主以行，夷、齊叩馬諫曰：『父死不葬，爰及干戈，可謂孝乎？以臣弑君，可謂仁乎？』左右欲兵之。太公曰：『義人也。』扶而去之。至武王已平殷亂，天下宗周，夷、齊恥之，義不食周粟，隱于首陽山，采薇而食之。及飢且死，作歌，其辭曰：『登彼西山兮，采其薇兮。以暴易暴兮，不知其非兮。神農虞夏兮，忽焉没兮，我安適歸矣。于嗟徂兮，命之衰矣。』遂餓死首陽山。

贊曰：白魚入舟，赤烏流屋。會孟津者，千八百國。縈縈二士，仗義孤竹。采厥山薇，不食周粟。慷慨浩歌，神農不没。千古首陽，陰雨則哭。

洛邑頑民八百人

洛邑頑民，殷遺民也。武王克商，封紂子武庚於殷，使管叔、蔡叔、霍叔監之。武王崩，周公爲冢宰，管、蔡流言曰：『公將不利于孺子。』周公辟居東。逾年，成王以大風雷啓金縢，執書而泣，迎周公。管、蔡挾武庚以叛，殷民助之。王命周公東征，殺武庚，誅管、蔡，遷殷民八百人於洛邑，名曰頑民。

贊曰：居殷土，食殷食，臣之父祖皆沐殷先王之德澤。武庚亦君之子也，而忍不爲之羽翼。嗟乎！此鯁化之頑民，實賢於會盟津者之千八百。

左儒

左儒，周人，與其友杜伯同仕於周。周宣王將殺杜伯，而非其罪，左儒争之，九復之，而王不許。王曰：『汝别君而異友也。』儒曰：『君道友逆，則順君以誅友；友道君逆，則順友以違君。』王怒曰：『易而言則生，不易則死。』儒曰：『士不枉義以從死，不易言以求生。』王殺杜伯，左儒死之。

贊曰：鮭鯱角不妄觸，屈軼草不妄指。亡論友與君，臣祇求一是。友辱與辱，友死與死。死友尚不怕，生君敢背旨。但得吾主悔心萌，臣死仍復爲君死。

（贊曰：君死制，臣死意。友死故當争，況復非其罪。順友以逆君，舍生以取義。後世有似者，漢之辛慶忌。同日死臧洪，三人是其類。）〔一〕

校勘記

〔一〕括號中贊語録自國圖藏刻本，後同，不復一一説明。

周主父婢

主父，衛人，仕於周爲大夫。離家二載，其妻有淫行，嫌主父，置毒酒以待。主父歸，使婢進酒，婢心計進則殺主，言則殺母，因陽僵覆酒。主父怒笞之，受創不言。妻恐婢雪，以他過笞欲殺之，婢抵死終不言。主父弟知之，具告主父。主父大驚，乃免婢死，而殺其妻。問婢曰：『汝何不言而瀕死？』婢曰：『殺主求活，又辱主名，寧死耳，故勿言也。』主父義之，欲納爲室。婢泣曰：『主辱而死，而妾獨生，是無禮也。代主之處，是逆理也。無禮逆理，不如速死。』遂欲自殺，主父乃厚幣而嫁之。

贊曰：卮酒可棄，主命不可試。股肉可碎，主淫不可議。不忍辱主名，忍代主之處？一全則義，兩全則智。是姬姜之流亞邪？敢目之以婢！

豫讓

豫讓，晉人，臣事智伯。趙襄子滅智伯，豫讓欲爲之報仇，乃詐爲刑人，挾匕首入襄子宫中。襄子如廁心動，索之獲讓。襄子曰：『智伯亡後，而其臣欲爲報仇，此天下之賢人也。』釋去之。讓又漆身爲癩，呑炭爲啞，行乞于市。襄子出，讓伏橋下，馬驚，索之得讓。讓曰：『今日之事，臣固服誅。然願請君之衣而擊之焉，以致報仇之意。』襄子使持衣與讓，讓拔劍三躍而擊之，曰：『吾可以下報智伯矣！』遂伏劍自殺。

贊曰：拔劍三擊，繒飛石缺。一擊報智伯，九衣寸寸裂。一擊報青荓，爲我甘尺鐵。一擊報襄子，知我爲義烈。有臣得如此，國滅猶不滅。笑彼中行氏，兩眼白如雪。

青荓

青荓，晉人，爲趙襄子僕夫。襄子游囿中，過橋，馬卻不進。青荓參乘，襄子命視橋下，類有人。青荓見豫讓卻寢，佯爲死人。叱青荓曰：『去！長者且有事。』青荓曰：『君與予爲友，賣友不義，不告其君不忠。如我者，惟死爲可。』乃退而自殺。

論曰：《史記》豫讓漆身爲癩，呑炭爲啞，其妻不識，而其友識之，不言友爲何人。《吕氏春秋》載青荓傳，事甚俠烈。然則豫讓又有友不減鉏麑也。

贊曰：左儒有言，君道友逆，殺友殉君；友道君逆，殺身殉友。苹既殉君，又復殉友，視漆身者，更高一籌。

北郭搔

北郭搔，齊人，家貧無以養親。晏子知其賢，每分粟與之。後晏子爲齊君所逐，北郭搔遂自刎于齊廷，明晏子之無罪。齊于是復進晏子爲齊相。

論曰：分粟與人而獲其死報者三人，晏子之北郭搔，趙宣子之靈輒，孟嘗君之齊士。一飯之德，捐軀不忘，古之人矣。

贊曰：突來一士，自剄于廷。證相無罪，齊君震驚。急召晏子，安車蒲輪。問子何德，得此于人？曰偶然耳，分粟養親。一飯之德，乃殺其身。世情視之，亦甚可省。

辛俞

辛俞，晉人，爲欒盈家臣。晉逐欒盈之族，命其臣有敢從者死，俞獨從之。晉君曰：『命汝無從，敢從何也？』辛俞對曰：『臣聞三世仕於家君之，二世者主之。事君以死，事主以勤，爲其賜之多也。今臣三世於欒氏，受其賜多矣，臣敢畏死而忘三世之恩哉！』晉君釋之。

贊曰：三世君之，二世主之。君既流徙，臣復何之？幸而赦臣，身親獲之。不幸而殺臣，魂魄猶應依之。

石文子　叔䢼子

石文子、叔䢼子，戰國時人，與其思革子爲友。三人同詣楚王，道逢飢餒，不能俱活，二子推衣糧與革子而死。革子見楚王，旨酒佳餚，享以鍾鼓，革子愀然憂悲。王問之，革子語以故。王義革子，賜黄金百斤，命收葬二子，拜革子爲相。

贊曰：二子不死，一子不生。一子不生，二子不榮。與其三子而俱死也，孰若生一子而以成三子之名。雖然，但恐身爲楚相，樂鍾鼎而忘二子之所以死；又恐身爲楚相，享富貴而忘我之所以生。嗚呼！不媿斯語，是惟古人。

羊角哀　左伯桃

羊角哀、左伯桃，趙人，相與爲友。欲仕於楚，道遥山阻，遇雨雪不得行，飢寒無計。伯桃謂角哀曰：『深山窮困，勢不俱生。内手捫心，知不如子。生恐無益，而棄子之能。樂在樹中。』角哀聽之，伯桃入樹中而死，得衣糧前至楚。楚平王愛角哀之賢，嘉伯桃之義，以公卿之禮葬之。角哀夢見伯桃曰：『蒙子之恩，而獲厚葬。然正苦荆軻塚相近，欲役使吾，吾不能聽也，與連戰不勝。今月十五又期大戰，子其我助，否則負矣。』角哀至期日，陳兵馬詣其塚上，作三桐人自殺，下而從之。是夕，噭聲震地，荆軻墓大木盡拔，泥礫如千軍躪踏。士人奇之。

贊曰：我裂子皮以爲衣，我啖子肉而肥。子受人侮，而我不予扶持。是禽犢之所不如也，而復何以生爲？

魯仲連

魯仲連，齊人也，游于趙。時秦圍邯鄲，趙王恐。魏王使客將軍新垣衍間入邯鄲，約趙王共尊秦爲帝。魯仲連往見新垣衍，反復辨難，義不帝秦。且謂：『秦者，棄禮義、尚首功之國也。權使其士，虜使其民。彼即肆然而爲帝，過而爲政于天下，則連有蹈東海而死耳，吾義不爲之氓也。』言之再三，垣衍詞屈，乃起拜曰：『先生真天下士也，吾請出，不敢復言帝秦矣。』秦將聞之，爲卻軍五十里。會魏信陵君奪晉鄙軍以救趙，秦軍引而去。於是平原君欲封魯連，魯連辭讓再三，終不肯受。平原君乃置酒，酒酣起前，以千金爲魯連壽。魯連笑曰：『所貴於天下士者，爲人排患拯難解紛而無取也。即有取者，是商賈之事，而連不忍爲之。』遂辭平原君而去，終身不復見。

贊曰：蕭然韋布，來見客卿。寧蹈東海，義不帝秦。秦將聞之，爲之卻軍。慨慷而出，排難解紛。咄嗟而去，揮灑千金。先生之出也，龍躍雲興。先生之去也，豹藏霧隱。真天下士也，儀衍敢與之倫？

齊太史

太史，齊人。崔杼弑其君莊公，齊太史書曰：『崔杼弑其君。』崔杼殺之。其弟復書，崔杼又殺之。少弟復書，崔杼乃舍而勿殺。

李夢陽贊曰：皇天厭德，逆徒干經。國既無人，亂是用丁。桓桓太史，抗言討兵。舍命不渝，蹈仁秉程。一門三烈，巖巖茂名。

贊曰：千古是非，難逃公論。字挾風霜，奸雄難遯。亥豕魯魚，其誰敢溷？嗚呼三烈，愈殺愈奮。載筆直書，死是吾分。嗟彼崔杼，不如趙盾。

家石他

家石他，齊人。簡公時，陳恒將作亂，盟於國人曰：『不盟者死。』有家石他曰：『古之事君者，死其君之事。舍君以全親，非忠也。舍親以死君之事，非孝也。他則不能。然不盟是殺吾親也，從人而盟是背吾君也。嗚呼！生於亂世，不得正行；劫於暴人，不得全義。』乃進盟以免父母，退伏劍以死其君。

贊曰：殷作誓，周作會。可以無盟，盟傷僞。蒲要盟，神不聽，可以無死，死傷信。堂堂石他，行不由徑。我盟爲親，毛遂歃血。我死爲君，夷門伏鐵。不負君親，含笑入穴。

張胥鄙　譚夫吾

吴有士曰張胥鄙、譚夫吾，前交而後絶。胥鄙有罪拘，將死，夫吾合徒而取之出。至於道，乃知其夫吾也，輒行而辭曰：『義不同於子，故前交而後絶。吾聞君子不爲危易行。今吾從子，是安則肆志，危則易行也。與吾因子而生，不若反拘而死。』闔閭聞之，令釋之。胥鄙曰：『吾義不同於夫吾，故不受其任矣。今出我，以夫吾故也，吾庸受之乎？』遂觸牆而死。夫吾聞之曰：『任而不受，佞也；不知而出之，愚也。佞不可以按士，愚不可以事君，吾行虚矣，寧立於世乎？』遂絶頸而死。

贊曰：入圜墻，履肺石。因子而出，是吾行易。救死友，出囹圄。任而不受，是吾行虚。二子志節，皦皦不欺。相見地下，一笑解頤。

伍員

伍員，字子胥，楚人。楚誅伍奢，伍員亡。乞食至吴，遂將吴兵入楚。昭王出奔，員乃掘平王墓，出其尸，鞭之三百。申包胥亡于山中，使人謂曰：『子之報仇，其以甚乎？』伍子胥曰：『爲我謝包胥。吾日暮途遠，吾故倒行而逆施之。』

王弇州贊曰：唉哉平乎，不父不君。壯哉胥乎，能子能臣。孝憤俠烈，宫郢乃伸。明哲沈幾，沼吴益神。雖然，忠之餘足以鼓江濤，而不能迴其主；智之先若質蓍龜，而不能保其軀。要其心，蓋以吴報父，以身報吴。使没者不媿，存者不孤。嗚呼丈夫！

贊曰：撫我則后，虐我則仇。痛我兄父，無辜授首。煢煢乞食，江水倒流。撞破昭關，冤魑夜吼。掘取帝羓，鞭之肉走。楚闕千年，猶聞遺臭。

江上丈人

江上丈人，楚人，漁於江上。伍員奔吴，得丈人渡，解劍酬之。不受，曰：『楚國之法，得伍員者爵執珪，金千鎰。吾尚不取，何用劍爲？』員囑其勿露，遂覆舟而死。員至吴每食輒祭，曰：『名可得聞而不可得見者，其江上丈人乎！』

贊曰：爵執珪，金千鎰。吾尚不取之，何爲解劍鋏？念子負奇冤，父仇當與雪。我死子心安，爲人須爲徹。蘆中人，古剛烈。

擊絮女子

擊絮女子，溧陽史氏女也。伍胥奔吴，至溧陽界上，見一女子擊絮於瀨水上。伍胥曰：『豈可得託食乎？』女子曰：『諾。』即發簞飯，清其壺漿而食之。伍胥食已而去，謂女子曰：『揜爾壺漿，毋令之露。』女子曰：『諾。』伍胥還顧舟三，女子自縱於瀨水之中而死，明無洩也。

贊曰：溧陽道，瀨水側，擊絮女子坐碕石。行道乞食與壺漿，怎曉伍胥有楚厄？勿言不必揜爾漿，奚用舉身投水淈？余讀《越絶書》，疑是文人筆。

申包胥

申包胥，楚人，與伍員爲友。員亡，謂包胥曰：『我必覆楚。』包胥曰：『我必存之。』及吴兵入郢，包胥走秦告急，求救于秦，秦不許。包胥立於秦廷，晝夜哭，七日七夜不絶聲。秦哀公憐之曰：『楚雖無道，有臣若是，可以存矣。』乃遣車五百乘救楚擊吴，吴人敗于稷，昭王還郢。

贊曰：揆之皇覽，余生不辰。天啓之後，及見崇禎。陽九厄運，萃於甲申。逆闖猖獗，神州陸沈。包胥復楚，絶無其人。午門勸進，上表稱臣。京師闃静，不聞哭聲。萬無此事，七日秦庭。向以此語，責備諸臣。諸臣辯曰，先朝失國，原有典型。吾欲哭則不敢也，欲泣則以其近於婦人。

（贊曰：伍員覆楚，信若左券。包胥復楚，手無尺鍛。灑淚秦廷，楚猿三咽。七日七夜，子規血戰。有臣如此，可以弭變。以淚存國，千古一見。）

棼冒勃蘇

棼冒勃蘇，楚人。吴與楚戰於栢舉，三戰入郢。寡君身出，大夫悉屬，百姓離散。棼冒勃蘇曰：『吾被堅執鋭，赴强敵而死，此猶一卒也，不若奔諸侯。』于是嬴糧潛行，上峥山，踰深谿，蹠穿膝暴，七日而薄秦王之朝，雀立不轉，晝吟宵哭。七日不得告，水漿無入口，瘨而殫悶，旄不知人。秦王聞而走之，冠帶不相及，左奉其首，右濡其口，勃蘇乃蘇。秦出師救楚，退吴師，復楚。

贊曰：幼讀劉子，記憶糊模。包胥之外，又有勃蘇。秦庭七日，哭泣悲歌，與彼申氏，同出一途。或有别號，各自稱呼。豈吾包胥申子，即是棼冒勃蘇？猶之令尹子文，又名鬬穀於菟。

王蠋

王蠋，齊人也。燕初入齊，聞王蠋賢，令軍中曰：『環晝邑三十里無入。』以王蠋故。已而欲將王蠋，蠋固謝。燕人曰：『若不從，吾屠晝邑。』蠋曰：『忠臣不事二君，貞女不更二夫。齊王不聽吾諫，故退耕于野。國既破亡，吾不能存，今又劫之以兵，與其生而無義，不如烹。』遂經其頸于樹枝，自奮絶脰而死。齊亡，大夫聞之曰：『王蠋，布衣也，義不北面燕，況在位食禄者乎？』乃相聚如莒，求諸子立爲襄王。

贊曰：布衣王蠋，不事二君。燕兵入晝，爲之卻軍。力辭萬户，枝頭自經。在位食禄，人人愧心。遍求諸子，如莒立君。田單奮勇，一日而復齊七十餘城。則是一國之存亡，止係於王蠋之一人。

（董份曰：觀此敘王蠋事，則是以齊存亡係一布衣。其推王蠋至矣，孰謂太史公之退節義乎？

贊曰：王蠋而生，全晝邑三十里。王蠋而死，全齊數千里。一言遏寇兵，一言興滅主。蠋故一布衣，何緣而得此？）

節乳母

節乳母，魏公子乳母也。秦破魏，殺諸公子，一公子不得，令曰：『得公子者賜千金，匿之者夷三族。』乳母與公子俱逃。魏故臣見乳母而識之，曰：『公子安在？千金，重利也。夷族，極刑也。汝何居？』母曰：『見利而反上者逆也，畏死而棄義者亂也，吾不爲。』遂逃公子于澤中。故臣以告秦軍，争射之，母與公子全死。秦王以卿禮葬母，祠之太牢。

贊曰：殺麋放麑，乳母之志。巢覆完卵，乳母之意。轉展不得，乃與之同斃也。乳母之大義，嗟嗟！魏國多鬚麋，不如一老嫗〔一〕。

校勘記

〔一〕『魏國』二句，國圖刻本作『義血釁僕姑，剛腸塗白地』。

介子推

介子推，晉人也。晉文公出奔，餒於曹，子推割股以食之。及歸，賞從亡者，而不及子推。子推之從者懸書宫門曰：『有龍矯矯，頃失其所。五蛇從之，周流天下。龍飢乏食，一蛇刲股。龍返於淵，安其壤土。四蛇入穴，皆有處所。一蛇無穴，號于中野。』公出見之，曰：『此介子推也。』使人求之，不得。隱綿上山中，焚其山，子推死焉。於是文公環綿上山中而封之，以爲介推田，號曰介山，以誌吾過，且旌善人。

贊曰：公出而餒，惟臣是從。臣股有肉，偶以餉公。腥臊難食，何足言功？賞勞不及，自有至公。從者多事，懸書國門。無義無味，言蛇言龍。公如求我，有死山中。臣今逝矣，亡庸火攻。

（贊曰：聖主不再出，臣鄰偶爾從。股削肉仍長，蛇居安用龍？膏以明自熱，象以齒自焚。翻恨從游者，懸書于國門。）

弘演

弘演，衛懿公臣也，使於鄰國。狄人攻衛，其民曰：『君所予富貴者，宫人也，鶴也。君使宫人、鶴與戰。』民不能戰，遂潰。狄人及懿公於榮澤殺之，盡食其肉，獨捨其肝。弘演至，報使於遺肝。畢，呼天而啼，盡哀而止，曰：『臣請爲襮。』因自殺，先出其腹實，内懿公之肝。桓公聞之曰：『衛之亡也，以爲無道也。今有臣若此，不可不存。』於是復立衛于楚丘。

贊曰：衛懿鶴，秦始鹿。有寇來，不能觸。臣使謁歸，狄亡我國。君剩一肝，臣剩一腹。不如剖之，請以爲襮。不忍君肝之穢地也，願取臣心之血以爲之浴。

董狐

董狐，晉史官。靈公欲殺趙盾，盾出奔。已而趙穿弑公，盾遂復。董狐書曰：『趙盾弑其君。』盾怒，訐之，對曰：『子爲正卿，亡不越境，復不討賊，問弑君者非子而誰？』孔子曰：『董狐，古之良史也。』

贊曰：晉史官，春秋筆。幽不見神怪，明不避刑辟。趙盾弑君，書之史籍。盾曰廝狐，不畏斧鑕。狐曰子爲正卿，亡不越境，復不討賊。非子而誰？難逃三尺。臣頭可斷，臣書不可易。嗚呼！晉史官，春秋筆。

（贊曰：晉史官，董狐筆。錚錚堅似鐵。甕窗蓬户握筆書，老姦巨猾心膽裂。力能移晉祚，不能壓晉舌。任君顛倒幾千端，圖可滅兮史不滅。）

鉏麑

鉏麑，晉人。晉侯怒趙盾，使麑往刺之。麑至盾第，謂盾曰：『子仁人也。吾入子之門則無人焉，入子之閨則無人焉，上子之堂則無人焉，是子之易也。子晉國重卿而食魚飧，是子之儉也。君將使我殺子，吾不忍殺子也。雖然，吾亦不可復見吾君矣。』遂觸槐而死。

贊曰：觸槐兒，來不來，須早決〔一〕。王欲殺賢臣，雙瞳不能別。倘不食魚飧，刀頭汙頸血。觸槐兒，來不來，須早決。

校勘記

〔一〕『來不來』二句，國圖刻本作『頭腦裂』。

祁彌明

祁彌明，晉人，臣事趙盾。靈公欲殺盾，伏甲宮中，召而食之。祁彌明參乘入，侍立堂下。趙盾已食，靈公謂盾曰：『吾聞子之劍蓋利劍也，子以示我，吾將觀焉。』趙盾起，將進劍，祁彌明自下呼之曰：『盾食飽則出，何故拔劍於君所？』趙盾知之，躇階而走。靈公有周狗，謂之獒。呼獒而屬之，獒亦躇階而從之。祁彌明逆而踆之，絕其頷。趙盾顧曰：『君之獒不若臣之獒也。』遂得脱。彌明死之。

贊曰：君之獒，殿上虎。臣之獒，階下螘。循階而走氣蓓蕾，絶領殺狗斯脱距。君獒磨牙，臣獒礪齒。嘷北嘷南，各爲其主。

（贊曰：君之獒，躇階而走聲咆哮。臣之獒，絶領而提出佩刀。賢邪變置黑白淆，縱有觟觽亦顛倒。周狗既喪走狗死，從此君門吠若嘷。）

靈輒

靈輒，臨晉人。趙宣子舍於翳桑，見輒飢，食之。輒留其半曰：『請以遺母。』因與之簞食。靈公嘗伏兵攻宣子，輒倒戟以禦，得免。問其故，即翳桑餓夫也。

贊曰：翳桑餓夫，何以不死？推食食之，賴有宣子。留其半盂，且以遺母。宣子當阸，餓夫切齒。倒戟而前，勢如虓虎。人有言，欲求忠臣，必於孝子。

（贊曰：翳桑餓夫無氣力，垂頭懊喪口微息。今日横戈聲辟易，喑唖叱吒千人失。試問餓夫何異昔？當朝宣子給我食。知恩不報非肝膈，自分今朝臣死日。但願仁人脱兵厄，何惜臣屍裹馬革？）

程嬰　公孫杵臼

程嬰、公孫杵臼，皆晉人，爲趙宣子家臣。屠岸賈殺趙朔，朔妻以晉成公姊，走匿公宫，生一遺腹。岸賈聞而索之，夫人置兒絝中，得脱。朔門客程嬰、公孫杵臼相與謀：『今一索不得，必再索，奈何？』杵臼曰：『立孤與死，孰難？』嬰曰：『死易，立孤難耳。』杵臼曰：『子强爲其難者。』乃取他氏兒，衣以文葆，匿山中。嬰出曰：『與我千金，吾告趙氏兒處。』賈喜，乃使人隨嬰攻杵臼，殺杵臼，并殺兒。趙氏真孤乃反在程嬰。及長，名曰武。晉侯聽韓厥言，録宣孟后，立武，反其田邑，率諸將攻岸賈，滅其族。程嬰乃辭武曰：『昔下宫之難，我非不能死，思立趙氏後耳。今汝既立，大仇已復，我將下報宣孟與公孫杵臼。』趙武啼泣，固止之。嬰曰：『不可。彼以我爲能成事，故先我死。今我不報，是以我事爲不成。』遂自殺。武服齊衰三年，爲之祭邑，春秋祠之。

贊曰：主死宗滅，可以死矣，而嬰獨生。孤立仇雪，可以生矣，而嬰獨死。一生一死，胡顛倒之？吁嗟乎！嬰前日之生，蓋處於萬不可死之地，見我非愛生而生；今日之死，蓋出於一無可死之時，見我非畏死而不死。若吾嬰者，蓋不爲生死用也，而能用其生死。

（贊曰：死節易，立孤難，兩人立意鐵般般。群虎盤踞伺乳羊，手無尺梃相遮攔。即將羊子寄虎穴，待等羊大與虎決。虎勢咆哮羊性柔，旁人觀看膽碎裂。怎如一劍死下宫，口含目瞑無他説。吁嗟兮！死節易，立孤難。）

虞卿

虞卿，趙人，爲趙上卿。秦昭王聞魏齊在平原君所，欲爲范雎報仇，乃佯爲好書，招平原君，爲十日之飲。平原君入，秦昭王向平原君索魏齊頭，平原君不應，乃遺書趙王曰：『王之弟在秦，范君之仇在平原君家。王使人疾持其頭來。不然，吾舉兵伐趙，且不出王之弟於關。』趙王發卒圍平原君家急，魏齊夜亡，見趙相虞卿。虞卿度趙王終不可説，乃解其相印，與齊偕亡，同走大梁，欲因信陵君以走楚。信陵君畏秦，不敢與見，齊怒而自剄。虞卿遂隱不復出，著書八篇，以譏刺國家得失，名曰《虞氏春秋》。

贊曰：躡屩來，擔簦去。取相位，捷如寄。棄相印，解如蜕。媿余走大梁，不能救魏齊。協濟聊復著《春秋》，忽忽不得意。太史公亦有言：『虞卿非窮愁，亦不能著書，以自見於後世。』

（贊曰：昔有二相，皆爲人亡。一爲亡虜，國士無雙。一爲亡虜，偕走大梁。開柙出兕，逮鼓求羊。爲蕭則易，爲虞則難。）

魏子與粟賢者

賢者，齊人。孟嘗君相齊，舍人魏子收邑入，三反而不致一入。問之，對曰：『有賢者竊假與之，以故不致入。』孟嘗君怒退魏子。居數年，或告孟嘗君反。及田甲劫湣王，王疑之，于是出奔魏子所。與粟賢者乃上書，言孟嘗君不作亂，遂自剄宫門，以明孟嘗君。湣王乃驚，而蹤跡驗問，果無反謀，乃復召孟嘗君。

馮驩

馮驩，齊人，爲孟嘗君客，使收責於薛。驩至薛，召取孟嘗君錢者皆來合券，能與息者與爲期，不能與息者取其券而燒之。孟嘗君聞之大怒，使使召驩。驩至，孟嘗君讓之。驩曰：『富者爲要期，貧者雖守而責之十年無益，不若捐之，以彰君義聲，則薛終爲君有也。』乃罷相，驩説秦王遣使以迎孟嘗君，而驩遂歸齊説齊王復孟嘗君相位，與其故邑之地，又益以千户。

論曰：孟嘗君食客三千，以粟羈天下士也。及解相印，客皆背去，門可張羅。乃有客焉，爲之上書自剄，則又舍人魏子所私粟者也。孟嘗數年餉士，不豢養狗彘哉！齊士此舉，不惟愧死食客，抑且媿死孟嘗矣。

贊曰：以粟豢犬，呼之即至。以粟豢人，位失即去。有客有客，狡如市儈。彼魏子者，眼始不𧸘。食客三千，我取其二。死者寇之，馮驩居次。餘貗貉耳，不如狗彘。

聶政姊

聶政，軹深井里人也。爲嚴仲子刺殺韓相俠累，皮面決眼，自屠出腸。韓取屍暴于市，購問莫知誰子。政姊嫈聞之，於邑曰：『其是吾弟與？嗟乎！嚴仲子知吾弟。』立起如韓市，而死者果政也。伏屍哭，極哀，曰：『是軹深井里所謂聶政者也。』市人曰：『此人虐吾國相，王購其名千金。若何人斯，敢認之也？』嫈應曰：『聞之政所以蒙汙辱，自棄于市販間者，爲老母無恙，妾未嫁也。今母亡妾嫁，嚴仲子乃察舉之困汙之中而交之，澤厚矣，可奈何？士固爲知己者死。今乃以妾尚在之故，重自刑以絶從。妾其奈何畏殁身之誅，終滅賢弟之名？』大驚韓市人，乃大呼天者三，卒於邑悲哀而死政之旁。

贊曰：王購其名，縣以千金。若何人斯，敢認其姊？自有其姊，弟乃不死。弟乃不死，千古之下，有聶政姊。

高漸離

高漸離，燕人，屠狗於燕市，與荆軻友善。荆軻既死，漸離變名姓，爲人庸保，匿作于宋子。久之作苦，聞其家堂上客擊筑，傍徨不能去，每出言曰某善某不善，從者以告其主。主召使前擊筑，悲歌慷慨，坐客皆驚。既而始皇召見之，有識者曰：『高漸離也。』始皇惜其善擊筑，重赦之。乃矐其目，使擊筑，未嘗不稱善。稍益近之，漸離乃以鉛置筑中，復進得近，舉筑撲秦皇帝，不中。於是遂誅高漸離，終身不復近諸侯之人。

論曰：軻之死，爲丹，爲光，爲期。高漸離，軻之友也，乃不惜矐目，爲死友以報虎狼秦，較之然諾而死者，不更高一等哉！

贊曰：二鴞入秦，來食祖龍。爾斷其臂，我刳其瞳。但知友死，不令仇存。撲地一擊，博浪齊椎。爲軻死耳，於燕何功？

朱亥

朱亥，大梁人，隱於屠，與夷門侯生善。信陵君嘗過市親存之，朱亥故不復謝，公子怪之。及信陵君用侯嬴謀，竊兵符，發兵救趙，侯嬴曰：『將在外，主令有所不受。公子即合符，而晉鄙不授公子兵，復請之，事必危矣。臣客屠者朱亥可與俱，此人力士。晉鄙聽，大善。不聽，可使擊之。』於是公子請朱亥，朱亥笑曰：『臣乃市井鼓刀屠者，而公子親數存之，所以不報謝者，以爲小禮無所用。今公子有急，此乃臣效命之秋也。』遂與公子俱至鄴，矯令代晉鄙，晉鄙果合符疑之，欲無聽，朱亥袖四十觔鐵椎椎晉鄙。勒兵下邯鄲，秦兵解去。

論曰：《山海經》秦昭王會魏王，魏王不行，使朱亥奉璧一雙。秦王怒，置亥虎圈中，亥瞋目視虎，眥裂血出濺虎，虎不敢動。亥遇虎狼，直肉視之矣。其於晉鄙，圈中豚耳，何異哉！

贊曰：吴起舐痔，卒母澤涕。主將殊恩，兒有死志。鼓刀屠者，公子倒屣。非不報謝，往來小禮。公子有急，臣願與俱。何物晉鄙，留難虎符。舉椎一擊，視如豚豭。東坡有言，惟是屠者，其養可取。

衛壽

衛壽，衛君後妻子也。母欲殺前妻子伋而立壽，使伋乘舟于河，將沈而殺之。壽知之，與伋同舟，不得沈。又使伋之齊，令盜見載旌者殺之，壽又竊旌前行，盜見殺之。伋載壽屍還，亦死。

《鐵崖樂府》曰：『爾乘舟兮，河水濁且深。我同舟兮，誓與兄同沈。母有命兮，諫不我聽。示旌以盜兮，我先以旌。衛有國兮國在兄，殺兄及我兮不如無生。』

贊曰：兒知有兄，不知有國。殺兄取國，願以兒贖。母知兄終弟及，因以得國。不知弟死兄死，而終於兩不得國也。母必悔而痛哭，一悔一哭，兒死亦足。

贊曰：兒不欲衛國，如何必殺兄？吾兄若見殺，兒亦何求生？竊旌前遇盜，趙禮以肥爭。雁行不可缺，在原呼脊鴒。後母自見悔，剜肉以決癭。

禽息

禽息，秦大夫。薦百里奚，不見納。繆公出，當車以頭觸闑，腦乃精出，曰：『臣生無補於國，不如死也。』繆公感寤，而用百里奚，秦以大化。

贊曰：衛不用蘧瑗，史鰌以屍諫。秦不用五羖，禽息以屍薦。玉在璞，取以獻。臣足之刖，臣言不變。但願荆玉入秦廷，塗腦刖趾不敢怨。

魯義保母

義保母，魯公子稱之保母也。魯武公立中子戲爲懿公，長子括之子伯御攻殺懿公而自立，求懿公子稱，將殺之。稱保母聞，乃以己子易稱處，伯御殺之，保母遂抱稱以出逃他國。十一年，魯大夫皆知稱所在，保母于是請周天子殺伯御立稱，是爲孝公。魯人稱爲魯義保母。

贊曰：古來列女，屈指可數。既才且智，惟吾保母。趙氏孤兒，藉諸門客。魯國孤兒，惟母則一。易子杵臼，保孤程嬰。復位韓厥，擊獒彌明。夫何趙氏之諸客也？乃備於保母之一人。

（贊曰：重耳出奔，蛇以食龍。魯稱出奔，豕以易熊。但保君嗣，何惜幼沖。滎陽紀信，脱走沛公。趙武有言，願苦筋骨，報母無窮。）

王孫賈母

王孫賈，齊人，仕齊爲大夫。淖齒亂齊，閔王出見弑，國人不討賊。王孫母謂賈曰：『汝朝出而晚來，則吾倚門而望；汝暮出而不還，則吾倚廬而望。今汝事王，王出走，汝不知其處，汝尚何歸乎？』王孫賈乃入市中，而令百姓曰：『淖齒亂齊國，弑閔王，欲與我誅之者，袒右。』市人從者四百人。與之誅淖齒，刺而殺之。君子謂王孫母義而能教。

贊曰：君出而奔，汝不執鞭。君出而死，汝不攀髯。國賊不討，汝在何顔？昭王不復，吾將問焉。賢母數語，渠魁已殲。王蠋全齊，田單破燕。誰媿母者，陳文趙宣。

（贊曰：君仇不報，立世何顔？賢母數語，爲劉袒肩。昭王不復，吾將問焉。驅市人戰，渠魁受殲。王蠋全齊，田單破燕。誰媿母者，陳文趙宣。）

古今義烈傳卷二

（明）劍南 張 岱著

廝養卒

廝養卒者，趙人也。趙王武臣與張耳、陳餘略地燕界，王間出，爲燕軍所得。燕將囚之，必分趙地半，乃歸王。兩人患之，計無所出。一廝養卒前謝舍中，曰：『吾爲公説燕，與王載歸。』舍中皆笑曰：『使者十輩往輒死，若何能爲？』卒乃走燕壁，見燕將曰：『知臣何欲？』燕將曰：『若欲得王耳。』曰：『君知張耳、陳餘何如人也？』燕將曰：『賢人也。』曰：『知其志何欲？』曰：『亦欲得其王耳。』卒乃笑曰：『君未知此兩人也。夫武臣與兩人杖馬箠，下趙數十城，亦各欲南面而王，豈欲爲卿相終邪？特其時未可耳。今君囚趙王，此兩人者名爲求王，實欲燕殺之，分趙自立也。夫以一趙尚易燕，況以兩賢王左提右挈而責殺王之罪，燕其危矣。』燕將悚然，遂出趙王，養卒御而歸。

贊曰：釋王而出，御王而歸。燕國君臣，提挈傀儡。數語張弧，一車載鬼。攬轡徐行，數人囁嚅。王問伊誰，則將應之曰：『臣廝養之賤卒也。不在王之車前，則在王之馬尾。』

正先

正先，秦人。秦時趙高用事，先憤憤不平。一日挾短兵刺高，不中，縛而殺之。自是高威行秦廷，群臣無敢仰視，秦亂遂成。

贊曰：秦正先、漢伍孚、宋施全，三男子，挾刃刺奸奸不死，做事不了人所訾。人謂高威自此始，不知搏浪一擊祖龍死，三奸之魄奪於此。

舍人兒

舍人兒，外黄人。項王擊外黄不下，數日始降。項王悉令男子十五以上詣城東，欲阬之。外黄令舍人兒，年十一，毅然往説項王曰：『彭越彊刼外黄，外黄恐，故且降以待大王。大王至，不加撫恤，乃皆阬之，百姓豈有歸心哉！從此以東梁地十餘城皆恐，莫肯下矣。』項王然其言，乃赦外黄當阬者。

贊曰：舍人兒，年十一，咄嗟氣欲吞項籍。手援陳留百萬人，膽包梁地十餘邑。烏騅不敢蹂外黄，夜渡鴻溝走前壁。

虞美人

虞美人，項王姬也。項王軍垓下，漢兵圍之數重。夜聞漢軍四面皆楚歌，項王乃大驚，曰：『漢皆已得楚乎？是何楚人之多也？』項王則夜起，飲帳中，虞美人侍，顧常以騎駿馬名騅，悲歌慷慨，自爲詩曰：『力拔山兮氣蓋世，時不利兮騅不逝。騅不逝兮可奈何？虞兮虞兮奈若何？』歌數闋，美人和之，項王泣數行下，左右皆泣，莫敢仰視。於是項王乃上馬騎，麾下壯士騎從者八百餘人，直夜潰圍出。美人自刭，送之項王，繫其頭於騅脰而去。

贊曰：虞美人，烏騅騎。自刭送王王可去，拔山將軍時不利。自爲情死不爲勢，只此一事勝劉季。長樂宮中走野雉。嗚呼！長樂宮中走野雉。

二十八騎

項王出垓下，騎能屬者百餘人耳。至陰陵迷失道，問一田父，田父紿曰：『左。』左，乃陷大澤中。漢兵追及，項王走東城，隨者止二十八騎。漢追騎數千人，項王自度不得脱，謂其騎曰：『吾起兵八歲，身七十餘戰，未嘗敗北。今天亡我，非戰之罪也。今日固決死，願爲諸君決戰，必三勝之。』乃分其騎爲四隊四嚮，漢軍圍之數重。項王謂其騎曰：『吾爲公取彼一將。』令四面騎馳下，期山東爲三處。于是項王大呼馳下，漢軍皆披靡，遂斬漢一將，與其騎會爲三處。

漢軍復圍之，項王乃馳，復斬漢一都尉，殺數十百人。復聚其騎，亡其兩騎耳。乃謂其騎曰：『何如？』騎皆伏曰：『如大王言。』

贊曰：八千子弟，散之何易！二十八騎，效死勿去。瞋目一呼，人馬俱斃。斬漢一將，又一都尉。殺數百人，復會其處。王曰何如，騎皆伏地。信如王言，亡非戰罪。

亭長

亭長，江東人。項王兵敗，欲東渡江，烏江亭長檥舩待，謂項王曰：『江東雖小，地方千里，亦足以王，願大王急渡。今獨臣有船，漢軍至，無以渡。』項王歎曰：『天之亡我，我何渡爲？且籍與江東子弟八千人渡江而西，今無一人還。縱江東父兄憐而王我，我何面目見之？縱彼不言，籍獨不愧於心乎？』乃謂亭長曰：『吾知公長者。吾騎此馬五歲，所當無敵，常一日行千里，不忍殺之，以賜公。』乃令騎皆下馬，步行持短兵接戰，復潰圍而去。

贊曰：八千人，渡江去，一人不返真高義。烏騅欲逝躪江干，亭長拏舟江口繫。江東無楚歌，江東無漢幟。願王速渡莫留連，臣船不渡漢追騎。亭長亭長有心人，不是前來迎子弟。

魯一國

項王自刎死，楚地皆降漢，獨魯不下。漢乃引天下兵欲屠之，爲其守禮義，爲主死節，乃持項王頭視魯，父兄乃降。始，楚懷王初封籍爲魯公，及其死，魯最後下，故以魯公禮葬項王穀城。漢王爲發哀，哭之而去。

贊曰：宰天下，分地土，鴻溝以西半屬楚。既將五體封五侯，爲主守節止一魯。項王頭，血縷縷，重瞳眊矔欲與語。吾無面目見江東，又何面目見闕里？

張良

張良者，韓人也。秦滅韓，良年少，家僮三百人，弟死不葬，悉以家財求客刺秦王，爲韓報仇，以大父父五世相韓故。良回東見滄海君，得力士，爲鐵錐，重百二十觔。秦皇帝東游，良與客狙擊秦皇帝博浪沙中，誤中副車。秦皇帝大怒，索天下，卒莫能得。

論曰：良以韓一亡虜，弟死不葬，傾家財求客刺秦王，志亦偉矣。余考《荀子》，良祖張去疾，韓篡臣也。良一孺子，當覆滅之餘，克蓋前愆，爲韓報仇。後世且不知有去疾篡者，良之力也。良豈止義士已哉！

再曰：良東見滄海君，得力士，爲椎擊始皇帝博浪沙中，大索不得，此際已自神怪莫測。人知良之一卷授自黄石，不知其所得于滄海君者應不減圯上也。與明眼人參之。

眉公贊曰：秦之鹿，椎其足。楚之猴，烹其頭。漢之蛇，得天下。帝借公，公借帝。爲韓來，報韓去。前黄石，後赤松。張子房，真英雄。

贊曰：祖龍肆鯨吞，氣勢如崒嵂。安得朱亥椎，亡韓一虜卒。迅雷劈地來，奔走同電疾。雖中博浪車，已奪沙丘魄。何勞子美觴，擊桌爲懊惜。孔子沐浴朝，陳桓已受殛。

欒布

欒布，爲彭越家臣。漢既誅彭越，梟其首于雒陽，下詔曰：『有敢收視者輒捕之。』布從齊使還，奏事彭越頭下，祠而哭之。吏捕布以聞。上召布駡曰：『若與彭越反邪？吾禁人勿收，若獨祠而哭之，與越反明矣。』趣烹之。方提趨湯，布顧曰：『願一言而死。』上曰：『何言？』布曰：『方上之困於彭城，敗滎陽、成皋間，項王所以遂不能西徙，以彭王居梁地，與漢合從，苦楚也。當是之時，彭王一顧，與楚則漢破，與漢而楚破。且垓下之會，微彭王，項氏不亡。天下已定，彭王剖符受封，亦欲傳之萬世。今陛下一徵兵於梁，彭王病不行，而陛下疑以爲反，反形未見，以苛小案誅滅之。臣恐功臣人人自危也。今彭王已死，臣生不如死，請就烹。』於是上乃釋布，拜爲都尉。

贊曰：布自齊還，軌輪方結。揭竿者誰？濡縷頸血。奔走問之，吾王彭越。吾王彭越，魂銷膽裂。淚若泉悲，胸如猿咽。吾王賢王，遭此誣蔑。中心如擣，冰願湯鑊。走狗果烹，良弓果折。人人自危，沙中耦説。慷慨趍湯，高皇氣奪。吾王賢王，冤情始雪。走看梟顱，掀髯開頰。

田横客

田横，狄人也。初相齊王廣。漢使酈生紿齊，解歷下軍，襲破之，虜廣。横怒，烹酈生，因自立。及漢帝天下，横懼，與其徒五百人入海島。漢使使赦横罪，召之。横謝曰：『臣烹漢使酈生，今聞其弟商爲將而賢，臣懼不敢奉詔。』使還，帝乃敕酈商曰：『田横即來，人馬從者敢動摇者族。』乃復使持節，具告以敕商狀，曰：『齊王來，大者王，小者侯，不來且舉兵加誅。』田横乃與客二人乘傳詣雒陽。至尸鄉廄置，横謝使者曰：『人臣見天子當洗沐。』止留，謂其客曰：『横始與漢王俱南面稱孤，今漢王爲天子，而横爲亡虜，北面事之，其恥已甚矣！且烹人之兄，與其弟比肩事主，縱彼畏詔不敢動我，我獨不媿于心乎？且漢王所以召我者，欲一見吾面耳，今漢王在雒陽，斬吾頭，馳三十里，形容尚未敗也。』遂自剄，令客函其頭，從使者馳奏之。帝曰：『嗟乎！有以也。夫起自布衣，兄弟三人更王，豈不賢乎哉？』爲之流涕，拜其二客爲都尉，發卒二千人，葬以王者禮。既葬，二客穿其塚旁孔，皆自剄，下從之。高帝大驚，以田横之客皆賢，吾聞其餘尚五百人在海中，使使召之。使至，聞田横死，亦皆自殺。於是知田横兄弟之能得士也。

《鐵崖樂府》曰：黄鳥在楚，良死太苦。黄蛇穿土，良死其所。爾良慄慄，百七其人。我良忻忻，五百同身。君辱臣死，臣等弗疑。大王小侯，臣等弗知。

贊曰：作俑用芻人，後世歎其失。殉葬至五百，人人爲節擊。可見得死所，性命何足惜！王侯如菽麻，死後同螾蛣。怎若田横頭，至今有血蹟。

貫高　趙午

貫高、趙午，趙人，爲趙相。漢七年，高祖過趙，趙王張敖執子壻禮甚卑，高祖箕踞慢罵之，貫高、趙午皆怒。八年，高祖復過趙，貫高等壁人于廁。高祖欲宿，心動而去。高怨家知其謀，上變告之。於是逮捕趙王敖及諸反者，詔敢從者族。趙午等皆自刎，貫高獨怒罵曰：『公等皆死，誰白王不反者？』乃檻車膠致，與王詣長安，對獄曰：『獨吾屬爲之，王實不知。』尉以聞，高祖賢而赦之。貫高曰：『所以不死，白王不反也。今王已出，吾責已塞，死不恨矣。』遂絶肮死。

贊曰：檻車膠致，逮罪長安，可以死矣，而公獨生。張王已出，吾責已塞，可以生矣，而公獨死。公所生者，奔走髡鉗，衛成甯武；公所死者，擊衣踴躍，智伯豫讓。公生非偷，公死非勒。睚眥未仇，努睛吐舌。

朱家

季布，魯人，爲項籍將，數窘漢王。項籍滅，漢高購季布急，布髡鉗衣褐匿廣柳車中自賣。朱家心知其爲布也，買置田舍。因之洛陽説汝陰侯滕公曰：『季布何罪？臣各爲其主用，職耳。項氏臣豈可盡誅邪？今上始得天下，而以私怨求一人，何示不廣也？且以季布之賢，漢求之急如此。此不北走胡，南走越耳。夫忌壯士以資敵國，此伍子胥所以鞭荆平之墓也。君何不從容爲上言之。』滕公心知朱家大俠，意布匿其所，乃許諾。侍間，果言如朱家指，上乃赦布。家以此名聞當世。

贊曰：朱家俠氣中州振，日日髠鉗走亡命。開門號召藏死囚，天子知之不敢問。

朱虛侯劉章

朱虛侯章，齊王肥之次子也。吕太后元年，章入宿衛。後封爲朱虛侯，以吕禄女妻之。章年二十，有氣力，見諸吕擅權，忿劉氏不得職。嘗入侍燕，后命章爲酒吏。章請曰：『臣將種也，請得以軍法行酒。』詔許之。酒酣，章進歌舞，已而言田事，抗聲曰：『田無他法。深耕穊種，立苗欲疏，非其種者，鉏而去之。』太后默然。頃之，諸吕有一人醉亡酒，章追，拔劍斬之。還報曰：『有亡酒一人，臣謹行軍令斬之。』太后左右大驚，業已許其軍法，亡以罪也。

贊曰：石崇酒吏，有客不飲，乃斬其妾。劉章酒吏，有客不飲，乃斬其客。一人亡酒，不勝飲耳，奈何殺之？罪不至此，罪不至此，奈何殺之？非其種者，鋤而去之。

緹縈

緹縈，齊太倉令淳于意少女也。淳于意犯罪當抵肉刑，緹縈年十三，上書曰：『妾父爲吏，齊中稱其廉平。今坐法當刑。妾切痛死者不可復生，而刑者不可復續，雖願改過自新，其道莫由也。妾願入身爲官婢，以贖父刑罪。』天子憐愍其意，詔除肉刑。

贊曰：女贖父，令自新。天子喜，除肉刑。近見入官爲婢者比比也，怎無一人焉如漢之緹縈？嗚呼古人！

梁刺客

刺客，梁人。漢梁王怨袁盎，遣刺客。至關中問盎，稱之皆不容口。迺見盎曰：『臣受梁王金刺君。君長者，不忍刺。幸然後刺者十餘曹，備之。』

贊曰：晉鉏麑，梁刺客，一死一不死，世之君子，何以處此？蓋失身匪人，謀刺長者，則可以死。謀事不成，臣自此逝，則可以無死。予無以贈君，謹備後刺，贈之以此。

灌夫

灌夫，潁陰人。孝景時，竇嬰爲大將軍，田蚡爲諸郎。及蚡貴幸，嬰失勢，賓客益衰，獨潁陰灌夫不去。

贊曰：孟嘗客散，馮諼謝過。竇嬰客散，灌夫駡座。一謝一駡，世情看破。是以當竇嬰之失勢也而轉展不去，惟灌夫之一個。

孔車

孔車，獨洨人。主父偃方貴幸時，賓客以千數，及其族死，無一人收者，惟獨洨孔車收葬之。天子聞之，稱爲長者。

贊曰：主父盛時，客以千數。暴骸於野，無一返顧。惟吾孔車，哭屍欒布。歸反藁梩，畚土造墓。天子如知，願入黨錮。長者見稱，偃氣亦吐叶兔。

楊賢

楊賢，隴西人，爲隗囂門客。時杜林拘於隗囂，而不屈節。林弟成物故，囂聽林持喪歸。既遣而悔之，令楊賢追於隴坻遮殺之。賢見林身推鹿車載致弟喪，迺歎曰：『當今之世，誰能行義？我雖小人，何忍殺義士？』因亡去。

贊曰：天下荒荒，綠林竊發。路繇隴坻，出入虎穴。身挽鹿車，載還弟骨。行義之人，奈何見殺？不辨賢愚，兩眼皆瞎。我若不亡，人中貐猰。

任安

任安，滎陽人，爲衛青客。霍去病擊匈奴還，爲大司馬，青日退，而去病日益貴。青門下士多去事去病，輒得官爵，惟任安不去。

贊曰：惟蠅逐羶，有羶則集。惟貓逐腥，有腥則食。豈具鬚眉，不如巾幗？一與通名，終身不易。去病何人？乃敢有大將軍之揖客。

鐵勒奴

鐵勒奴，義渠人，爲公孫敖馬前卒，與衛青友善。青姊衛子夫入宮，上幸，有娠。皇后，堂邑長公主女也，妒子夫，使人捕青，囚山莊，將殺之。鐵勒奴詐傳旨，排闥入，篡取之，青得不死。

贊曰：長公主，封堂邑。忌子夫，秉斧鑕。擒衛青，囚繭室。命縣絲，在呼吸。有壯士，名鐵勒。叱咤來，排闥入。走蛟龍，風雨疾。真俠徒，豈易得？

辛慶忌

辛慶忌，狄道人，仕漢爲左將軍。成帝時，諸王專政，上書言災異者多譏切王氏。上問安昌侯張禹，禹曰：『災變之意深遠難見，新學小生亂道誤人，宜無信用。』上由是不疑王氏。槐里令朱雲上書求見曰：『臣願賜尚方斬馬劍，斷佞臣一人頭，以厲其餘。』上問：『誰也？』對曰：『安昌侯張禹。』上大怒曰：『小臣居下訕上，罪死不赦。』御史將雲下，雲攀殿檻，檻折。雲呼曰：『臣得下從龍逢、比干游于地下，足矣。未知聖朝何如耳？』左將軍辛慶忌免冠叩頭流血諍之，上意乃解。及當治檻，上曰：『勿易，因而輯之，以旌直臣。』

贊曰：白日蝕，炎井竭。黄龍游，赤蛇滅。王氏黨，佞臣舌。斬馬劍，尚方缺。槐里令，殿檻折。左將軍，冠冕裂。勿碎龍逢頭，勿涴比干血。

云敞

云敞，平陵人，在吴章門下。往往好斥人過，人皆以爲輕薄。章後爲王莽所殺，禁錮，諸弟子更名通仕者甚衆。云敞時爲大司徒掾，自劾吴章弟子，收抱章屍歸葬。平陵人義之，爲立碑于吴章墓側，在南墓嶺上。

贊曰：平陵云敞，吴章弟子。受業師門，忍背師死。云胡黨錮，景毅不齒。自劾門人，抱屍歸里。多我鄉人，立碑墓址。誌吾墓者，不必多紙。但書云敞，吴章弟子。

光絡〔一〕

縣長趙祉遣使光尼和以永建元年十一月詣巴郡，没死成濡灘，子賢求喪不得。女絡年二十五歲，有二子五歲，以還。至二年二月十五日尚不得喪，絡乃乘小船至父没處，哀哭自沈。見夢告賢曰：『至二十一日與父俱出。』至日，父子果浮出江上。郡縣上言，爲之立碑。

贊曰：光絡救父，屍浮江溜。倣之曹娥，宜出其右。娥尚未笄，絡有子冑。及問絡名，泯泯宇宙。展轉無他，文人未覯。彼有贔屭，外孫虀臼。

校勘記

〔一〕按：《後漢書·列女傳》，有孝女叔先雄，事迹相同。

王皓　王嘉

王皓美陽令，同郡人王嘉爲郎，王莽篡位，並棄官西歸。公孫述稱帝，遣使徵皓、嘉，恐不至，先繫其妻子。使者謂嘉曰：『速裝，妻子可全。』對曰：『犬馬猶識主，況於人乎？』王皓先自刎，以首付使者。述怒，遂殺皓家屬。王嘉聞而歎之曰：『後之哉！』乃對使者伏劍而死。

贊曰：王莽篡漢，三綱敗壞。棄官遄歸，輕如草芥。犬馬識主，人則奚怪？皓既先裁，嘉復後待。函首付之，願言行邁。試以吾頭，馳三十里，而尚猶未敗。

龔勝附邴漢

龔勝，三舉孝廉，哀帝徵爲諫議大夫。王氏專政，與邴漢皆乞骸骨。新莽篡國明年，遣使者拜勝爲講學祭酒，勝稱疾不應。後二年，復遣使奉璽書印綬，安車駟馬迎勝，即拜秩上卿，先賜六月禄直以辦裝。使者與郡太守、縣長吏、三老官屬、行義諸生千人以上入勝里致詔。使者久立門外，勝稱病篤，爲床室中。使者入户南面立，致詔，付璽書，以印綬就加勝身，勝推不受。使者與太守五日一問起居，且爲勝兩子及門人高暉等言，勸勝宜動，移至傳舍，示有行意。暉等白使者語，勝曰：『吾受漢家厚恩，亡以報。今年老矣，旦暮入地，誼豈以一身事二姓，下見故主哉！』語畢，遂不復開口飲食，積十四日死。

贊曰：余見元老，薙髮朝鹵。祇爲餘生，受諸荼苦。不出數月，依然歸土。旦暮人耳，何用如此？倘聞勝言，得不愧死？湛湛皇恩，凛凛青史。

費貽

費貽，犍爲人。公孫述徵之，不仕，漆身爲癩，佯狂以避之，退藏山數十餘年。世祖既平蜀，遣使徵之，費貽尚在，仕至合浦太守。

贊曰：昔有二人，漆身爲癩。豫讓則一，費貽則再。時則已過，心猶未艾。故得當則裂衣以執仇，不得當則佯狂以遠害。聊佚昇平，解如蟬蜕。

逢萌

逢萌家貧，初爲亭長。都尉行過亭，萌迎謁，既而擲楯歎曰：『大丈夫安能爲人役哉！』遂去之。王莽專政，郡國豪傑及漢忠直不附莽者，何武、鮑宣及王商、辛慶忌諸子皆坐死，凡數百人，海内震動。萌謂友人曰：『三綱絶矣，不去，禍將及。』既解冠掛東都城門歸，將家屬浮海，客于遼東。光武即位，連徵不起。

贊曰：不爲莽官，不受莽黜。不爲漢隱，不因漢出。出則鴻漸，隱則龍蟄。其掛冠之心也，不異擲戟。曰大丈夫也，安能久爲人役？

陳咸

陳咸，御史中丞，以律令爲尚書。見王莽篡，何武、鮑宣死，歎曰：『《易》云：「見幾而作，不俟終日。」可以逝矣。』即乞骸骨去職。三子參、豐、欽皆在位，咸悉令解任，歸鄉里閉門不出，猶用漢家祖臘。人問故，咸曰：『我先人豈知王氏臘乎？』悉收斂其家律令書文壁藏之。

贊曰：漢家人，漢家鬼。新室人，新室鬼。漢鬼豈知王氏臘？歲時禴祀鬼則餒。若敖嘯於庭，孝子哭於旅。寧使父子解紱歸，晉朝甲子陶令里。

任永 馮信

任永、馮信，俱犍爲人，博學好古。公孫述連徵命，皆託青盲以避世。任永妻淫於前，匿情無言，見子入井，忍而不救。信侍婢亦對信通姦。及聞述誅，二人皆盥洗視，曰：『世道平，目即清。』淫者自殺。光武聞而徵之，並會病卒。

贊曰：仲達詐盲，自起曝書。女奴在側，不得不除。永信詐盲，人淫其妻。愛子墜井，不得不睒。一朝東視，世界平夷。淫者自殺，此氣始舒。二公堅忍，鐵石不如。

譙玄 譙瑛

譙玄，巴郡閬中人。漢成帝永始二年，詔舉敦樸、遜讓、有行義者各一人。州舉玄，詣公車對策高第，拜議郎。平帝元始元年，爲繡衣使者，持節與太僕任惲等分行天下，觀覽風俗，所至專行誅賞。事未及終，而王莽居攝，玄於是縱使者車，變易姓名，間竄歸家，因以隱遁。後公孫述僭號於蜀，連聘不詣，乃遣使者備禮徵之，若玄不肯起，便賜以毒藥。太守乃自齎璽書至玄廬，玄仰天歎曰：『唐堯大聖，許繇恥仕。周武至德，伯夷守餓。彼獨何人！我亦何人！保志全高，死亦奚恨！』遂受毒藥。子瑛泣血叩頭於太守前，曰：『方今國家東有嚴敵，兵師四出，國用軍資或不常充，願奉家錢千萬，以贖父死。』太守爲請，述聽許之。玄遂隱田野，終述之世，建武十一年卒。明年天下平定，玄弟慶以狀詣闕自陳，光武美之，詔本郡祠以中牢，勑所在還玄家錢。

贊曰：父食蒿，子食茅。子則食蓼，其名曰鴞。父吮信，子吮鴆。子則吮餳，其名曰獍。家有貲財，救父於厄。美女良金，以釋西伯。家業則無，尚存四壁。傭工養親，笑言啞啞。

劉平

龐萌攻破彭城，將殺太守孫萌。郡吏劉平伏太守身上號泣，請代其死，身被七創，龐萌義而捨之。太守已絶復蘇，渴求飲，平傾創血以飲之。

贊曰：驪失窟，蛇走陸。介山焚，彭城續。昔刳股肉療寓公，今傾創血飲亡牧。人生血肉亦無多，豈是尋常飽人腹？嗚呼！余觀懸書淚遬遬。

陳綱

陳綱，魯人，少與同郡張宗同學南陽。及綱以母喪歸，宗爲安衆劉元所殺。綱免喪，復往南陽，值元醉卧還須醒，乃殺之。自拘有司，會赦得免。

贊曰：蹌踉入郡，遇我友讎。乘醉殺之，彼方鼾齁。厲鬼號號，莫知其繇。須醒漫罵，裂訾張眸。明正其罪，乃截其頭。藉以蒲蒯，馳彼荒丘。祭吾友罷，甘爲死囚。

李業附子李翬

李業，梓潼人。少勵志操舉，明經。值莽居攝，乃匿名山中。公孫述素聞其高，累徵不應。述媿之，遣鴻臚尹融造門曰：『起則拜君列侯，不爾有藥酒在，可呼妻子計焉。』業曰：『身可殺，名不可辱，久已斷之心矣。』遂飲藥死。述恥殺一名士，賻錢百萬弔其家，業子翬逃去不受。蜀平，光武下詔表其閭。

贊曰：上有堯舜，巢由洗耳。上有莽述，李業賜死。貍噬以臍，象焚以齒。桂翦以馨，茜收以紫。一死鴻毛，高山仰止。逃彼賻錢，佳哉賢子。

楊政

楊政，字子行，光武時從代郡范升受梁丘《易》。後范升爲出婦所告，坐繫獄。政乃肉袒，以箭貫耳，抱升子潛伏道傍，候車駕而持章叩頭曰：『范升三娶，惟有一子，今適三歲，孤立可哀。』武騎虎賁懼驚乘輿，舉弓射之，猶不肯去。旄頭又以戟叉政，傷胸，猶不退。哀泣辭請，有感帝心。詔曰：『乞楊生師。』即出升。政由是顯名。

贊曰：嗟予范師，房帷起變。家窘吏貪，覆盆難辨。何幸奇逢，天子乘傳。衝蹕哀陳，祖胸受箭。帝詔廷評，義徒堪羨。曰楊生師也，自當免竄。

郅惲

郅惲，字君章，西平人。里有董子張者，父爲人所殺。及子張病危，惲往候。子張視惲，嗚咽不能言。惲曰：『知子痛仇不復也。』即奮臂而出，殺其仇頭，提示病者。子張含眸謝之，氣遂絶。惲詣縣自首，令義而釋之。

贊曰：仇頭未入囊，子章氣將絶。仇家皆拍手，病者嚙床簀。見者徒淚垂，郅惲眥皆裂。提刀疾出門，仇頭手内挈。攜來示病人，唫囈眼流血。病人看未真，模糊拭眼睫。汝是何人斯，爲我父仇雪？今生則已矣，來生效啣結。

周嘉

周嘉，字惠文，仕汝南郡爲主簿。王莽末，郡賊入汝陽城，嘉從太守何敞討賊。敞爲流矢所中，郡兵奔北，賊圍繞數十重，白刃交集。嘉乃擁敞，以身扞之，因訶賊曰：『卿曹乃人隸也，爲賊既逆，豈有還害其君者？嘉請以死贖君命。』因仰天號泣。群賊于是兩兩相視曰：『此義士也。』給其車馬，遣送之。後太守寇恂舉爲孝廉，拜尚書侍郎。光武引見，問以遭難之事，嘉對曰：『太守被傷，命懸寇手。臣實駑怯，不能死難。』帝曰：『此長者也。』

贊曰：太守被傷，主辱臣死。一時義憤，眼爲裂眥。躃地號天，賊人熟視。此義士也，車馬送之。臣本無心，偶然遭此。天子下問，臣實忘之。

范式

范式，字巨卿，金鄉人。游太學，與汝南張劭善。臨别，謂劭曰：『後二載當過拜尊人。』乃共期日。至期，劭白母殺雞炊黍候之，果至。後夢劭呼曰：『巨卿，吾以某日葬，子能相及乎？』式驚，奔赴之。喪已發，柩不肯前，母曰：『元伯豈有望耶？』頃見一人縞衣白馬號泣而來，乃范巨卿也。因執紼引柩，柩乃前。式留止冢旁，封植周固，始去。後有陳平子，長沙人，爲太學生，與范式未相邂逅，遭病將亡，謂其妻曰：『吾聞范巨卿可以託死。』乃裂素遺書，令其妻埋屍式之户側。式還，省書感愴，乃營護平子妻子歸瘗臨湘，委素書於柩而去。陳昆弟訪求，不獲見。長沙上計掾吏上書，表式行狀。

贊曰：秉燭而待，二載雞黍。縞衣而來，千里夢寐。長沙素書，延陵劍佩。鬼録金蘭，死友臭味。酬酒墓前，旅鬼通贄。

王忳附子約

王忳，新都人。嘗詣京，於空舍中見一書生，疾困甚。書生謂忳曰：『我病當死，見公長者，有金十斤，願公葬我骸骨。』忳未及問名姓，而書生命絶。忳因鬻一金以營殯葬，其餘悉置棺下。後新都令初到之日，有馬馳入忳家，有繡被從空下。忳跡問之，馬乃令馬。令奇，究問，疑忳有陰騭事。因説及葬書生事，言其狀貌，乃令子也。因啓柩，餘金具在。忳由是顯名。

忳子約嘗江行，與一商胡舟楫相次。商胡病篤，固邀與約相見，以二女託之，皆有殊色，又遺一夜光珠。約悉唯唯。及商胡死，財寶數萬，約皆籍送官，與二女求配。始殮商胡，密以夜光含之。後親屬來理資物，約請官司發掘驗之，夜光果在墓中。

贊曰：人家父子，性多不一。父慷慨，子鄙塞。父寬宏，子偪亥。奈何王忳父子，代有陰騭。櫬銀煌煌，襚珠熠熠。繡被墮空，駿馬入笠。父子芳名，傳之無斁。

劉茂

劉茂，光武時爲太原郡門下掾。時赤眉二十餘萬衆攻郡縣，殺長吏及府掾吏。茂負太守孫福踰墻藏空穴中，得免。其暮俱奔盂縣，晝則逃隱，夜求糧食，積百餘日。賊去，乃得歸府。明年，詔書求天下義士。福言之於朝，詔書即徵茂，拜議郎。

贊曰：劉掾史，負明府。藏穴中，進樽俎。叢劍戟，不爲阻。積百日，不爲苦。太守歸，生儕伍。徵拜議郎，身綰綦組。勝彼晉文公之不封介推也，而歎龍之枉食蛇股。

李善

李善，李元倉頭也。建武中疾疫，元家相繼死。孤兒續才生數旬，而貲財千萬。諸奴婢共計議，欲殺續分其財産。善深傷李氏，而力不能制，乃潛負續逃出，隱山陽瑕丘界中，親自哺養，乳爲生湩，推燥就濕，備嘗艱勤。續年十歲，善詣縣官，脩理舊業，收奴婢悉殺之。時鍾離意爲瑕丘令，上書荐善行狀，詔拜善及續並爲太子舍人。尋遷日南太守，道經淯陽，過李元塚，未至一里，乃脱朝服，持鉏去草，拜墓哭泣甚悲。身自炊爨，執鼎俎，以脩祭祀。泣曰：『君夫人，善在此盡哀。』數日乃去。

贊曰：維鵲有巢，維鳩居之。覆巢完卵，汝寔持之。羝羊生乳，乃復哺之。既成羽翼，得反噬之。曰君夫人，九京之下，實式憑之。

陸續

陸續，華亭人，爲太守尹興掾。楚王英謀叛，連及太守。續爲興置辯，備受五毒，肌肉消爛，終無異詞。

贊曰：切肉必方，斷葱必寸。有此賢母，成子義問。廉府受誣，掾敢推遜。五毒備嘗，終無異論。白守無冤，掾之職分。

彭脩

彭脩，毘陵人。年十五侍父出行，爲盜所劫，脩拔刀向盜曰：『父辱子死，汝不畏死邪？』盜驚曰：『童子義士，毋逼之。』遂遁去。嘗作吴令，從太守討賊，中流矢。賊即殺中脩者請降，曰：『自爲彭君，非爲太守也。』

贊曰：嗚呼彭脩，救父於死。盜曰義士，毋犯童子。及爲吴令，身中流矢。賊即降脩，願聽指使。彭脩何修，而乃得此？盜賊之口，翻爲信史。

廉范

廉范，隴西人，請召皆不應。明帝永平初，隴西太守鄧融備禮謁范，爲功曹。會融爲州所舉，范知事譴難解，欲以權相濟，乃託病求去。融不達其意，大恨之。范乃東至洛陽，變姓名，求代廷尉獄卒。未幾，融果下獄。范遂得衛侍左右，盡心勤勞。融怪其貌類范，而殊不意，乃謂曰：『卿何似我故功曹邪？』范訶之曰：『君困阨瞀亂邪？』語遂絶。融繫出，因病，范隨而養視，及死，竟不言。身自將車送喪致南陽，葬畢乃去。後辟公府，會薛漢坐楚王事誅，故人門生莫敢視，范獨往收斂之。吏以聞，帝大怒，召范入，詰責曰：『薛漢與楚王同謀反，亂天下。汝不與朝廷同心，而反收斂罪人，何也？』范叩頭曰：『臣無狀，以爲漢等皆已伏誅，不勝師友之情，罪當萬死。』帝怒稍解，問范曰：『卿廉頗後邪？與右將軍哀、大司馬丹有親屬乎？』范曰：『哀，臣之曾祖；丹，臣之祖也。』帝曰：『怪卿志膽敢爾。』

贊曰：爲功曹，不終日。變姓名，藏繭室。太守認之但訶叱，養視辛勤至疾革。送喪至家事方畢，到底不言融不識。更喜市曹收骨骼，天子召問敢隱匿。問爾廉頗知所出，帝言志膽與祖匹。

鄭弘

鄭弘師同郡河東太守焦貺。楚王反，發覺，以疏引貺，貺被收捕，疾病于道，亡没，妻子皆繫詔獄，掠考連年。諸生故人懼相連及，皆改變名姓，以逃其禍。弘獨髠頭，負鈇鑕，詣闕上章爲貺訟罪。明帝覺悟，即赦其家屬。弘躬送貺喪及妻子還鄉里。

贊曰：楚王造反，連及太守。檻車道亡，詔繫家口。故舊門生，見之奔走。惟有鄭弘，負鑕髠首。爲白師冤，扣閽大吼。天子赦之，解枷破杻。送喪還家，親築岡阜。淚灑松楸，酹此椒酒。

繆肜

繆肜，汝南邵陵人也。和帝時，仕縣爲主簿。時縣令被章見攷，吏皆畏懼自誣，而肜獨證據其事，掠考苦毒，至乃體生蟲蛆。因復傳換五獄，踰涉四季，令卒以自免。太守隴西梁湛召爲決曹史，湛病卒官，肜送喪還隴西。始葬，會西羌反叛，湛妻子悉避亂他郡，肜獨留不去，爲起墳塚，乃潛穿井旁以爲窟室，晝則隱竄，夜則負土，及賊平，而墳已立。其妻子意肜已死，還見大驚。關西咸稱傳之，共給車馬衣資，肜不受而歸。

贊曰：主簿繆肜，爲令受責。苦毒遍膚，蛆攢骨骼。辟爲掾史，梁二千石。湛卒於官，撫屍踊擗。扶柩西歸，路逢羌賊。妻子逃亡，肜守骨殖。爲造墳塋，潛穿窟室。夜則負土，晝則隱匿。及至賊平，佳城已立。妻子復來，猶廬墓側。問是何人？太守之客。

劉平

劉平，彭城人。更始時，奉母避亂，弟死，有遺腹女一歲，平抱女而棄其子，母欲并擕之，平曰：『勢難兩全，仲不可絶後。』遂去，匿澤中。朝出求食，遇賊，將烹之，平乞歸食母乃就烹。既而如期往，賊義之得免。後以鍾離意薦，詔徵特賜辦裝錢一萬，官侍中。

贊曰：弟嗣當存，子不可棄。自往就烹，賊不可試。斯人也，其天道無知之鄧伯道，與賊全信之尾生，孝已！嗟嗟！義士忠臣，定帶三分腐氣。

朱寵

朱寵，□□人，爲大司農。鄧騭自殺，寵痛騭無罪，乃肉袒輿櫬上疏，謂宜收還冢次，樹立遺孤，奉承血祀，以謝亡靈，因自致廷尉。帝意頗悟，乃還葬，騭等兄弟皆得歸京師。

贊曰：騭既誅，罪可數。滿朝人，打死虎。惟有□□朱司農，輿櫬肉袒驚扆黼。孤忠既死不得生，願録遺雛登廟廡。能迴帝意賜棺衾，故舊門生舌皆吐。

李固客王調　趙承

梁冀以妖言陷李固下獄，固門生渤海王調貫械上書證固之誣，河内趙承等數十人亦要鈇鑕詣闕通訴。賴太后明之，乃得出。固既出獄，京師市里皆稱萬歲。冀聞之，益驚，乃更奏前事，固遂被害。

郭亮　董班　楊匡

梁冀既殺李固、杜喬，乃暴固、喬屍於市，令有敢臨者加其罪。固弟子郭亮未冠，左提章鉞，右秉鈇鑕，詣闕上書，乞收固屍，不許。因往臨哭，陳辭于前，守喪不去。喬故掾楊匡號泣星行至洛，著故赤幘，託爲夏門亭吏，守護屍喪，積十二日。詣闕上書，並乞二公骸骨，太后許之。匡送喬喪還家，葬訖，與郭亮、董班皆隱匿，終身不仕。

王成　文姬

初李固知不免，乃遣三子歸鄉里。少子燮年十三，燮姊文姬爲同郡趙伯英妻，密與二兄謀，預匿燮，託言燮還京師。有頃難作，下郡收固三子。文姬乃告其父門生王成曰：『君執義先公，有古人之節，今委君以六尺之孤。李氏存亡，其在君矣。』成乃將燮乘江東下，入徐州界，變姓名，爲酒家傭，而成賣卜于市，各爲異人，陰相往來，積十餘年。梁冀誅，求固後嗣，燮乃以本末告酒家，酒家具車重遣之。姊弟相見，悲感旁人。

李温陵曰：『快矣哉！固既死而有生死之交，若郭亮，若董班，若楊匡，若王成者。王成大類程嬰也。又有若王調，若趙承，何門下之多士乎哉！各從其類矣。』

贊曰：天高亦跼，地厚亦蹐。義之所動，性命奚惜？趙朔家臣，李固門客。北郭自剄，欒布號泣。程嬰立孤，杵臼死節。緹縈上書，孫嵩藏壁。一門之中，義士駢集。何以倣之？田横五百。

朱震　胡騰　張敞

曹節既殺陳蕃、竇武，梟首都亭，收捕宗親、賓客，悉誅之。蕃友陳留朱震收葬蕃屍，匿其子逸，事覺繫獄。震受拷掠，誓死不言，逸由是得免。武掾胡騰殮武屍行喪，亦坐禁錮。武孫輔年二歲，詐以爲己子，與令史張敞共匿之，亦得免。

贊曰：陳竇既誅，故舊皆躲。梟首街亭，蠅蚋成垛。獨有三人，不避其禍。保孤哭屍，覆巢完卵。囹圄福堂，衽席枷鎖。杵臼程嬰，窩藏趙武。蜾蠃螟蛉，敢云肖我？

古今義烈傳卷三

(明)劍南 張岱 著

戴就

漢戴就，會稽人，仕郡倉掾。歐陽參誣奏會稽守成公贓私，遣部從薛安案倉庫簿領，羅織成獄。倉掾戴就慷慨疏説，證守無罪。安怒，收就于錢唐獄，幽囚拷掠，五毒慘至。就曰：『倉掾易虐，上天難欺。會稽士女誰不識太守廉者？而令就誣之，有死無貳。』安大恚怒，令獄卒燒鋘斧，使就持之，就以火斧挾之肘腋間，顔色不變，語獄卒可熱燒，勿令冷，焦肉蘇蘇墮地，輒取食之。主者窮竭，酷慘無餘，方乃卧就覆船下，以馬通薫之一夜二日，謂已死，發船視之，就張眼罵曰：『何不益火，而使滅絶。』又復燒地，以大鍼刺指爪中，使以把土，爪悉墮落。主者以狀白安，（安呼就語曰：『太守贓穢狼籍，受命考寔，君何苦以骨肉拒扞邪？』就據地言：『太守剖符大臣，當以死報國。卿銜命申斷，宜白冤毒，奈何誣枉忠良，强相掠理，令臣謗其主，子證其父？就無他言，義惟一死。就死之日，當白上帝，與群鬼殺汝于亭中。如蒙生全，當手刃相裂。』）安（深）壯其奇節，表其言辭，證守無罪狀，釋就歸里。後太守劉寵舉就孝廉，仕至光禄主事，以病終。

贊曰：廡二千石，誣以贓私。羅鉗吉網，衆口一辭。區區倉掾，出與争之。備受五毒，刀鋸鑽錐。燒熱鋘斧，挾之何怡。蘇蘇墮地，爛肉焦皮。證守無罪，九死不移。嗚呼！臣曾有言，倉掾易虐，上天難欺。

（贊曰：既網羅鉗，陷我明府。欲我誣之，以子證父。挾之何恬，熱燒鋘斧。食之何脆，墮地焦膚。我無威勢，骨肉扞拒。我無賂賄，皮膚鼓吹。有死無他，證守無罪。嗚呼！臣曾有言，倉掾易虐，上天難欺。）

裴瑜　魏劭

史弼，陳留攷城人。辟公府，遷尚書，出爲平原相。時詔書下，舉鉤黨，蔓連者甚衆，唯弼獨無所上。執事切責之，弼曰：『水土異齊，風俗不同，它郡自有，平原自無。』後奉詔舉孝廉，斷絶請託，關節不到。中常侍侯覽遣人詭以他事達書，弼怒曰：『太守忝荷重任，當選士報國，爾何人乎？』命左右捶楚，即日攷殺之。侯覽大怒，詐飛章下司隸誣弼誹謗，檻車徵。吏人莫敢近者，唯前孝廉裴瑜送到淆澠之間，大言曰：『明府摧折虐臣，選德報國，如其獲罪，足以垂名竹帛，願不憂不懼。』弼曰：『誰謂荼苦，其甘如薺。昔人刎頸，九死不移。』及下廷尉詔獄，平原吏人奔走詣闕。前孝廉魏劭毀變形服，詐爲家僮護弼。弼受誣，當棄市，劭與同郡人賣郡邸，行賂侯覽，得減死罪一等，論輸左校。時人或譏之，陶丘洪曰：『文王羑里，閎散懷金。史弼遭刑，義夫獻寶。亦何疑焉？』弼竟歸田里，稱病閉門不出。裴瑜位至尚書。

贊曰：蔓連鉤黨，累及無辜。他郡自有，平原自無。明府遭刑，義士奔走。他郡自無，平原自有。變服毀形，懷金獻寶。以吾案之，一郡皆黨。他黨小人，吾黨君子。君子茹荼，小人食薺。

孫嵩

孫嵩，字賓碩，安丘人。中常侍唐衡兄玹驟貴，長陵趙岐嘗面折，唐玹深恨之。及玹爲京兆尹，岐懼禍出，果收岐家屬。岐匿姓名，賣胡餅北海上。嵩乘犢車入市，見岐，異之，呼與共載，密問曰：『察子非賣餅者，不有重怨，即亡命乎？』岐以實告。遂攜之歸，白母，治具歡飲。藏岐複壁中，著書數年，諸唐滅乃出。

贊曰：著絮巾，衣澼帛。胡餅炊熟賣幾錢？買三十兮賣三十。處士應非販餅人，一言喝定面土色。可憐閤門遭慘刑，趙氏諸兒不留尺。走北海，遇賓碩，倉卒之間告以實。誰識朱家在眼前，呼與同車藏複壁。一時邂逅定死交，千古如君誰與匹？

伍孚

越騎校尉汝南伍孚忿董卓凶毒，志手刃之，乃朝服懷佩刀以見卓。孚語畢辭去，卓起送至閤，以手撫其背。孚因出刀刺之，不中。卓自奮得免，急呼左右執殺孚，而大詬曰：『虜欲反邪？』孚大言曰：『恨不得磔裂姦賊於都市以謝天下。』言未畢而斃。

贊曰：伍越騎，吉醫生，宋殿司，三烈士，刺奸不中成鮭腐。大臍兒，豬膏裹，頃刻間，成灰土。曹瞞得善終，死後作魏祖。秦檜封循王，墓銘頌元輔。古今大不平，鬱鬱不得吐。毋怪佛家言，但說輪迴苦。天堂不肯報，留與地獄補。

皇甫規妻

安定皇甫規妻者，規更娶之妻也。善屬文，能草書。規卒時，妻年猶盛，而容色甚美。董卓娉以輧輜乘馬奴婢錢帛充路。妻輕服詣卓門，跪自陳請，辭甚酸愴。卓使傅奴侍者悉拔刀圍之，而謂曰：『孤之威教，欲令四海風靡，何有不行于一婦人乎？』妻知不免，乃立罵卓曰：『君羌胡之種，毒害天下，猶未足邪？妾之先人清德奕世，皇甫氏文武上才，爲漢忠臣，君親非其趣使走吏乎！敢欲行非禮於爾君夫人邪？』卓乃引車庭中，以其頭懸軛，鞭朴交下。妻謂持杖者曰：『何不重乎？速盡爲惠。』遂死車下。後人圖畫其像，號之曰禮宗。

贊曰：『大臍賊，羌胡奴。拔刀來，劫主母。頭懸軛，鞭朴交下如雨急。若能頃刻碎如泥，拱手謝君如飲蜜。腦漿迸作銅龍飛，不學萇弘地下碧。』

孫斌　閭子直　甄子然

孫斌，桓帝時爲衛相門下掾。初，第五種以糾發中常侍單超兄子匡姦贓，并劾超，超積懷忿恨，遂以事陷種，竟坐徙朔方。超外孫董援爲朔方太守，蓄怒以待之。種始爲衛相，以斌賢，善遇之。及當徙，斥斌。具聞超謀，乃謂其友人閭子直及甄子然曰：『第五使君當投裔土，而單超外屬爲彼郡守。夫危者易仆，可爲寒心。吾今方追使君，庶免其難。若奉使君以還，將以付子。』二人曰：『子其行矣，是吾心也。』於是斌將俠客晨夜追種，及之於太原，遮險格殺送吏，因下馬與種，斌自步從，一日一夜行四百餘里，遂得脱歸。

贊曰：俠客乘驄，其來何遽！立崗高呼，使君勿去。朔方何方，深爲公慮。彼爲猛獠，公爲擲絮。彼爲餓彪，公爲投餵。送吏逆顔，斬如敗蕢。君自乘驄，吾當爲御。馬駛如飛，不知其處。

曹娥

曹娥，上虞人。父盱爲巫祝，善婆娑樂神。五月五日於縣江迎伍君，逆濤而上，爲水所淹，不得其屍。娥年十四，晝夜號泣，乃投衣于江，祝曰：『父屍所在衣當沈。』旬有七日隨流至一處而衣沈，娥遂投江死，抱父屍出。觀者謂抱父非禮，娥復沈。越三日，負父而出。元嘉元年，縣長度尚葬娥于江南道傍，爲立孝女碑。

贊曰：錢唐之滸，曹娥之湄。一爲鴟夷，一爲精衛。憤同覆楚，天壤易位。鐵浪翻空，冷如冰歸。何日何年，填此灩澦？

荀巨伯

荀巨伯，許州人。至鄰郡看友人疾，值賊攻郡，友人語巨伯曰：『吾死矣，子可去。』巨伯曰：『遠來視子，賊至即去，敗義求生，豈荀巨伯邪？』賊至，謂巨伯曰：『大軍至，一郡盡空，汝何人斯，而敢止此？』巨伯曰：『友人有疾，不忍委之，願以身代友人死。』賊曰：『我輩無義而殺有義，不可。』遂班軍而還，一郡並獲全。

贊曰：劇賊攻城，四郊多壘。一郡盡空，爾敢止此。匪余敢止，友病在此。千里道途，遠來相視。舍彼而去，不如狗豕。賊曰義人，吾儕媿死。昔有王蠋，全晝桑梓。今有巨伯，乃救一郡之生齒。

（贊曰：燕兵入晝，臥旗息纛。不爲齊王，顓爲王蠋。胡不竄奔，病友臥褥。棄之不祥，躑躅。賊黨聞之，淚湧如菽。羞見義人，賣刀買犢。）

崔琦刺客

崔琦，字子瑋，騆之族，游學京師，以文章著。梁冀慕其才，折節引納。琦作《外戚箴》進冀，不省，復成《白鵠賦》以諷。冀怒曰：『君何激刺之過邪？』因遣琦歸，尋令刺客陰求殺之。客見琦於壟上且耕且詠，不忍害，乃以實告曰：『將軍索子急，可亟自逃，吾亦從此逝矣。』

贊曰：崔琦《白鵠》，禰衡《鸚鸝》。出語寓譏，開罪公府。衡則裸身，漁陽撾鼓。假手猰貐，試此刀斧。琦則逍歸，刺客在户。客曰無辜，願爲逃虜。此客何人？賢於黄祖。

（贊曰：崔琦《白鵠》，禰衡《鸚鵡》。只因激刺，致喪厥顱。有客何人，賢于黄祖。惜彼鉏麑，觸槐徒死。）

景毅

景毅，桓帝時爲侍御史，子顧爲李膺門徒。膺以結黨收捕，而顧未有録牒，故不及於譴。毅乃慨然曰：『本謂膺賢，遣子師之，豈可以漏脱名籍苟免？』遂自表免歸。時人義之。

贊曰：范滂之母，幸與李杜齊稱。景顧之父，恨以黨籍漏名。不知者以爲鸇逐，知之者方以爲龍登。吾以滂顧之父母，而妒李膺之何以得此於人。

督郵吴導　郭楫

吴導，□□人，爲□□督郵。建寧二年，大誅黨人，詔下急捕范滂等。導至縣抱詔書，閉傳舍，伏床而泣。滂聞之曰：『必爲我也。』即自詣獄，縣令郭楫大驚，出解印綬，引與俱亡。滂曰：『滂死則禍塞，何敢以罪累君？』卒被逮。

贊曰：『我見昔年，緹騎四出。結黨株連，追捕頗急。縣尉聞言，面如土色。用繩縛卵，惟恐走失。彼何人斯？伏床涕泣。范滂知之，狴犴自入。嗟嗟！當此之際也，爲范滂者幾人？爲郭楫吴導者幾邑？』

巴肅

巴肅，字恭祖，辟公府，稍遷拜議郎。靈帝時，與竇武、陳蕃等謀誅閹宦，武等遇害，肅亦坐黨禁錮。中常侍曹節後聞其謀，收之。肅自載詣縣，縣令見肅入閣，解印綬與俱去。肅曰：『爲人臣者有謀不敢隱，有罪不逃刑。不隱其謀矣，又敢逃其刑乎？』遂被害。刺史賈琮刊石立名以記之。

贊曰：謀誅閹宦，勢如縛虎。倘使出柙，反受其蠱。君不見漢靈甘露年，虀醢陳蕃與竇武。巴肅詣縣敢逃刑？縣令解綬縱囚虜。景毅願入黨人碑，立石書名有刺史。

（贊曰：爲人臣者，罪不敢逃，謀不敢隱。訊謀即言，拜詔即聘。胡爲不隱？閹宦聞之，亦知少警。縣令解綬，吾方作鞶。）

何顒

何顒，南陽襄鄉人。少游學洛陽，爲郭林宗、李膺所知。友人虞偉高有父仇未報，而病篤將死，顒往候之，偉高泣而訴。顒感其義，即將客遮殺其仇人，以頭酹其墓。

贊曰：人之將死，未含兩眸。非田帛見，即兒女流。奚爲偉高，尚念父仇。泫然流淚，對我伯求。顒感其義，截取仇頭。懸之墓木，以代牲牡。

孝女叔先雄

叔先雄者，犍爲人也。父泥和永建初爲縣功曹，縣長遣泥和拜檄謁巴郡太守，乘船墮湍水死，撈屍不得。雄感念怨痛，號泣晝夜，意欲赴水尋覓父屍。所生男女二人並數歲，雄乃各作囊盛珠環以繫兒頸，數爲訣別之辭，家人每防閑之。經百許日，防稍弛，雄乘小舟於父墮處慟哭，遂自投水死。託夢於弟曰：『六日後當與父同出，至期伺之。』果與父相持浮於江上。郡縣表言爲雄立碑，留其像焉。

贊曰：永建漢安，爲時幾何？前有先雄，後有曹娥。父屍不得，自沈汨羅。負父而起，屍出於河。自漢至今，何曹娥之廟貌愈久愈盛，而世之知有先雄也寥寥不多。

李篤 毛欽

李篤，東萊人。時濟寧張儉劾中常侍侯覽不軌，覽怒，誣以黨事，遁去，望門投止。奔至萊陽，投李篤家。外黄令毛欽探知，操兵到門。篤曰：『張儉知名天下，而亡非其罪，寧忍執之乎？』欽因撫篤曰：『蘧伯玉恥獨爲君子。』篤曰：『僕雖好義，明公今日亦載半去矣。』欽歎息而別。

贊曰：執之何心？釋之何意？義士一言，載半而去。載半者何？其侯覽不能磨滅之剛腸，季布不受髡鉗之勇氣。

朱儁

朱儁，會稽上虞人也，爲縣門下書佐，好義輕財。漢靈帝時，本縣長山陽度尚薦儁于太守尹端，以朱儁爲主薄。端坐討賊許昭失利，爲州所奏，罪應棄市。儁乃羸服間行，徑齎數百金，到京師賂主章吏，遂得刊定州奏，故端得輸作左校。端喜於降免，而不知其由，儁亦終無所言。

贊曰：緹縈贖父，朱儁贖主。懷寶微行，入生出死。似昔閎散，私進美女。一物足釋，不告羑里。文王曰俞，天王聖明，降此霖雨。

趙戩

趙戩爲王允故吏。李傕既殺王允，屍允于市，莫敢收者，趙戩棄官收葬之。

贊曰：董養子，健如虎。盜取赤兔馬，緩急不相顧。七雄起，誅晁錯。臺下盟，醢子路。惟有故吏趙戩卿，棄官獨造司徒墓。

孔母　孔褒　孔融

孔融，曲阜人，年十六。山陽張儉爲侯覽所捕，儉與孔褒有舊，至褒家，不遇，以融少年不告。融見其窘，謂曰：『兄在外，吾獨不能爲君主邪？』因留。脱走後，事泄，收褒及融。對簿時，融曰：『保納舍藏者融也，當坐之。』褒曰：『彼來求我，非弟之過，請甘其罪。』吏問其母，母曰：『家事任長，妾當其辜。』一門争死，獄不能決，乃上讞，詔坐褒死。獻帝時，拜融爲北海太守。曹操以太尉楊彪與袁術婚，誣以同逆，孔融聞之，不及朝服，往見操曰：『楊公四世清德，海内所瞻，奈何及之？』操曰：『此國家意。』融曰：『假使成王殺召公，周公可得云不知邪？』争之甚力，彪得免議。

楊鐵崖《樂府》曰：在山虎，金之精，鐵之剛。狼在我户，鶚在我堂，税駕彼狼。水火不兩立，鶚死狼猖狂，虎亦殃。君不見孔父一正色，百草不敢千秋霜，虎兮虎兮死何傷？

贊曰：東坡曰龍，鐵崖曰虎。若文舉者，誰可與伍？是惟張儉，髡鉗脱去。是惟楊彪，朝服走詈。俟覽曹瞞，爲所屏棄。昭烈有言，孔北海亦知世間尚有劉備。

（贊曰：孔融方垂髫，能爲張儉主。一門以死爭，大義感猰貐。杨公世清德，海内所瞻許。朝廷戮無辜，願蹈東海死。藜藿不敢採，在山有猛虎。禰衡真知人，大兒孔文舉。）

禰衡

禰衡，平原般人。少有逸才，與孔融爲友。建安初，北游，或勸其謁京師貴游者，衡懷一刺，遂至漫滅，竟無所詣。融數與曹操牋稱其才，操傾心欲見，衡稱疾不肯往，而數有言論。操甚忿之，以其才名不殺，圖欲辱之，乃令録爲鼓史。後至八月朝會，大閲試鼓節，作三重閣，列坐賓客，以帛絹製衣，作一岑牟、一單絞及小褌，鼓史度者，皆當脱其故衣，著新衣。次傳衡擊鼓，爲漁陽摻撾，蹋地來前，躡駁腳足，容態不常，鼓聲悲，音節殊妙，坐客莫不忼慷。既度，吏呵曰：『鼓史易衣。』衡便止，當曹操前先脱褌，次脱餘衣，裸身而立，徐坐，乃著岑牟，次著單絞，後乃著褌。畢，復擊鼓摻槌而去。曹操笑曰：『本欲辱衡，衡反辱孤。』送江夏，爲黄祖所殺。

贊曰：我於往昔，録二鼓史，一爲摻撾，脱褌裸身；一爲奮袂，旁若無人。不可遏滅，劍芒濤聲。逆則爲敦，正則爲衡。惧奸雄膽，存聖賢心。

露筋女

露筋女，漢時處女也，姓鄭，名荷花。與其嫂同至揚州邵伯鎮，無宿處，地多蚊，有客舫呼與住，嫂喜就之。呼貞女，堅不肯往，露坐草中。經宿往視，蚊嘬其膚肉盡，筋露。時人烈之，葬其地，爲造露筋貞女祠。

贊曰：煢煢姑嫂，宵行蹀躞。嫂就商船，姑坐草陌。地多蚊虻，萬口喋嘬。血盡肉消，筋骸雜沓。馬鬣爲封，士人畚插。凜冽清風，祠前蕭颯。至今有言，邵伯蚊蟲，真大如鴨。（贊曰：荷花不染泥，下水豈便汙？寧爲秉燭坐，不受鬼揶揄。仲尼見艾豭，雄雞嘴盧都。善學柳下惠，鄰嫫門外呼。達旦非大節，術足走小巫。至今蚊腹雪，纍纍垂珊瑚。）

蘇不韋

蘇不韋，東漢人。父謙爲司隸校尉，李暠挾私忿論殺。不韋時年十八，載喪歸鄉，瘞而不葬，仰天歎曰：『伍子胥何人也！』遂藏母武都山中，變姓名，盡以家財募劍客，邀暠於諸陵間，不值。久之，暠遷大司農。時右校芻廥在寺北垣下，不韋與親從兄弟潛入廥中，夜則鑿地，晝則伏匿，如是者經月，遂達暠寢室，出其床下。會暠如廁，殺其妾及小兒，留書而去。暠大驚，自是布棘于室，以板藉地，一夕九徙。不韋知其有備，即日夜馳至魏郡，掘其父阜塚，取阜頭以祭父，又標之市曰：『李暠父頭。』暠心痛不敢言，憤恚嘔血死。不韋于是行喪，改葬父。

贊曰：天生不韋，父死非罪。此恨未讐，穿天穴地。殘賊何狡，九徙其處。戮及父屍，標之通市。痛心嘔血，差足吐氣。把臂子胥，含笑入地。

劉翊

劉翊，舞陰人。張季禮遠赴師喪，遇寒冰，車毀，委頓道路。翊即下車與之，不告姓氏。季禮意其爲翊也，後造謝還所借車，杜門不納。自陳留守罷歸，見一士人病亡途次，翊以馬易棺，脱衣治斂。又逢故知困乏，遂殺所駕牛以濟其急，從者止之，翊曰：『視難不救，非志士也。』乃徒步枵腹而歸。

贊曰：爲故脱驂，古人所難。曾未半面，借車道間。横屍在路，以馬易棺。贈舟無麥，殺牛爲歡。徒行枵腹，是其所安。磨頂放踵，余無憾焉。

（贊曰：爲故脱驂，古人喧涌。曾未半面，借車解駷。道見横屍，脱衣治塚。贈麥無舟，殺牛示寵。長物無遺，蹻穿衣㡆。余推其心，摩頂放踵。）

王脩

王脩，字叔治。漢獻帝時，袁譚在青州，辟脩爲治中從事别駕。劉獻數毁短脩，後獻以事當死，脩理之得免。時人益以此多焉。曹操攻譚於南皮，脩時運糧在樂安，聞譚急，將所領兵及諸從事數十人往赴譚。至高密聞譚死，下馬號哭曰：『無君焉歸？』遂詣操乞收葬譚屍。操欲觀脩意，故默然不應。脩復曰：『受袁氏厚恩，若得收斂譚屍，然後就戮，無所恨。』操嘉其義，聽之。

贊曰：以直報怨，理獻之案。以德報德，赴譚之急。世受袁氏恩，收屍裹馬革。誰謂曹孟德，虎鬚不可捋。

臧洪　陳容

東漢臧洪，廣陵射陽人，舉孝廉，補即丘長。袁紹奇之，與結友好，以洪爲東郡太守。時曹操圍張超于雍丘甚急，洪從袁紹請兵，將赴難，紹不與。洪請自率所領以行，亦不許。雍丘遂潰。洪由是怨紹，絶不與通。紹舉兵圍洪，歷年糧盡城陷，生擒洪。紹謂曰：『今日服未？』洪據地瞑目曰：『諸袁事漢，四世五公，可謂受恩。今王室衰弱，無扶翼之意，欲多殺忠良以立奸威。惜洪力劣，不能爲天下報仇，何謂服乎？』紹殺之。洪邑人陳容時在紹座，謂紹曰：『將軍舉天下大事，欲以天下除暴，而先誅忠義，豈合天意？』紹慚，使牽出。容顧曰：『仁義豈有常？蹈之則君子，背之則小人。今日寧與臧洪同日死，不與將軍同日而生也。』遂見殺。在座者無不歎息曰：『如何一日殺二烈士？』

《鐵崖樂府》曰：一日殺二烈，青天雨飛雪。壯夫一解體，智士盡囊括。汝南使，圖伯業，不爲天子誅凶孽。一日殺二烈，成敗雌雄今已決。

論曰：按紹圍洪，城中無食，洪呼吏士曰：『洪於大義，不得不死。諸君無事，空受此禍。』衆泣曰：『何忍捨明府也？』男女八千餘人相枕而死。東郡之士亦無愧田橫矣。

贊曰：袁本初，沐猴而冠不足數。田橫八千死東郡，左儒二烈誅軍府。壯夫怒目悉袒劉，義士椎胸盡歌楚。君不見曹操尚不殺禰衡，隱忍借刀於黃祖。袁本初，今日得與臧洪同日生，今日實與將軍同日死。

种拂　种邵

种拂，□□人，官太常。李傕、郭汜之亂，長安城潰，百官多避難者。拂揮而出曰：『爲國大臣，不能止戈除暴，致使兇賊兵刃向宮，去欲何之？』戰而死。

种邵拜侍中。董卓惡邵，出爲益、涼二州刺史。會父拂戰死，不之官。服終，徵爲少府大鴻臚，辭曰：『昔我先父以身殉國，吾爲臣子，不能除殘復怨，何面目覲明主哉！』遂與馬騰等共攻傕、汜報讎。與汜戰于長平觀下，死之。

贊曰：种拂种邵，父子戰死。一爲忠臣，一爲孝子。九泉一笑，同歸箕尾。不意一家，有此喬梓。氣上丹霄，名列青史。厲鬼嘷嘷，穿跟齧齒。褫魄追魂，李傕郭汜。

祖俊

祖俊，官射聲校尉，忠憤激烈。時李傕、郭汜劫脇天子，帝幸弘農，俊護衛乘輿，間關盡瘁。傕、汜合兵追帝，俊激衛將軍楊奉等督疲兵力戰。俊被創墜馬，傕謂左右曰：『尚可活否？』俊大罵曰：『汝等兇逆，逼劫天子，使公卿荼毒，妃嬪流離。自古及今，亂臣賊子未有此也。吾恨不能磔汝，望苟活乎？』傕手刃之。時年二十五。督戰喈置負其屍葬之。詔祖俊死節可矜，贈弘農太守，命改葬。

贊曰：俊督疲兵，被創馬蹶。據地嗚呼，大聲罵賊。帝幸弘農，亂臣偪脇。妃嬪流離，公卿摧折。吾力不加，不能撲滅。或訴天曹，死褫其魄。自此逝矣，豈求苟活？

龐娥親

酒泉烈女龐娥親者，龐子夏之妻，趙君安之女也。君安爲同縣李壽所殺，娥有男弟三人，皆欲報仇。會遭災疫，三人皆死。壽聞大喜，會宗族慶飲。娥親聞之，感激愈深，愴然隕涕，曰：『李壽，汝莫喜也，終不活汝。』陰市名刀，挾長持短，晝夜哀酸，志在殺壽。壽爲人兇豪，聞娥親之言，乘馬帶刀，鄉人皆畏憚之。比鄰徐氏恐反見害，每爲諫阻。娥親曰：『父母之仇，不同天地共日月者也。李壽不死，娥親視息世間，活復何求？今雖三弟早死，門户滅絶，而娥親猶在，豈可假手于人哉！　若以卿心況我，則李壽不可得殺。論我之心，壽必爲我所殺，明矣。』夜數磨礪所持刀，訖，扼腕切齒，悲涕長歎，家人鄰里咸共笑之。娥親謂左右曰：『卿等笑我，直以我女弱不能殺壽故也。要當以壽頸血汙此刀刃，令汝輩見之。』遂棄家事，乘鹿車伺壽至。光和二年二月上旬，以白日清時於都亭之前與壽相遇，便下車扣壽馬，叱之。壽驚愕，迴馬欲走。娥親奮刀砍之，并傷其馬，馬驚，擠壽道邊溝中。娥親尋復就地砍之，深中樹蘭，折所持刀，壽被創未死。娥親因取壽所佩刀殺壽，壽護刀瞑目，大呼跳梁而起。娥親乃挺身奮手，左抵其額，右椿其喉，反覆盤旋，應手而倒。遂拔其刀，以截壽頭，持詣都亭，歸罪有司，徐步詣獄，辭顏不變。時禄福長漢陽尹嘉不忍論娥親，即解印綬去官，弛法縱之。娥親曰：『仇塞身死，妾之明分也。治獄制刑，君之常典也。何敢貪生，以枉官法？』鄉人聞之，傾城奔往，觀者如堵焉，莫不爲之悲喜、慷慨、嗟歎也。後酒泉太守劉班等共表上稱其烈義，刊石立碑，旌其閭云。

贊曰：夜月慘澹，夜風凜冽。磨石颼颼，佩刀幾折。磨此銛鋒，汙壽頸血。呼叫都亭，馬驚賊蹶。反覆盤旋，挺身奮截。應手而倒，椿喉斷頰。截取仇頭，冤銷恨雪。厲鬼夜號，泣我尺鐵。

龐淯

龐淯者，龐子夏子也，母曰娥親。漢獻帝時，初以涼州從事守破羌長。會武威太守張猛反，殺刺史邯鄲商猛，令曰：『敢有臨商喪，死不赦。』淯聞之棄官，晝夜奔走，號哭喪所。託詣猛門，裹匕首，欲因見以殺猛。猛知其義士，勑遣不殺。由是以忠烈聞。太守徐揖請爲主簿。後郡人黄昂反，圍城。淯棄妻子，夜踰城出圍，告急於張掖、燉煌二郡。初疑未肯發兵，淯欲伏劍，二郡感其義，遂爲興兵。軍未至，而郡城已陷，揖死。淯乃收斂揖喪，送還本郡，行服三年乃還。曹操聞之，辟爲掾屬。

贊曰：盜殺刺史，願與併命。身挾魚腸，淯也聶政。踰城請兵，鄰疑不發。伏劍截指，淯也南八。母爲父仇，子爲交結。母則衽刀，子則飲鐵。人亦有言，其父殺人報仇，其子必且行劫。

（贊曰：岱子曰：按淯爲龐娥親子，鳳卵麟定，不變其種。天地勁植之氣，何鍾于其門獨厚哉？醴無源，芝無種，余于兹不信。

贊曰：母捋荼，子卒瘏。母入虎穴屠虎肚，子入虎穴撩虎鬚。履虎不咥虎伏鋤，赤手歸來唱鷓鴣。嗚呼！母捋薺，子卒飴。）

沮授

沮授，廣平人，仕袁紹。與曹操戰於官渡，敗績，紹與子譚單騎退渡河，授不及紹渡，爲人所執詣操。授大呼曰：『授不降也。』爲軍所執。操與之有舊，逆謂授曰：『分野殊異，遂用圮絶，不圖今日乃相禽也。』授曰：『冀州失策，以敗奔北。授智力俱困，宜其見禽耳。』操曰：『本初無謀，不用君計。今喪亂過紀，國家未定，當相與圖之。』授曰：『叔父母弟縣命袁氏。若蒙公靈，速死爲福。』操歎曰：『孤早相得，天下不足慮。』因厚待之。後謀還袁氏見殺。

贊曰：關公奔袁，操縱之去。沮授奔袁，操使之斃。總一本初，待之何異？丈夫託身，要有名位。本初沐猴，何足與計？關公所奔者雖在袁軍，其所不可背者則爲劉備。（贊曰：一龍失水，群蛇隨之。一蛇獨後，爲人螫尾。尾雖受羈，首獨向主。人深恨之，斷其首尾。首尾雖歧，一靈自去。）

吉平

吉平，□□人，漢醫士也。與董承謀刺曹操，嚙指爲誓。操知，詐頭風召平。平以毒進，操令平先嘗。平知事泄，縱步向前，捉操袂灌之，墮地，地墳。操縛平詰問，平曰：『汝姦過王莽，虐浮董卓，天下人欲爭啖汝肉，何止我？』問：『誰指使者？』平曰：『天使。』操大怒，拷掠慘毒，體無完膚。問平曰：『汝指何缺？』曰：『嚙以爲誓，誓殺國賊耳。』操令卒盡剸其九。平曰：『尚有口可呑賊，有舌可罵賊。』操令割其舌。平呼曰：『臣不能爲國除此賊，天也。』遂自咋舌，噴血數口，觸械而死。

贊曰：去何速，琳之檄。來何促，平之毒。但聽罵曹瞞，頭風如梃擊。乃欲欺世人，謂此愈我疾。我指可盡剸，我口不可塞。噴血罵奸雄，舌鋒能殺賊。

（贊曰：去何速，琳之檄。來何促，平之毒。但聽罵曹瞞，頭風如梃擊。乃欲欺世人，謂此愈我疾。我所扼腕者，藥囊不及提，荆軻臂已失。有賊未能呑，烈士成血族。幸養司馬癰，三世受其毒。）

關靖

關靖，□□人，爲公孫瓚吏。袁紹攻瓚急，瓚欲突騎直出斷紹後，關靖諫止。及瓚敗，靖歎曰：『若不諫止，將軍未必無濟。吾聞君子陷人於危，必同其難，豈可獨生乎？』乃赴紹軍而死。

贊曰：不同吾言，未必死；不用吾言，未必不死。多此一言，中心如刺。速赴紹軍，與之同死。臧洪陳容，成三君子。

尾敦

尾敦，□□人，爲劉虞故吏。公孫瓚誣虞與袁紹等謀稱尊號，斬虞及妻子於薊市。傳首京師。尾敦糾衆俟于路，劫歸葬之。

贊曰：劉州牧，斬薊市。傳首京師，人不敢視。故吏尾敦，路口相俟。劫之遄歸，其去如駛。拭淚開函，張眸露齒。謝我故人，首丘於此。

（贊曰：主死不顧，是爲歇，不如爲劫。主死不葬，是爲驕，不如爲盜。不願生金城，但願死州牧。驚死傳首人，空函血簇簇。）

韓珩

韓珩，代郡人，爲袁熙吏。熙將焦觸、張南反，熙與尚奔遼西烏桓。觸自號幽州刺史，驅率守令背袁向曹，陳兵數萬，殺白馬而盟，令曰：『敢違者斬。』衆莫敢仰視，各以次歃血。别駕韓珩曰：『吾受袁公父子厚恩，今其破亡，智不能救，勇不能死，於義闕矣。乃若北面曹氏，所不能爲也。』一坐失色。觸曰：『夫舉大事者，當立大義，事之濟否，不待一人。可卒珩志，以厲事君。』乃捨之。

贊曰：袁熙奔烏桓，焦觸稱位號。世受袁氏恩，倉卒無以報。蒞此白馬盟，臣敢以實告。

寧可背袁公，決不帝曹操。東海有魯連，高風尚可蹈。焦觸具心肝，聞言亦悔懊。詭説釋韓珩，留以厲臣道。

（贊曰：背袁事焦是爲獒，背袁事曹是爲梟。願借白馬盟，歃我心中血。死不背袁公，令我大義闕。焦觸聞之耳根熱，捨此一人厲忠節，焦觸之斯亦豪傑。）

孫瑾　張逸　張瓚

孫瑾，故常山相掾；張逸、張瓚，幽州牧劉虞門下客也。虞被公孫瓚所殺，瑾、逸、瓚等忠義奮發，相與就虞，罵瓚極口，然後同死。

贊曰：常山相，常山舌。罵賊死，爲賊決。哭幽州，盡死節。公孫沐猴兒，一日殺三烈。

牽招　史路

牽招，安平觀津人也。年十餘歲，詣同縣樂隱受學。後隱爲車騎將軍何苗長史，招隨卒業。值京師亂，苗、隱見害。招俱與隱門生史路等觸蹈鋒刃，共殯斂隱屍，送喪還歸。道遇寇鈔，路等皆悉散走，賊欲斫棺取釘，招垂淚請赦。賊義之，乃釋而去。袁紹辟爲督軍從事。

贊曰：門有客，貧即去；座有師，死即倍。云胡牽子經，冒刃收師蜕。狼虎在其前，護喪猶勿避。余觀古賢良，無不敦師義。當世求忠臣，孝子與義弟。

古今義烈傳卷四

（明）劍南　張　岱　著

關羽

關羽，解梁人。徐州軍敗，爲曹操所擄。操待之極厚，欲留之爲用，使張遼告以情。羽歎曰：『吾極知曹公待我厚，然吾受劉將軍恩，誓以死報，不可背之。要當立效以報曹公乃去耳。』及殺顏良，操知其必去，重加賞賜。羽盡封其所賜，拜書告辭，而奔劉備於袁軍。

（岱子曰：曹操猜忌，殺人如草菅，其於雲長獨義之，且加賞賜，送其西去。左右欲追之，操曰：『人爲其主耳』。余以是知操之雄霸中原，非袁本初輩比也。本初一日殺二烈，壯士爲之解體，豈英雄也哉！）

《鐵崖樂府》曰：義鶻子，軍中百萬刺顏良。感君德，爲君償。西風颯颯吹關梁，翻身背向西風翔。豈比架上鷹，飢則附人飽則颺。

贊曰：玄德在袁軍，手中無尺鐵。壯繆一知之，千里任奔蹶。主在自應歸，何必争誇説。即如秉燭事，人人爲咋舌。譬如暗室中，可便恣情褻。常人豈能之，不必在英傑。公義薄雲天，千載猶火熱。與此奔劉事，皆是公小節。

嚴顔

嚴顔，巴郡守也。張飛破劉璋軍，生獲嚴顔。飛見，呵之曰：『大軍至，何敢拒戰不降？』顔答曰：『卿等無狀，侵奪我州，但有斷頭將軍，無降將軍也。』飛怒令左右牽去斫頭，顔應曰：『斫頭便斫頭，何爲怒邪？』飛壯而釋之，引爲賓客。

贊曰：幸而勝，我殺汝；不幸而敗，汝殺我。今日自分斫頭來，何庸咄咄書怪事？死鼠既在貓口中，笑爾磨牙尚作怒。

北地王劉諶

北地王劉諶，昭烈帝孫也。鄧艾伐蜀，後主劉禪議降，諶怒曰：『若理窮力屈，禍敗必及，便當父子君臣背城一戰，同死社稷，以見先帝可也。』後主不納，遂送璽綬。是日，諶哭於昭烈之廟，先殺妻子，而後自殺，蜀人無不爲涕泣者。

贊曰：鄧艾縋山，魏師入境。劉禪議降，白茅繫頸。北地劉諶，志雄力猛。背城一戰，以存漢鼎。後主降幟，孱弱可憫。諶哭祖廟，不勝憤鯁。先殺妻孥，而後自刭。真曹操敵，真昭烈胤。

（岱子曰：余讀蜀史，見劉禪癡呆軟暗，不勝悶鯁。見北地王，差爲吐氣。蓋以昭烈爲父而有禪，以安樂爲父而有湛。醴泉芝草，信無根源，世乘果不可限哉！

贊曰：禍敗沓來，勢窮力屈。父子君臣，背城借一。有死無二，同殉社稷。真昭烈孫，真曹瞞敵。）

諸葛瞻　子尚

諸葛瞻，官都護衛將軍。鄧艾入蜀，遺書誘瞻曰：『若降，必表爲琅琊王。』瞻怒，斬艾使，與戰，敗死之。長子尚歎曰：『父子荷國重恩，不早斬黄皓，以致傾敗，用生何爲？』乃馳赴魏軍死之。

贊曰：衛將軍，不爲小。瑯琊王，吾不曉。爲國殤，事已了。斬黄皓，恨不早。父子兩世受王恩，肯學李昊修降表。劉禪降軹奉璽符，何若戰死沙場蔭野草？

李氏

李氏，守將馮邈妻。鄧艾以冬月入陰平，邈不爲備，乃歸私室，與妻擁爐。妻曰：『邊關告急，君不以爲意，何也？』邈曰：『主人聽信黄皓，溺于酒色，禍不遠矣。魏兵至，吾其降乎？』李唾面曰：『負國如此，吾何面目與君共立也？』已聞邈出降，李即自刎。

贊曰：士贄不再委，女身不再醮。敵來即議降，出言甚顛倒。〔一〕唾面令自乾，雙鸞不共照。

寧爲蜀國鬼，肯貽千載笑？ 余爲定俎豆，請祀劉諶廟。

校勘記

〔一〕『敵來』二句，國圖刻本作『恥作亂臣妻，飛蓬遇炳燎』。

吴範

吴範，仕孫權，拜騎都尉，與同邑魏滕善。滕有罪，孫權責怒之，令有敢諫者死。範謂滕曰：『與子偕死。』滕曰：『死而無益，何用死爲？』曰：『安能坐觀汝耶？』乃髡頭自縛詣門，使鈴下以聞，鈴下曰：『死不敢白。』範曰：『汝有子耶？』曰：『有。』曰：『使爲吴範死，子以屬我。』鈴下乃排闥入，言未卒，權大怒，欲投以戟，逡巡走出。範因突入，叩頭流血，言與涕並。良久，權意乃解，免滕。滕見範謝曰：『父母能生長我，不能免我於死。丈夫相知如汝足矣，何用多爲？』

贊曰：都尉吴範，有友下獄。願與同死，髡頭自縛。排闥直陳，當鋒抵鏃。肉視虎狼，冰顧湯鑊。卒與解紛，無庸觳觫。丈夫相知，何用多人？ 若如君者，一夔而足。

（贊曰：捋虎鬚，履虎尾，虎視眈眈方逐汝。友道君逆以死狥，叩頭流血折楚柱。鈴下夫，言未卒。投以戟，疾走出。髡頭自縛吴文則，排闥入。言與涕并口咯咯，虎怒良久方解釋。丈夫相知何用多？人若如君一夔足。）

王延年

江都王延年，年十五喪二親，奉叔父以孝聞。子良孫及弟從子爲啖人賊所掠，延年追而請之，賊以良孫歸延年。延年拜請曰：『我以少孤，爲叔父所養，此叔父之孤孫也，願以子易之。』賊曰：『君義士也。』並釋之。

贊曰：朱粲啖醉人，如食糟豕肉。吾子及叔孫，取以供鼎餗。願爲齊易牙，烹子啖公腹。叔父一孤孫，忍使糜湯鑊。杯羹翁自分，覆醢父先哭。不學劉邦車上兒，驅驂而去棄如畜。

（贊曰：朱粲啖醉人，如糟藏彘肉。義士肉何味，礪礪磨牙吻。寧爲齊易牙，烹子啖公腹。叔父一孤孫，忍使烹鼎鑊？杯羹翁自分，覆醢父先哭。非學劉邦車上兒，驅驂而去棄如畜。）

孫翊妻徐氏　孫高　傅嬰

孫翊爲丹陽守，嬀覽時爲都督督兵，戴員爲郡丞，與左右親近，邊洪等數患苦翊。會翊出送客，洪從後斫殺之，迸走入山。徐氏購募追捕，得洪殺之。覽遂入軍府，悉取翊嬪妾及左右侍御，欲復取徐。徐恐見害，乃紿之曰：『乞須晦日設祭除服乃可。』覽聽之。徐潛使語翊舊將孫高、傅嬰等，高、嬰涕泣從命，共盟誓合謀。到晦日設祭，徐氏哭泣盡哀畢，乃除服薰香沐浴，更於他室安施幃帳，言笑歡悦，示無戚容。大小悽愴，怪其如此。覽密覘視，無復疑意。徐先呼高、嬰與諸婢羅住户内，使人報覽，説已除凶即吉，惟府君勑命。覽盛意入，徐出户拜覽。適得一拜，徐便大呼：『二君可起。』高、嬰俱出，共得殺覽，餘人即就外殺員。徐乃還服縗絰，奉覽、員二首以祭翊墓。舉軍震駭，以爲神異。吴主續至，悉族誅覽、員餘黨。

（贊曰：狼入室，豹藏壁，高、嬰壯士爲幕客。且將裙褲誘淫猍，漫設香醪穽貐猰。血濺合巹，腦流枕席〔二〕。仇首雙函，唤醒窀穸。不周天崩，女媧鍊石。）

校勘記

〔一〕『且將』二句，國圖刻本作『且將巾幗誘豭虵，漫設餵藭穽犀革』。

〔二〕枕席，國圖刻本作『薦席』。

郭憲

郭憲，字幼簡，曹操時爲郡功曹，以仁篤爲一郡所歸。韓約失衆，從羌中還依憲。衆人多欲取約以邀功，憲責怒之，言：『人窮歸我，云何欲危之？』遂擁護厚遇之。其後約病死，而田樂、陽逵等就斬約頭。當送，逵等欲條疏憲名。憲不肯在名中，言：『我尚不肯生圖之，豈忍取死人以要功乎？』逵等乃止。時曹操方攻漢中，在武都，而逵等送約頭到。操宿聞憲名，及視條疏，怪不在中，以問逵等，逵具以情對。操歎其志義，乃并表列，與逵等並賜爵關內侯，由是名震隴右。

贊曰：一狼奔，向我走。伏後槽，不敢吼。我不肯生圖，忍復取芻狗？截取死狼頭，欲獵關內侯。寧不敍吾名，吾名自不朽。

脂習

脂習，字元升，京兆人。少與孔融善，每戒融剛直太過，必罹世患。曹操爲司空，威名日盛，而融以故舊，多簡傲，操殺之，莫敢收者。習往，撫尸曰：『文舉舍我死，吾何用生爲？』操并收習，尋見原。習造謝，操呼曰：『元升，卿故慷慨，賜穀百石。』嘉其敦舊有欒布之風。

贊曰：猛虎在山，豺狼則怖。不如殺之，無敢違忤。嗟爾脂習，敢爲欒布。慷慨收屍，爲融築墓。賜穀百石，助爾致賻。曹瞞好名，不加恚怒。

（贊曰：鳥破巢，無完卵。鳥磔屍，無革裹。有鳥來，筑其墓。遇鷹鸇，罹其禍。幸遇曹瞞尚好名，賜穀百石嘉欒布。穀百石，不堪食。願爲文舉作贖鍰，赦取覆巢一卵石。）

梁習　王思

梁習、王思，俱爲西曹令史。因直日白事，失曹操指，操大怒，教召主者，將加重辟。時思近出，習代往對，已被收執。思乃馳還，自陳己罪，應受死。操歎習之不言，思之争死，曰：『何意吾軍中有二義士？』

贊曰：王思入直，白事失指。梁習代對，王思争死。習來誰倩，思來誰使？死有何好，争之若此。操曰孤決不學袁本初，一日乃殺二烈士。

（贊曰：趙禮讓肥，習思爭罪。虓虎掀髯，稱爲二義。芝草真不擇土而生也，醴泉亦不擇地而匯。）

楊阜　姜敘　趙昂　尹奉　姜母　趙昂妻　趙月

楊阜，涼州參軍也。馬超率羌胡擊隴上諸郡，冀城刺史韋康力竭迎降。超入城，遂殺康等。楊阜往見外兄姜敘及敘母，歔欷悲甚。敘曰：『何爲乃爾？』阜曰：『守城不能完，君亡不能死，亦何面目以視息於天下？』敘母慨然曰：『咄！伯奕。韋使君遇難，亦汝之負，豈獨義山哉！』敘乃與趙昂、尹奉合謀。時超已取昂子月爲質，昂謂妻異曰：『吾謀如是，當奈何？』異厲聲曰：『雪君父之大恥，喪元不足爲重，況一子哉！』九月，阜與敘、昂、奉討超。超出戰，梁寬、趙衢閉門殺超妻子。超襲歷城，得敘母并趙月皆殺之。與阜戰敗，奔漢中。

贊曰：姜敘問母，王陵事漢。趙昂謀妻，趙姊麵杖。婦人女子，有此伎倆。阜等丈夫，但知惆悵。巾幗見遺，提戈相向。

鮑出

鮑出，字文才，京兆新豐人也。少游俠。興平中，三輔亂，出與老母兄弟五人家居本縣，以飢餓留其母守舍，相將行採蓬實，合得數升，使其二兄初、雅及其弟成持歸爲母作食，獨與小弟在後採蓬。初等到家，而啖人賊數十人已略其母，以繩貫其手掌驅去。初等怖恐，不敢追逐。須臾，出從後到，知母爲賊所略，欲追賊。兄弟皆云：『賊衆當何如？』出怒曰：『有母而使賊貫其手將去煮啖之，用活何爲？』乃攘臂結衽獨追之，行數里及賊。賊望見出，乃共布列待之。出到回從一頭斫賊四五人，賊走，復合聚圍出，出跳越圍斫之，又殺十餘人。時賊分布，驅出母前去。賊連擊，賊不勝，乃走與前輩合。出復追擊之，還見其母與比舍嫗同貫相連，出遂復奮擊賊。賊問出曰：『卿欲何得？』出責數賊，指其母以示之，賊乃解還出母。比舍嫗獨不解，遥望出求哀。出復斫賊，賊謂出曰：『已還卿母，何爲不止？』出又指求哀嫗：『此我嫂也。』賊復解還之。出得母還，遂相扶侍客南陽。建安五年，關中始開，出來北歸，而其母不能步行，兄弟欲共輿之，出以輿車歷山險危，不如負之安穩，乃以籠盛其母，獨自負之到鄉里。鄉里士大夫嘉其孝烈，欲荐州郡。郡辟召出，出曰：『田民不堪冠帶。』至青龍中，母年百餘歲乃終。出時年七十餘，行喪如禮。於今年八九十，纔若五六十者。

贊曰：母枵腹，兒採薇。賊操刀，母作豬。啖人賊口辯甘肥，四子束手不敢追。母爲人啖活何爲？斫賊數四圍復圍，賊徒拱立送母歸。我母雖釋，鄰母尚羈。彼亦人母，忍烹戾虐。扼虎奪肉，探驪取珠。腐儒之言，孝子不賈。

田疇

田疇，字子春，好讀書擊劍。董卓遷獻帝於長安，幽州牧劉虞署爲從事，使間行至長安致命。得報馳還，虞已爲公孫瓚所害。疇至，謁祭虞墓，陳發章表，哭泣而去。瓚聞之大怒，購求獲疇，謂曰：『汝何自哭劉虞墓而不送章報我？』疇答曰：『漢室衰頹，人懷異心，唯劉公不失忠節。章報所言，於將軍未美，恐非所樂聞，故不進也。且將軍方舉大事，以求所欲。既滅無罪之君，又仇守義之臣，誠行此事，則燕、趙之士將皆蹈東海而死耳，豈忍有從將軍者乎？』瓚壯其對，釋不誅，拘之軍下。或說瓚曰：『田疇義士，君弗能禮而又囚之，恐失衆心。』瓚乃縱遣疇。疇得北歸，率舉宗族他附從數百人，掃地而盟曰：『君仇不報，吾不可立於世。』遂入徐無山中，百姓歸之，至五千餘家。袁紹及子尚皆辟之，不就。曹操征烏丸，疇進計討烏丸，破，欲封疇，疇不受。遼東斬送袁尚首於操，操令敢哭者斬，疇往弔祭，操亦不問。

贊曰：徐無山，田横島。五千家，願與老。王氏有臘我不知，桃源避秦人不曉。臧洪數語折本初，欒布表章奏懸腦〔一〕。君仇未報目不含，山上盟壇日日掃。

校勘記

〔一〕『王氏』四句，國圖刻本作『范蠡僅可鑄越金，包胥不忍受楚縞。子房一擊報亡韓，欒布三章奏懸腦』。

李娥

孝女李娥。娥父吳人，文帝時爲鐵官冶，以鑄軍器。一夕鍊金，竭爐而金不出。時吳方草創，法令至嚴，諸耗折官物十萬，即坐斬，仍又没入其家，而娥父所損折數過千萬。娥年十五，痛傷之，因火烈，遂自投於爐中，赫然屬天。於是金液沸湧，溢於鑪口，娥所躡二履，浮出於鑪，身則化矣。其金汁塞鑪而下，遂成溝渠，泉注二十里，入於江水，其所收金丸億萬觔。溝渠中鐵至今尚存，吳俗稱爲梅根冶。郡人每冶銅鐵，必先祀娥。

贊曰：歐冶鑄銅，干將化鐵。光怪燭天，精英皎潔。云何孝女，灰飛爐竭。擲身官冶，金湧如血。我父沈冤，或可昭雪。女性堅剛，百鍊不折。化石爲山，化金成垤。持此寸銛，鴞死獍滅。

（贊曰：歐冶鑄劍，雪濤製箋。精爽不化，光怪屬天。云何孝女，擲身爐煁。形銷骨爛，金湧如泉。溝渠百結，爲父照雪。女子有性，百鍊不折。望夫化石，救父成鐵。持此寸銛，獍死梟滅。）

向雄

向雄，鍾會功曹也。司馬昭既誅鍾會，向雄收葬會屍。昭怒，召而責之曰：『往者王經之死，卿哭於東市，而我不問。今會爲叛逆，又輒收葬。若復相容，如王法何？』雄曰：『昔先王掩骼埋胔，仁流朽骨，當時豈卜其功罪而後收葬哉！今王誅既加，於法已備，雄感義收葬，教亦無闕。法立於上，教弘於下，以此訓物，不亦可乎？』昭悦而遣之。

贊曰：我自葬故人，君自誅叛逆。於法無相妨，於義無闕失。王者掩棄骸，不分功罪骼，況復鍾會功，昭昭在社稷。

石崇

石崇，河陽人。劉輿兄弟少時爲王愷所嫉，愷召之宿，因欲坑之。崇素與輿善，聞當有變，夜馳詣愷，問二劉所在。愷迫，卒不得隱。崇竟進於後齋，牽出同車而去，語曰：『年少何以輕就人宿？』輿深德之。

贊曰：逸少幼時，王敦留宿。聞其逆謀，幾遭慘戮。劉輿兄弟，王愷留宿。夜欲坑之，幾爲魚肉。幸也石崇，載之車軸。少年少年，不可輕就人宿。

緑珠

緑珠，石崇妾也。趙王倫嬖人孫秀見珠，向崇乞珠，崇不與，秀恨之，因誣崇奉淮南王允爲亂，收殺。秀陳兵金谷劫珠，圍其粧樓。珠聞崇死，自樓墜地，肢腦俱裂。

贊曰：金谷園中宴未徹，甲光一片樓前雪。神珠閃爍擲畫欄，化作流星光不滅。嗚呼！美人買得一片心，不買青眉與媚頰。

鄧攸

鄧攸，字伯道，襄陵人。避石勒出奔，負己子及弟之子，度不能兩全，乃謂妻曰：『吾弟早亡，惟此一息，不可絶，應自棄吾兒耳。』妻泣而從之。其子朝棄而暮及，明日繫之樹而去。過江，納一妾，甚寵，訊其家屬，即攸甥也。攸感恨，不復畜妾，卒以乏嗣。時人哀之曰：『天道無知，使伯道無兒。』

《鐵崖樂府》曰：車驅驅，鄧家孥。長繩繫野樹，小兒泣呱呱。泣呱呱，父一顧，可奈何？兒在手，不可俱。父再顧，眼血枯，行人斷繩走匍匐。

贊曰：王延年，鼎烹孤；鄧伯道，樹繫子。但念兄弟情，絶無父子理。若不無其兒，云胡章其美？誰謂天無知，天道政在斯。

孫拯　費慈　宰意

孫拯，□□人，與陸機交厚。宦人孟玖譖陸機於成都王穎曰：『機有二心於長沙。』穎大怒，使收機，并弟雲及司馬孫拯，殺機、雲，夷三族。獄吏掠拯數百，兩踝骨見，終言機冤。吏知拯義烈，謂曰：『二陸之枉，誰不知之？君何不愛身乎？』拯仰天歎曰：『陸君兄弟，世之奇才，吾蒙知愛，今既不能救其死，忍復從而誣之乎？』玖等令獄吏詐爲拯辭，亦夷三族。拯門人費慈、宰意詣獄明拯冤，拯譬遣之曰：『吾義不負二陸，死自吾分，卿何爲爾耶？』曰：『君既不負二陸，僕又安可負君？』固言拯冤，玖又殺之。

贊曰：納交二陸，其利斷金〔一〕。踝骨雖見，胸膈未明。寧夷九族，勿變二心。前有戴就，後有孫拯。費慈宰意〔二〕，爲拯門人。談笑而來，與拯同刑〔三〕。二人有言，君既不負二陸，僕又安可負君。

校勘記

〔一〕『納交』二句，國圖刻本作『受三木苦，全二陸名』。

〔二〕費慈宰意，國圖刻本作『彼二人者』。

〔三〕刑，國圖刻本作『瞑』。

馬隆

馬隆，字孝興，少而智勇，好立名節。武帝時，兖州刺史令狐愚坐事伏誅，舉州無敢收者。隆以武吏託稱愚客，以私財殯葬，服喪三年，列植松柏。一州以爲美談。

贊曰：從來寃死，定有人收。馬隆好義，乃葬兖州。託稱愚客，畚土造丘。三年廬墓，列植松楸。愚本未面，鬼哭於幽。曰義士也，他郡自無，吾郡則有。

（贊曰：豹皮不上蟻，松柏不栖蟬。凜然正氣在，不爲蒲柳羶。蟻死螞封垤，蜂亡蜂置棺。墓傍松柏幹，枝枝尚指南。）

王儁　庾珉

王儁，官侍中。漢王劉聰陷洛陽，執懷帝北行，儁與侍中庾珉從之。建興元年，聰宴群臣於光極殿，使帝著青衣行酒，儁、珉不勝悲憤，因號哭。聰惡之，乃殺儁、珉等故晉臣十餘人。帝亦遇害。

贊曰：帝輿櫬，寧著杻。帝繫纓，寧斷首。劉聰執帝北向走，儁珉匍匐從其後。光極殿上宴群臣，帝著青衣使行酒。不勝悲憤仰天號，大晉君臣獻此醜。何如一死見先王，法正無庸教阿斗。

田六出

田六出，晉愍太子侍兒也。石勒攻洛陽，掠太子妃渡孟津，欲妻之。太子妃罵曰：『我皇太子妃，司徒公女，胡奴羯狗敢辱我乎？』言畢投河。六出曰：『大既有之，小亦宜然。』亦投河中。

贊曰：皇太子妃，困苦顛連。賊欲犯之，自投於川。吾爲侍妾，敢不從焉？妃去不遠，蹋蹶而前。顧此湍水，余亦有言。大既有之，小亦宜然。橫島義士，妾也姓田。

辛賓

辛賓，晉愍帝時官尚書郎。劉聰陷長安，執愍帝以歸。聰出獵，以帝行車騎將軍，戎服執戟前導，見者指之曰：『此故長安天子也。』聚而觀之，故老有垂淚者。後享群臣於光極殿，使帝行酒洗爵，已而更衣，又使執蓋。晉臣多涕泣，有失聲者。賓抱帝大哭，聰命引出斬之，帝遂遇害於平陽。

贊曰：天子死，自有法，鴆酒來，胭脂井，如或不能用練綆。青衣行酒辱已極，執戟執蓋猶不省。辛賓抱帝哭失聲，不若君臣同斷頸，寧使頭顱作溺皿。

魯充 梁緯 辛氏

魯充、梁緯，涇陽將軍。劉曜陷北地，至涇陽獲充、緯，飲之酒曰：『吾得子，天下不足定也。』充曰：『身爲晉將，國家喪敗，不敢求生。若蒙公恩，速死爲幸。』曜曰：『義士也。』與之劍令自殺。緯亦遇害。緯妻辛氏美色，曜將妻之。辛氏大哭曰：『妾夫已死，義不獨生，且一婦人而事二夫，明公亦安用之。』曜曰：『貞女也。』亦聽自殺，皆以禮葬之。

贊曰：敗軍之將，不足與言勇。失節之婦，不足以侍寵。忠臣節婦，濟濟接踵。鐲鏤賜劍，鴛鴦立冢。嗚呼！劉曜虜也，書此二事，亦可以永。

吉朗

吉朗，御史中丞。劉曜陷長安，愍帝乘羊車，肉袒出降，群臣號泣攀車，帝亦悲不自勝。朗歎曰：『吾智不能謀，勇不能死，何忍君臣相隨，北面事虜乎？』乃自殺。

贊曰：乘羊車，食竹葉。鹽水灑地恣淫媟，乘以降賊行蹩躠。老臣見之眼眥裂，攀車泣諫口勃呹，何如自剄在宫闕？臣不忍睹越絶，身請爲臣，妻請爲妾。

胡奴王安

胡奴王安，祖逖僕也。事逖久，逖死，仕趙爲左衛將軍。程遐言於石勒曰：『天下初定，當顯明順逆，今祖逖子約猶存，臣竊惑之。』勒族誅之。安歎曰：『豈可使祖士雅無後乎？』乃往觀刑，竊取逖庶子道重匿之。及石氏亡，復歸江南。

贊曰：碧眼胡奴，昔曾事祖。忍使豫州，巢無完卵。遂入虎穴，乃得帝子。匿之深山，程嬰趙武。豫州有知，聞雞起舞。

王彬

王彬，字世儒，覽孫。少負氣節，累遷侍中。兄敦害周顗，彬往哭之慟。既造敦，敦怪其慘容，彬答曰：『向哭周伯仁。』敦曰：『伯仁自致刑戮耳。』彬回數敦曰：『抗旌犯上，殺害忠良。』音辭慷慨，與淚俱下。

贊曰：王敦來，周顗戮。王導笑，王彬哭。忠臣義士，何代無之？不意近出臣族。

俞縱

俞縱，宣城人，爲桓彝裨將。蘇峻犯闕，彝聞京師不守，進屯涇縣。裨惠勸彝與峻通使，以免禍患。彝曰：『吾受國厚恩，義在致死，焉能忍恥與逆賊通問？如其不濟，此則命也。』彝遣俞縱守蘭石，賊將韓晃攻之，將敗，左右勸退軍。縱曰：『吾受桓侯恩厚，當以死報，吾之不可負桓侯，猶桓侯之不負國也。』遂力戰而死。

贊曰：桓侯報國，吾報桓侯，生則併命，死則同仇。侯不負國，吾可負侯？義惟一死，更復何籌？田島義士，但欲與田將軍同日而死也，誰復問其大來則王，小來則侯？

（贊曰：桓侯報國，吾報桓侯。義在一死，夫復何籌？田横五百，大王小侯。一念不變，同歸首丘。天道報應，錙銖不苟。簷前滴水，點點穿溜。）

吴郡卒

吴郡卒，服役吴郡守庾冰。蘇峻亂，冰單身逃亡，民吏皆去，唯郡卒獨以小舟載冰出錢唐口，籧篨覆之。時峻賞募覓冰，屬所在搜檢甚急。卒捨船市渚，因飲酒醉還，舞棹向船曰：『何處覓庾吴郡？此中便是。』冰大惶怖，然不敢動。監司見船小裝狹，謂卒狂醉，都不復疑。自送過浙江，寄山陰魏家得免。庾欲報卒，問其名，不告。

贊曰：吴郡卒，獨拏小舟出水谷。不願募賞賜千金，但把籧篨覆州牧。狂歌醉飲不復疑，安然歸去如風速。庾冰倉皇問姓名，遥指一抹江濤緑。

羅企生

羅企生，爲殷仲堪參軍。仲堪與桓玄戰敗，亡奔酇城，文武無從者，惟企生從之。路經家門，其弟遵生曰：『作如此分離，何可不一執手？』企生旋馬授手，遵生牽下之，曰：『家有老母，去將何之？』企生揮涕曰：『今日之事，我必死之。汝等奉養，不失子道。一門之中有忠與孝，亦復何恨？』遵生抱之愈急，遂不得去。及玄至荆州，士人無不詣玄者，企生獨不往，而營理仲堪家事。玄遣人謂曰：『若謝我，當釋汝。』企生曰：『吾爲殷荆州吏，荆州敗不能救，尚何謝爲？』玄乃收之，復問：『欲何言？』企生曰：『從公乞一弟，以養老母。』玄乃殺企生而赦其弟。

贊曰：弟牽其兄似不忠，是則爲恭。子忘其母似太恝，是則爲節。一人不能兼，忠孝未嘗缺。從公乞一弟，恭恝[一]復何説？

校勘記

〔一〕恭恝，國圖刻本作『粉虀』。

朱綽　子齡石

朱綽，梁國内史朱憲弟也。袁真殺憲，綽奔桓温。温克壽陽，綽發真棺，戮其屍。温怒，將殺之，桓沖請而免之。綽事沖如父。沖薨，綽嘔血而卒。及綽子齡石爲劉裕參軍，從至江東，將與桓玄戰。齡石請曰：『世受桓氏厚恩，不欲以兵刃相向，請在軍後。』裕義而許之。

贊曰：以直報怨也，鞭及其髑髏。以德報德也，不履其鋒鏃。知余爲死父，而實非余臨陣之怯也，是惟鮑叔。

何無忌

何無忌，少有大志，忠亮任氣。會稽世子元顯子彥章封東海王，以無忌爲國中尉。及桓玄害彥章於市，無忌入市，慟哭而出。時人義焉。

贊曰：邕哭卓，稱其噴。雄哭莽，稱其背。忌哭章，稱其義。人生有淚莫濫施，杞妻一哭崩城限，點點收作靈犀佩。

翟素　翟婢青

會稽女翟素，受聘未及配適，遭賊，欲犯之，臨之以白刃，素曰：『我可得而殺，不可得而辱。』素婢青乞代素死。賊遂殺素，復欲犯青。青曰：『向欲代主者，恐被恥獲害耳。今素已死，我何生爲？願就刃。』賊復殺之。

贊曰：主憂臣辱，主辱臣死，妾身香似蘭，願爲翟氏摧，妾身潔如玉，願爲翟氏折。女主既捐生，燈蛾願撲滅。焚我猛出薪，妾心如飲雪。

張偉

張偉，琅邪郎中令。劉裕滅晉，廢恭帝爲零陵王，即宫於故秣零縣，使將軍劉遵考將兵防衛。裕以毒酒一罌授偉使酖王，偉歎曰：『酖君以求生，不如死。』乃自飲而卒。

贊曰：零陵王，秣陵縣。勒兵守，防其變。毒酒一罌使酖王，張偉持之淚如綫。以臣毒主豈人爲？不如自飲及爲便。嗟嗟！宋朝無詔殺王文，自道此酒不可勸。

佛念兒

秦王泓將出降，其子佛念兒年甫十一，言於泓曰：『晉人逞欲，雖降必不免，不如引決。』泓撫然不應，佛念兒登宫墻自投而死。泓至建康，斬於市。

《鐵崖樂府》曰：十歲兒童，遭罹家難，投死若歸。十歲兒能處死，御璧走屍欲何爲？

贊曰：覆巢之下，一破卵耳。勢敗力屈，慷慨就死。推其氣也，可以挫晉人之咆哮，可以灑秦王之羞恥。嗟嗟！越王式怒蛙，用以激戰士。

曇遷

釋曇遷，與范蔚宗曄遊款。後蔚宗被誅，門有十二喪，知交無敢近者。曇遷抽貨衣物，悉營送葬。宋孝武聞之而歎賞，語徐爰曰：『卿著《宋書》，勿遺此士。』

贊曰：昔爲鮪，今爲鯨。昔爲鳩，今爲鷹。何物老秃，來收骨脛。布哭越，戩埋允。十二塚，成墳塋。帝曰若著《宋書》，勿遺此士，或曰若著禪乘，勿遺此僧。

蔡興宗

蔡興宗，少好學，以德業見稱。宋孝武踐祚，累遷尚書吏部侍郎。竟陵王誕據廣陵爲逆，事平，興宗慰勞。廣陵州别駕范義與興宗素善，在城同誅。興宗至，躬自收殯致喪，還豫章舊墓。上聞，謂曰：『卿何敢故爾觸綱？』興宗抗言答曰：『陛下自殺賊，臣自葬故人。既犯嚴制，政當甘於斧鉞耳。』帝有慚色。

贊曰：臣至廣陵，實見故人。蓆藁未葬，傍有蚋蠅。遂反虆梩，葬此道殣。忘其爲賊，曾罹重刑。若論臣意，只葬故人。

王頒

王頒，父僧辯。頒少倜儻，有文武幹局。僧辯平侯景，留頒荆州。遇梁元帝爲周師所陷，頒因入關。聞其父爲陳武帝所殺，號慟而絶，食頃乃蘇，哭不絶聲，毁瘠骨立。至服闋，常布衣蔬食，藉藁而卧。周明帝嘉之，召授左侍上士，累遷漢中太守，尋拜儀同三司。隋開皇初，以平蠻功加開府，封蛇丘縣公。獻取陳之策，上覽而異之，召見，言畢歔欷，上爲之改容。及大舉伐陳，頒自請行，率兵數百人，從韓擒虎先鋒夜濟，力戰被傷，恐不堪復鬬，悲感嗚咽。夜中睡夢有人授藥，比寤而瘡不痛，時人以爲孝感。及陳滅，頒密召父在時士卒，得千餘人，對之涕泣。其間壯士或問曰：『郎君讎恥已雪，而悲哀不止者，將不爲霸先早死，不得手刃之邪？請發其丘隴，斲櫬焚骨，亦可申孝心矣。』頒頓顙陳謝，額盡流血，答曰：『其爲墳塋甚大，恐一宵發掘不及其屍，更至明朝，事乃彰露。』諸人請具鍬鍤，於是夜發其陵，剖棺，見陳武帝鬚皆不落，其本皆出自骨中。頒遂焚骨取灰，投水飲之。既而自縛歸罪晉王表其狀。文帝曰：『朕以義平陳，王頒所爲亦孝義之道，何忍罪之？』舍而不問。

贊曰：楚伍員，鞭帝屍。梁王頒，拔帝鬚。提兵滅陳敗敵師，發掘帝兕集鍬鋤。父仇不報等何時，劈棺成屑碎若絲。焚骨取灰投酒卮，吾心已快開笑髭。可曰日暮途遠也，故倒行而逆施。

邊榮　程邕之

邊榮，沈攸之客也。榮初爲荆州參軍，被府録事所辱，攸之爲榮鞭殺録事。及張敬兒破江陵，攸之兵潰縊死。榮爲留府司馬，或説之降，榮曰：『受沈公厚恩，一朝緩急，便易本心，吾不能也。』城潰，軍士執以見敬兒。敬兒曰：『邊公何不早來？』榮曰：『沈公見留守城，不忍委棄。本不祈生，何須見問？』敬兒曰：『死何難得？』命斬之，榮懽笑而去。榮客程邕之抱榮曰：『與邊公周游，不忍見其死，乞先見殺。』兵人以告，敬兒曰：『求死甚易，何爲不許？』乃先殺邕之而及榮，軍人莫不垂泣。

贊曰：一日殺二烈，軍人皆眥裂。不與蕭艾榮，願同蘭玉折。不忍見其死，乞公先見殺。莫學袁本初，沐猴圖伯業。

龔穎

龔穎，遂寧人也。少好學，益州刺史毛璩辟爲勸學從事。璩爲譙縱所殺，故佐吏並逃亡。穎號哭奔赴，殯送以禮。縱後設宴延穎，不獲已而至。樂奏，穎流涕起曰：『北面事人，亡不能死，何忍聞舉樂，蹈跡逆亂乎？』縱大將譙道福引出將斬之，道福母則穎姑，跣出救之，故得免。縱既僭號，備禮徵，又不至，乃收穎付獄，脇以兵刃，執志彌堅，終無回改，卒終於獄。元嘉二十四年，刺史陸徵上表曰：『若王蠋之抗辭燕軍，同周苛之肆罵楚主，方之於穎，蔑以加焉。誠當今之忠壯，振古之遺烈。』

贊曰：北面事人，亡不能死。聞樂悲哀，霽雲斷指。姑母多事，救余跣趾。曾不移時，終於庾死。臣罪當誅，不如殺之。與其殺於犴狴也，不若殺於朝市。

（贊曰：背面事人，亡不能死。忍聞鼓樂，涕淚交馳。傍有猛士，霽雲斷指。不顧湯鑊，不懼刀斧。王蠋抗燕，周苛罵楚。）

高允

高允，與崔浩奉命共譔《魏史》。今史閔湛性巧佞，勸浩刊所譔《魏史》於石，以彰直筆，浩乃刊石立於郊壇。所書魏先世事甚穢，北人無不忿恚，因譖浩暴揚國惡。魏主大怒，使有司按浩罪。時允授太子經，太子召允謂曰：『吾自救卿，但至尊問，須依吾語。』太子入言：『高允小心縝密，史皆崔浩爲政，請赦其死。』魏主召允，問曰：『國書果皆浩所爲乎？』對曰：『太祖記，前著作郎鄧淵所爲。先帝記及今記，臣與浩共爲之。然浩所爲事，多總裁而已，至於著述，臣多於浩。』魏主怒曰：『允罪甚於浩，何以得生？』太子懼曰：『天威嚴重，允小臣迷亂失次耳。臣鄉問，皆云浩所爲。』魏主問：『信如東宮所言乎？』對曰：『臣罪當族滅，不敢虛妄。殿下哀臣，欲匄其生耳。』魏主顧謂太子曰：『直哉！此人情所難，而允能爲之。臨死不易辭，信也。

爲臣不欺君，貞也。宜特除其罪以旌之。』遂赦之。他日太子讓允曰：『吾欲爲卿脱死，而卿不我從，激怒至尊，每念之心悸。』允曰：『臣與浩實同其事，死生榮辱，義無獨殊，誠荷殿下再造之慈。違心苟免，非臣所願也。』太子動容稱歎。

贊曰：族可滅，史不可缺。身可誅，心不可欺。欲匄臣獨生，可令浩獨死？鼎鑊在臣前，百折不改齒。臣非畏天威，迷亂失其次。臣實與浩同，不忍避刀斧。

諸葛誕麾下數百人

諸葛誕，齊王時爲鎮南將軍。初，誕與夏侯玄、鄧颺等相善。玄、颺既誅，而毌丘儉起兵，遣使招誕，斬其使。儉破滅，誕有自疑之心。司馬昭遣賈充至壽春，因謂誕曰：『洛中諸賢皆願禪代，君所知也，君以爲云何？』誕厲色曰：『卿非賈豫州子，世受魏恩，如何負國？非吾所忍聞。若洛中有難，吾當犯之。』充默然。遂發兵自守，求救於吴。司馬昭奉魏主擊之，城陷被戮。誕麾下數百人坐不降見斬。其曹拱手爲列，每斬一人輒降之，竟不變，至盡，曰：『爲諸葛公死不恨。』時人比之田横島焉。

贊曰：『鎮南敗兵，多如刺蝟。抗立不降，刀來不避。駢首就斬，似有次序。降即免死，問之不對。死又何辜，揮之不去。爲諸葛公，不知晉魏。何必田横之五百人也，方能死義。』

朱瑒

梁朱瑒，山陰人，爲王琳故吏。琳舉義，爲陳將吴明徹所殺，傳首建康，懸之於市。瑒致書陳僕射徐陵求琳首，其略曰：『竊以典午將滅，徐廣爲晉家遺老；當塗已謝，馬孚稱魏室忠臣。梁故建寧公琳，輕躬徇主，以身許國，徒蘊包胥之念，終遘萇弘之青。至使身没九泉，頭行千里，身首異處，封樹靡卜。瑒早造末僚，預參下席，降薛君之吐握，荷魏公之知遇。是用霑巾雨袂，痛可識之顔；回腸疾首，切猶生之面。伏惟聖恩博厚，明詔爰發，赦王經之哭，許田横之葬。不使壽春城下，惟傳報葛之人；滄洲島上，獨有悲田之客。昧死陳祈，伏待刑憲。』陵嘉其志節。又明徹亦數夢琳求首，並爲啓陳主許之。瑒持首還淮南，權瘞八公山側，間道北歸，別議迎接。時有揚州人茅智勝等五人密送葬柩達於鄴。

贊曰：淒淒尺幅，哭泣秦庭。建寧節概，顔面如生。卒使敵國，許葬田横。余嘗謂持斧鑕蹈湯鑊者之輕舉躁動，而反不見其一往深情。

鄭羆子

鄭羆，高陽人。盧度世以崔浩事匿鄭羆家，使者逮羆長子，羆誡之曰：『君子殺身以成仁。汝雖死，弗言。』其子奉命，大被拷掠，乃至火熱其體以死，卒無所言。

贊曰：有客有客，藏之溷廁〔一〕。父令勿言，有死無貳〔二〕。火熱其體〔三〕，焦膚殞墜〔四〕。忍證攘羊，倉遑失次〔五〕。余隱其孝，人稱其義。

校勘記

〔一〕溷廁，國圖刻本作『複壁』。
〔二〕無貳，國圖刻本作『無悔』。
〔三〕體，國圖刻本作『膚』。
〔四〕焦膚隕墜，國圖刻本作『焦肉墮土地』。
〔五〕倉皇失次，國圖刻本作『以明父罪』。

吴達之

吴達之，義興人。嫂亡無以葬，自賣爲十夫客，以營塚椁。從祖弟敬伯夫妻，荒年被略賣江北。達之有田十畝，貨以贖之，與同財共宅。郡命爲主簿，固以讓兄。又讓世舊田與族弟，弟亦不受，田遂閒廢。齊高帝建元三年，詔表門閭。

贊曰：四海之內，皆有兄弟。繄我達之，留心同氣。葬嫂鬻身，贖弟鬻地。讓禄讓田，無所不至。云何勿受，地遂閒廢。不樹紫荆，應樹棠棣。

鍾離君　許令

鍾離君，江南李氏時縣令也，與鄰縣許令爲婚。女將出適，買一婢從嫁。一日，其婢執箕帚治地，熟視窳處，惻然淚下。鍾離君怪問之，婢泣曰：『幼時我父於此穴地爲毬窩，道我戲劇，歲久而穴處未改。』鍾離君驚問其故，婢曰：『我父政前縣令，身死家破，我遂落民間，更賣爲婢。』鍾離君呼牙儈問之，復咨於老吏，具得其實。遽以書抵許氏曰：『吾買得前令之女，義不可久辱，當輟畚筐，先求婿嫁之，更一年別爲吾女營辦。』許答書曰：『蘧伯玉恥獨爲君子，君何自專仁義？願以前令之女配吾子，君女當別求良配。』於是前令之女遂歸許氏。

贊曰：後令婢，前令女，供灑掃，挾帚箕。毬窩坳處少所嬉，後令聞之淚如雨。義難久辱輟畚筐，先爲擇婿後吾女。安得同心有許君，獨爲君子固所恥。

（贊曰：後令買婢，前令鬻女。坳堂一窳，淚墜如雨。義難久辱，當輟畚筐。爲擇快婿，別醮吾女。安得同心，完璧歸許。獨爲君子，伯玉所恥。）

王伽　李參等七十餘人

王伽，爲齊州行參軍，送流囚李參等七十餘人詣京師。行至榮陽，哀其辛苦，伽乃悉脱其枷鎖，約曰：『某日當至京師，如至前卻，吾當爲汝受死。』遂舍之而去。流人感悦，如期而至，一無離叛。上聞而驚異，於是悉召流人，攜負妻子俱入，賜宴於殿庭而赦之。

贊曰：縱魚返壑，去鳥歸林。不用縉弋，如磁引鍼。畫地爲牢，古有其事；刻木爲吏，今見其人。雖在三代之下也，而諸囚猶以堯舜之心爲其心。禹昔對泣，今反欣欣。

（贊曰：王參軍，解死囚，殷勤道路開枷鈕。更與相約至京師，囚犯紛紛望家走。棘門相待如約來，訂日釀金飲卮酒。天子嘉其無叛離，畫地爲牢古曾有。）

杜松贇

杜松贇，性剛烈，重名義，爲石門府隊正。隋煬帝大業末，楊厚來攻北海縣，松贇覘賊被執，使紿城中云：『郡兵已破，宜早歸降。』松斌佯許之。既至城下，大呼曰：『我邂逅執，非力屈也。官軍大來，賊旦暮禽翦。』賊以刀築其口，引之去。松斌罵厚曰：『老賊何敢辱賢良？』言未卒，賊斷其腰。城中望之，莫不流涕扼腕，鋭氣益倍，北海卒完。

贊曰：隊正松贇，覘賊被執。賊令紿城，我乃紿賊。得見郡兵，告之以實。官軍大來，守城宜力。賊恨益深，刀截其肋。登陴望之，無不下泣。鋭氣益加，賊徒辟易。

隋大盜

大盜，不知其處。文帝時，以盜贓繁多，命盜一錢以上皆棄市，或三人共盜一瓜，事發即死，天下懍懍。有大盜數人劫執事而謂之曰：『吾不爲財來，爲枉人來耳。而爲我奏至尊，自古以來，體國立法，未有盜一錢而死也。而不爲我上聞，吾再來，而屬無噍類矣。』帝聞之，爲除此法。

贊曰：在昔隋文，恨時多盜。一錢坐死，立法顛倒。天下慌慌，小民堪悼。不意緑林，乃來大盜。遮劫執事，囑其入告。此法速除，吾不爲暴。拯溺救焚，盜亦有道。

古今義烈傳卷五

（明）劍南　張　岱著

王君操

王君操，即墨人。父隋大業中與鄉人李君則鬪競，因被毆殺，君操時年六歲。其母劉氏告縣收捕，君則棄家亡命，追訪數年弗獲。貞觀初，君則始出，詣州府自首。而君操密袖白刃，刺殺之，刳腹取其心肝，咀食立盡，詣刺史且自陳告。州司據法處死，列上其狀。太宗特詔原死。

贊曰：李君則，殺人避仇走他邑。六歲兒，未成立。貞觀初，始自出，輕看仇家如草棘。六歲兒長挾刀革，刺之都亭取肝膈，血肉在口如飲蜜。父仇已報吾責塞，赦不赦，非所憶。

衛孝女

衛孝女，絳州夏人。父爲鄉人衛長則所殺。孝女方六歲，無兄弟，母改嫁。及長，思報父仇。會從父大延客，長則在坐，孝女以甓抵殺之。詣吏稱父冤已報，就刑。巡察使褚遂良聞，太宗免其罪，給驛徙雍州，賜田宅。州縣以禮嫁之。

贊曰：衛長則，暴如虎。殺我父，絶我户。孤女藏身無處所，父仇不報徒自苦。近在座間眼出火，以甓抵之如殺羖。毋曰酒席上禽人也，而謂我不武。

周智壽　智爽

周智壽，同官人。父永徽初被族人安吉所害，智壽及弟智爽仍候安吉於塗，擊殺之。兄弟相帥歸罪於縣，官司經數年不能決。鄉人或證智爽先謀，竟伏誅，神色自若。智壽頓絶衢路，流血遍體。

贊曰：兄磨牙，弟礪齒。齧仇人，吸骨髓。忍令伍胥生，而使伍尚死。兄弟雙雙來九泉，父曰快哉，能殺吾仇皆吾子。

韋月將

韋月將，洛陽人。唐中宗時，武三思濁亂，出入宫壼。月將上疏請立誅三思，烝清宫禁。中宗大怒，磔之於市。

贊曰：長鬣尼桑條，韋有家法在。紫薇房州太子妃，許其靡不爲。象床博陸開錦帷，天子點籌在座隅。爾是何人斯，大膽説宫闈。此時不即殺，宫中牝雞啼不已。

周璟

周璟，壽春人。與駙馬都尉王同皎憤恨武三思烝淫王室，謀於武后靈駕前發伏弩射殺之。事泄，三思遣人上變言：『同皎欲擁兵闕下，廢皇后。』帝大怒，斬同皎於都亭驛，籍其家。同皎且死，神色自如。璟遁入比干廟自剄，將死，謂人曰：『比干古忠臣，神而聰明，其知我乎？后、三思亂朝，虐害忠良，滅亡不久，可竿吾頭國門，見其敗也。』

贊曰：鸚武折，小寶壞。三思奴，恣淫穢，擁兵廢后誣都尉。王同皎，斬都亭，機事不密身先害。周璟自剄比干祠，身首雖殊神不昧。不學比干學伍胥，抉眼東門觀其敗。

張琇　張瑝

張琇，河南人。父審素爲巂州都督，後爲御史。楊汪奉敕勘其贓罪，奏稱審素謀反，搆成其罪，斬之。琇與兄瑝以年幼坐徙嶺外，尋各逃歸，累年隱匿。汪後累轉殿中侍御史，改名萬頃。開元二十三年，瑝、琇候萬頃於都城，挺刃殺之。既殺萬頃，復奔江外，殺其與萬頃同謀殺父者，行至汜水，爲捕者所獲。時都城士女皆矜琇等幼稚孝烈，多言其合矜恕者。中書令張九齡奏請，得宥死。

贊曰：吉網羅鉗，父死陷阱。覆巢二卵，煢煢亡命。子報父仇，不韋伍員。難在穉年，有此烈性。遭逢曲江，二子何幸！

盧氏

盧氏，狄梁公仁傑堂姨，居午橋南别墅。姨止一子，而未嘗入都城。梁公遇伏臘晦朔，嘗經其廬，候盧姨安否。適見表弟挾弓矢、攜雉兔來歸膳味，進于北堂，顧揖梁公，意甚輕簡。公因啓姨曰：『某今爲相，表弟有何樂從，願悉力圖之。』姨曰：『相自貴爾。有一子，不欲令其事女主。』公大慚而退。

贊曰：挾弓矢，攜雉兔，歸膳北堂意粗魯。顧揖梁公甚簡輕，不曉表兄爲宰輔。相公富貴自天生，一子不欲事女主。梁公忸怩不敢言，又復攜弓上山岵。

（贊曰：挾弓矢，攜雉兔，帶月歸來掩柴户。吾家不令牝司晨，吾家不令窟營兔。聚麀老尼墟帝丘，雉裘博六戲宰輔。一子不欲事雌王，几上肉兮面上唾。）

安金藏

安金藏，京兆長安人，在太常工籍。睿宗爲皇嗣，少府監裴匪躬等坐私謁皇嗣，皆誅死。自是公卿不復見，唯工優給使得進。俄有誣皇嗣異謀者，武后詔來俊臣問狀。左右畏慘楚，欲引服。金藏大呼曰：『公不信我言，請剖心以明皇嗣不反也。』引佩刀自刺腹中，五臟並出，流血被地，眩而仆。后聞大驚，輿致禁中，命高醫卻納五臟，以桑白皮爲綫縫合，傅之藥，閲夕而蘇。后臨視，歎曰：『吾有子不能自明，不如爾之忠也。』即詔停獄。

贊曰：有剖腹者，安氏樂工。非避赤族，不爲青宫。事此牝賊，義憤填胸。引刀自剖，怒氣一空。高醫多事，創藥賜封。

吴保安

郭仲翔，宰相元振猶子也。從姚州都督李蒙討南蠻，戰敗没入蠻中。友人吴保安棄妻子，傾家貲，得絹二百疋，經營十年，積絹七百，妻子至行乞于路。保安積絹既富，都督楊安居又助之往蠻中，竟贖仲翔而歸。

贊曰：郭仲翔，陷蠻貊，與汝非親復非戚。傾貲得絹二百疋，經營十年至七百。訪求蘇武寄雁帛，贖取蔡琰歸朔漠。妻子無依至行乞，道中相遇如不識，此心不轉同金石。

張説

張説，爲鳳閣舍人。張易之、昌宗譖魏元忠于武后，言太后老矣，不若挾太子爲久長。武后怒，下元忠獄。昌宗密引説，賂以美官，使證元忠。説許之。武后召説入，問狀，説未對，昌宗從旁迫趣説，使速言。説曰：『陛下視之。在陛下前猶迫臣如是，況在外乎？臣實不聞元忠有是言。』他日又引問，説對如前。竟貶元忠高安尉，流説嶺表。

贊曰：脊鴒入宮，蓮花無色。摇動元勳，搏沙暗射。鳳閣舍人，焉肯下石？一語發奸，此事遂白。弗汙青史，保全赤舄。愬帝無憂，鸚鵡折翮。武后夢鸚鵡折翼，而昌宗兄弟誅。

（贊曰：鶺鴒入宮，蓮花無色。摇動元勳，沙搏影擊。趙高指馬，卞和泣石。鵶變鴞言，牝雞吭呃。履尾虎城，攖鱗驪窟。愬虎舒牙，鸚鵡折翮。武后夢鸚鵡折翼，而昌宗兄弟誅。）

李敬業　駱賓王

李敬業，李勣孫也。武后遷太子于房州，改元光宅，旗幟皆從金色，改國號爲周。於是諸武擅政，誅殺唐宗室子孫，天下憤怒。敬業客揚州，起兵匡復唐室，傳檄州縣。武后讀至『一抔之土未乾，六尺之孤安在』，問『檄誰作者』，或對曰駱賓王，太后曰：『有如此才而使之流落不偶，宰相之過也。』

論曰：敬業舉義，魏思温勸其直趨河、洛，以匡復爲事。此與尹德毅之説蕭詧，龍敏之獻策潞王從珂，皆奇謀也。諺云：『敗棋有勝著。』惜乎當局者迷耳。

贊曰：陳琳檄，愈操疾。賓王檄，歎遺佚。金華一紙書，凜凜春秋筆。嚄唶罵聚麀，妖狐亦股栗。高才不見收，宰相真溺職。武曌與曹瞞，取士於仇隙。一片愛才心，能使文人泣。

（贊曰：紫幃妖牝肆蜂螯，唐家子孫成膫膵。柳州司馬乘高呼，勝兵一聚如山屹。金華駱子罵聚麀，檄文一紙春秋筆。天授韜鈐奚不從，嗥嗥桀犬噬堯腊。）

俊刺客

俊刺客，曹王子客也。見太子承乾刺客，相與論優劣。承乾刺客曰：『吾受太子旨，刺東宮詹事于志寧。吾見其寢苫塊中，潛身而還。寧違太子命，不忍殺孝子。殺孝子不祥，余豈軻、政之死倖倖者比哉！子能孰愈我？』俊刺客曰：『闇哉！子之術也。子知詹事賢，當辭于未往。既往矣，而見人苫塊以免。萬一遇諸苫塊之外，不殺賢詹事乎？吾主曹王明，賊后以爲太子黨，安置黔州。都督謝祐希后旨逼殺吾主，天下銜其冤。余入祐所，提其頭付吾嗣君。俊漆之爲穢器，題曰：「毋效讒臣謝祐。」天下之情快，嗣君之冤雪。方以子功，孰爲愈？』承乾刺客曰：『吾不汝及矣。』俊刺客復出百金匕，示承乾刺客曰：『吾視唐牝賊廢嗣君矣，立武七廟矣，大殺李氏族屬矣，革唐爲周矣。賢如裴炎、劉仁軌、魏元忠之徒，甘降心而北面。雖柳州司馬以匡復爲心，旬日聚勝兵十餘萬，而賊不能討。韓、霍、魯、越、江都、范陽、瑯琊諸王，亦各起義兵，而賊又不能討。余幸未死，誓以三寸鋒取是賊于紫宸黔幄中，獻馘于高宗、太宗之廟，吾豈得以翮、豹之儔書也？子能從我乎？』卜日行，是夕斃。

贊曰：截仇首，熱血塗。刳半髑，作夜壺。萬鬼嘈嘈燈下呼，腥臊熱溺澆顛顱。血書謝祐字糊糢，主仇不報非丈夫。尚思挾劍除妖狐，文皇殿上去獻俘。於乎文皇罪曰孤。

李勉

李汧公勉，少貧，客游梁、宋，與諸生共逆旅。諸生病且死，出白金語汧公曰：『左右無知者，幸君以此葬我，餘則君自取之。』汧公許之，既葬，密置餘金棺下。後其家來謁，汧公共啓墓出金付之。

贊曰：李汧公，在旅邸。山棚客，床下起。擁被唑，不敢睨。一騎馳，報睚眥。囊仇頭，擲於几。氣沈雄，如虎兕。客遺金，藏棺底。小節耳，何足齒！

李約

李約，汧公子也。嘗江行，與一商胡舟楫相次。商胡病篤，固邀與約相見，以二女託之，皆殊色。又遺一大珠。約悉唯唯。及商胡死，財寶數萬，約皆籍送官司，與二女求配。始殮商胡時，密以夜光含之。後親屬來理資物，約請官司發掘驗之，夜光果在墓中。

贊曰：佩明珠，裸二女。人見之，誰不喜？財寶輸官女適人，夜光閃爍葬棺底。堪羡青蓮出汙泥，一塵不染清如洗。此項人，曾有幾？

嚴武

嚴武，嚴挺之子。挺之薄妻，而愛其子武。武年八歲，詢其母曰：『大人常厚玄英，未嘗慰省，何至於斯？』母曰：『汝父嫌吾寢陋，枕席數宵即懷汝，自後相棄。』其母悽咽，武亦憤惋。候父出，玄英方睡，武持小鐵鎚擊碎其首。挺之歸，驚愕，視之已斃矣。左右言：『小郎君戲運鎚而致此。』挺之呼武曰：『汝何戲之甚！』武曰：『焉有大朝人士厚其侍妾，困辱兒之母乎？故須擊殺，非戲也。』父曰：『真嚴挺之兒。』

贊曰：嗚呼！我父大朝人士，厚其侍妾，困辱兒母。我母悽咽，欲言不吐。生兒何爲，使母至斯？朱亥袖椎，視如豚蝦。兒非誤傷，直須擊死。父愛武言，棄妾如土。父曰真挺之兒，兒曰真嚴武父。

（贊曰：大朝人士，寵妾棄母。我母憤惋，哀言悽楚。母恨未伸，焉用人子？運張良椎，藏朱亥斧。兒非誤傷，直須擊死。夫愛兒言，棄婢如土。夫曰真挺之兒，余曰真嚴武父。）

石演芬

石演芬，事李懷光，畜爲假子。懷光軍三橋，將與朱泚連和。演芬使客郜成義到德宗行在言：『懷光無破賊意，請罷其總統。』成義走告懷光，懷光召演芬罵曰：『爾爲我子，奈何欲破我家？今日有死無赦。』演芬對曰：『天子以公爲股肱，公以我爲腹心。公負天子，我是以負公。且我胡人無異心，惟知事一人。苟免賊名而死，死甘心矣。』懷光使左右臠食之，皆曰：『烈士也，可令速死。』以刀斷其頸。德宗聞，贈演芬兵部尚書，賜其家錢三百萬，斬成義於朔方。

贊曰：人臣無將，懷光爲叛。使爲真子，亦當死諫。我雖胡人，至死不亂。大義滅親，使人告變。吾心不移，吾頭可斷。臠食吾截，烈士肉也，恐難下嚥。

顔泉明

顔泉明，顔杲卿子也。爲史思明所虜，得歸，求其父屍於東京。得之，遂并袁履謙屍棺斂以歸。遇父時將吏流落者，皆與之歸，凡五十餘家，均減資糧如親戚。袁履謙妻疑履謙衣衾儉薄，發棺視之，與杲卿無異，乃始慚服。

贊曰：杲卿死賊，子得生還。父屍既得，并收履謙。吾父死友，襚殮一焉。尚有將吏，五十餘員。憫其流落，亦與俱旋。謙妻疑薄，明曰不然。發棺驗視，夷簡勿言。

（贊曰：不得父屍，生不如死。煢煢異鄉，是亦人子。五十餘家，均其資斧。長史履謙，同父歸泉。我即君子，襚斂一焉。發棺驗視，夷簡勿言。）

雷萬春

雷萬春，張巡參將也。令狐潮圍睢陽，張巡使萬春立城上與潮賊相聞。賊弩射之，面中六矢而不動。潮乃大驚，遥謂巡曰：『向見雷將軍，方知足下軍令矣。然其如天道何哉！』巡曰：『君未識人倫，焉知天道？』

贊曰：雷將軍，真足奇，面中六矢身不知。金僕姑，敲玻璃，淋漓熱血染雕題，城頭植立如箭椑。君不見睢陽號令如山移，頭顱斫去尚執旗，六矢射肉同射泥。

（贊曰：血淋漓，矢雕題。赤頰模糊，紅眼啍噻。僕孤刺骨敲玻瓈，猶然直立護垛雉。君不見睢陽號令如山移，頭顱斫去尚執旗，六矢射肉如射泥。）

南霽雲

南霽雲，睢陽人，爲張中丞郎將。安禄山攻睢陽，城中食盡，張巡使霽雲如臨淮告急，引精騎三十冒圍出城。賊將萬人遮之，霽雲左右射，皆披靡。既至臨淮，賀蘭進明愛霽雲之勇且壯，不聽其語，强留之，具食與樂，延霽雲坐。霽雲慷慨語曰：『雲來時，睢陽之人不食月餘日矣。雲雖欲獨食，義不忍，雖食且不下咽。』因拔所佩刀斷一指，血淋漓以示。賀蘭一坐大驚，皆感激，爲雲泣下。雲知賀蘭終無爲雲出師意，即馳去。將出城，抽矢射佛寺浮圖，矢著其上磚半箭，曰：『吾歸破賊，必滅賀蘭，此矢所以志也。』復殺入圍。巡既受縛，賊又以刃脅降霽雲，雲未應。巡呼曰：『南八男兒死爾，不可爲不義屈。』霽雲笑曰：『欲將以有爲也。公有言，雲敢不死？』即不屈。

論曰：霽雲起微賤操舟人也。張中丞被圍，築臺募萬死一生者，數日無一人應，俄有喑嗚而來者，乃霽雲，其不畏死，性也。南八數言，中丞饒舌。

《鐵崖樂府》曰：南八兒，嚙指示，千人呼，血誠豈減申包胥？臨淮節度真狗奴，我歌無衣雙淚濡。嗚呼！我歌無衣雙淚濡。

贊曰：司馬筆，寫鴻門。昌黎筆，寫霽雲，紙上生氣如煙雲。賀蘭雖見在，厭厭泉下人。睢陽鬼，南八兒，即令棄屍蔭蒿君，狐狸貒貉噉不盡。

李宜得

唐李宜得，本賤人。當玄宗起義兵，與王毛仲立功，宜得官至武衛將軍。舊主遇諸塗，趨而避之，不敢仰視。宜得令左右掖之，主甚惶懼。至宅，請居上座，宜得自捧酒食，主流汗辭之。留連數日，遂奏云：『臣蒙國恩，榮禄過分。臣舊主卑瑣，曾無寸禄。臣請割半俸，解官以榮之。願陛下遂臣愚矣。』上嘉其志，擢主爲郎將，復宜得秩。朝廷以此多之。

贊曰：世有雞狗奴，居然受官職。生怕揭其短，見主同不識。誰能駕高軒，猶然思報德。

割俸而解官，推以加主秩。歷數古來人，吾指不多屈。何李氏之多賢也？漢次孫，唐宜得。

（贊曰：世有鷄狗奴，養成其毛翮。倉卒見主來，張翼蔽其額。誰能駕高軒，尚思還主席。割俸以分榮，解官翼加秩。歷數古來人，吾指不多屈。）

雷海青

雷海青，唐玄宗樂工也。安禄山反，玄宗奔蜀。禄山宴群臣於凝碧池，盛奏衆樂，梨園子弟往往欷歔泣下，賊皆露刃睨之。海青不勝悲憤，擲樂器于地，西向慟哭。禄山怒，縛于試馬殿前支解之。

贊曰：雷海青者，梨園子弟。凝碧池頭，欷歔泣涕。賊皆露刃，脇之以勢。不勝悲憤，擲器于地。西向慟哭，頭與俱碎。肢解殿前，魂從馬嵬。嗟乎！欷歔雷海青者，梨園子弟。

僕固懷恩母

唐僕固懷恩反，其母曰：『我戒汝勿反，國家酬汝不薄。』提刀逐之，曰：『吾爲唐家殺此賊，取其心以謝三軍。』懷恩疾走得免，遂與麾下三百人渡河北走靈縣。群臣入賀，上慘然不悦，曰：『朕信不及人，致勳臣顛越，又何賀焉？』命輦懷恩母至長安，給待優厚。月餘以壽終，以禮葬之。

贊曰：人生在，三義親。生君食，而師成。幼而在襁褓，母有乳哺恩。長而受官秩，君有爵禄恩。僕固而造反，内既背其母，外復叛其君。顧名而思義，何以謂懷恩？提刀殺此賊，取以謝三軍。賢哉如是母，生此不良人。

孔璋

李邕爲陳州刺史，以直聲著。會仇人告邕贓貸枉法，下獄，旦夕當死。許昌男子孔璋與邕無半面交，上書願以六尺之軀膏鈇鉞，以代邕死。邕得減死，貶遵化尉，流璋嶺南。

贊曰：刺史李邕，良二千石。直道事人，負罪叵測。許昌男子，上書剖白。願代邕死，不愛六尺。幸得減死，流之南極。男子爲誰，三代遺直。與李御史，無半面識。

孫揆

孫揆，武水人。唐昭宗時，奉詔討李克用，伏兵執揆，厚禮而將用之，曰：『公輩當從容廟堂，何自履行陳？』揆大罵，克用怒，令以鋸解之，鋸齒不行。揆謂曰：『死狗奴，解人當束以夾板。爾不曉耶？』行刑者如其言，至死罵不絶口。

贊曰：道子畫工入三昧，欲以輪迴警一切。地獄變相甚猙獰，碓舂湯鑊并刀鋸。誰知後世效爲之，專以非刑待忠義。粉骨虀身總不知，切齒穿齦惟罵詈。忠魂本欲上天堂，反使遺骸落阿鼻。

賈直言

賈直言，河朔人。唐代宗時，父道沖坐事，賜鴆將死，直言紿其父曰：『當謝四方神祇。』使者少怠，輒取鴆代飲。迷而踣，明日毒潰足而出，久乃蘇。帝聞而憐之，詔減父死，俱流嶺南。

贊曰：賜酒在尊，酒中有鴆。見父即死，爲子何忍？攫酒在手，甘如飲餳。天祐孝子，毒出於脛。帝曰宥之，是誠在朕。子隨父流，爾可定省。

馮燕

馮燕，魏豪人。少以意氣任俠，爲蹴毬鬬雞戲。魏市有争財鬬者，燕聞之，往搏殺不平，遂沈匿田間。官捕急，遂亡滑，益與滑軍中少年雞毬相得。時相國賈耽在滑，能燕才，晉屬軍中。燕通滑將張嬰妻，嬰稍聞，累作怒毆，妻黨皆恨。會嬰從其類飲，燕伺間復卧嬰寢中，拒寢户。嬰還，妻開户納嬰，以裾蔽燕，燕卑脊步就蔽，轉匿寢榻後，而巾墮枕下。燕懼嬰見，嬰醉甚，俟嬰假寐，燕皇遽指枕下巾，令其妻取巾還燕。巾之傍適有佩刀露穎，妻徑取刀授燕，燕怒目熟視，斷其妻頸，遂持巾去。明旦，嬰起，愕然驚悸。鄰人以爲嬰殺妻也，執嬰。復通其妻黨，强入嬰罪。獄成處決，縛嬰就市，觀者如堵墻。有一人排衆擲身出，喊曰：『錯錯，無令不辜死者，吾竊其妻而又殺之，當繫我。』吏執之，乃燕也。司刑與俱見賈公，盡以狀對。賈公以狀聞，請歸其印，以贖燕死。上義之，下詔凡滑城罪死者皆免。

贊曰：醉猱來，艾嘏匿。有鼾齁，其榻側。牽其帷，墮其幘。枕蓆窮，匕首出。婁豬意欲斷猱頭，艾嘏反殪婁豬出。李代桃殭棄市曹，一夫怒呼聲霹歷。吾竊其妻又殺之，竟當殺我無他及。司刑歸印贖義徒，千古聲聞塡滑邑。

（贊曰：鶉之奔，奪其壺。燕之翼，墮其翮。梟之殘，食其肝。鳩害雀，遭鷹攫。柳藏鸚，語方明。先鼠牙，後雀角。恥狗偷，竊狐白。）

辛讜

辛讜，□□人。龐勛爲亂泗州，刺史杜慆守城備賊。時敕使郭厚本救泗州，至洪澤不敢進。讜乘小舟，潛度淮説厚本，厚本不聽。明日，賊攻城益急，讜復請往。慆曰：『前往徒返，再往何益？』讜曰：『此行得兵則反，不得則死之。』慆與之泣而別。讜復乘小舟，負矢突圍出，見厚本，爲陳利害。其都將袁公弁曰：『賊勢如此，何暇救人？』讜拔劍瞋目謂公弁曰：『泗州陷在旦夕，爾受詔救援，而逗留不進。泗州破，淮南豈得獨全？我先殺爾，而後自殺。』起欲擊之，厚本趨抱止之。讜回望泗州，慟哭終日，士卒皆爲之出涕，皆願請行。讜舉身自擲，叩首以謝將士，遂帥之。抵淮南岸，望賊方攻城，有軍吏言曰：『賊勢似入城矣。』讜逐之，攬得其髻，舉劍欲擊，士卒共救之。讜曰：『臨陣妄言惑衆，必不可捨。』衆請不能得，共奪之。讜素多力，竟不能奪。讜曰：『將士登舟，我則捨。』衆競登舟，士卒有回顧者斫之。驅至淮北，勒兵擊賊。慆於城上布兵與之相應，賊遂敗走，鼓譟逐之，至晡而還。後泗州援絶糧盡，辛讜言於杜慆，請出求救於淮浙。乃夜帥敢死士十人，執長柯斧，小舟潛往，斫賊水寨而出。明旦，賊乃覺之，以五舟遮其前，以五千人夾岸追之，力鬭三十餘里，乃得免。至揚州見令狐綯，至潤州見杜審權，審權乃遣甲士二千人，輸米五千斛、鹽五百斛救泗州。浙西軍憚其強，讜曰：『我請爲前鋒，勝則繼之，敗則汝走。』讜乃選軍中敢死士數十人，先以米舟三艘、鹽舟一艘乘風逆流直進。賊鎖斷淮流，讜持斧斷其鎖，乃得過。城上人見讜，喧呼動地，讜復自州引驍勇四百人，迎糧于揚潤，轉戰百里，乃至泗州，軍士得食，賊皆潰走。泗州被圍凡七月，守城者不得寐，面目皆生瘡。及平，以讜爲亳州刺史。讜在泗州犯圍出，迎兵糧往返凡十二，往來衝突，如入無人。

贊曰：讀張巡傳，余所嘖嘖，爰有二人請師，截指爲南霽雲，面著六矢爲雷萬春。二人有志，恨功不成。嗟余辛讜，突圍破敵，如入無人。借師求援，夜哭秦廷。卒能破賊，而所全者三城。余實羡辛讜之克兼夫雲春，而更妒杜慆之遇幸於張巡。

關盼盼

關盼盼，張建封侍姬，善歌舞，能詩。建封鎮徐州歿，盼盼不再嫁，居燕子樓十餘年。一日得白樂天和詩，讀之泣曰：『自我公薨，妾非不能死。恐百載後，以我公重色，有從死之妾，是玷我公也。』遂不食死。有詩云：『兒童不識沖天物，漫把青泥汙雪毫。』

贊曰：緑珠樓墜，急如佩弦〔一〕。盼盼殉主，遠之十年。厝薪積火，遲遲始煙。鋼經百錬，久則彌堅。項籍劉季，尚爲情牽。我公豪傑，以此玷焉。是真道學，豈復釵鈿？從容就義，一笑嫣然。

校勘記

〔一〕急如佩弦，國圖刻本作『疾如急弦』。

黄帛

張員，唐人，娶夔道黄氏，名帛。員渡江舟覆，帛求夫屍不得，遂自沈。越十四日，帛乃抱夫屍出灘下，顔色如生。

贊曰：商羊作阨，鴟夷解革。嫠婦夜號，潛蛟同泣。頎入洪濤，購求夫骼。枕石漱流，衣萍帶棘。抱屍而來，不分襞積。以水爲棺，死則同穸。木是連理，鳥爲比翼。

（贊曰：商羊作阨，鴟夷脱革。嫠婦夜號，潛蛟同泣。鰥鬼嗷嗷，衣萍帶棘。比翼而來，不分襞積。以水爲棺，死則同宜。）

金溪女

金溪女，唐敬宗時人。金溪有金銀場户葛祐者，輸銀不足，監官王慷榜祐垂死。二女投銀治中，化銀二錠。事聞，遂罷銀場。爲二女立廟金溪，至今血食。

贊曰：爐無銀，父伶仃。女投冶，化白金。嗚呼！烈焰焚身，不焚二女心。入内藏，襲龍錦。願作萬壽巵，以奉天子飲。一飲銀鬼泣，再飲銀令寢。

曹文洽

曹文洽，姚南仲牙將也。薛盈珍欲奪南仲軍政，遣吏程務盈誣奏南仲。南仲知，遣文洽齎奏申辨。文洽晨夜兼行，追及，與務盈同宿長樂驛，中夜殺務盈，沈盈珍表於廁中。自作表雪南仲冤，并自白殺程務盈狀，遂自殺。

贊曰：姚家將，來何疾！殺務盈，長樂驛。仇表投溷自作檄，一雪主冤一自白。慷慨自把頭顱擲，殺人應死何足惜？南仲聞之自辟易。

《鐵崖樂府》曰：姚家有牙將，腰背雙青萍。追行長樂驛，夜殺程務盈。作表雪主罪，仗劍隨自刑。我歌古義烈，豈愧宫門剄。

贊曰：姚家賢帥，恩施壁壘。何物幺魔，欲攘軍紀。袖中白簡，漫肆誣詆。嚄唶牙將，殲之驛底。糊塗奏表，棄如溷屎。作狀自白，宮門自貤。古之義士，報及睚眥。人亦有言，主辱臣死。）

王義

王義，裴度隸人。度爲御史中丞，武元衡遇害之日，度爲人所刺，傷項墜溝中，以氈帽厚得不死。僕人王義自後抱賊大呼，賊斷臂拍胸而去。度由是獲免，感其義，自爲文以祭，厚給其妻子。

論曰：武元衡入朝，靖安坊東門有賊自暗中突出射之，從者皆散走。賊抗元衡馬行數十步殺之，取其首骨而去。又入通化坊，擊裴度，傷其首，墜溝中。度幸氈帽厚，得不死。蓋李師道所養山棚客也。

贊曰：裴晉公，早遇賊。墮溝中，傷其額。得不死，賴氈笠。馬前廝養抱賊呼，斷臂拍胸爲溝瘠。鉏麑去，人不識。李師道，山棚客。

（贊曰：博浪椎，傷虎顱。馬前騶，抱賊呼。拍胸而去，肝腸屠。可憐元衡刀下作艾豭，厲鬼嘮嘈罵隸徒。）

玉簫

玉簫，江夏姜使君之小青衣也。韋臯館其家，使玉簫祗應。韋臯愛之，與約曰：『少則五載，多則七年，必來娶汝。』因贈玉環一枚。五年不至，玉簫乃静禱於鸚鵡洲。又逾至八年，玉簫歎曰：『韋家郎君，其不來矣。』遂絶食而死。臯聞痛悼。

贊曰：韋節度，見小婢。有戲言，講嫁娶。賜玉環，朝夕佩。韋家郎，已忘記。踰八年，竟不至。無他計，絶食死。節度聞之方掣涕，是真千古之女俠也，可目之曰婢？

石孝忠

石孝忠，生長韓、魏間，爲人猛悍多力，州里患之。後折節事李愬，爲前驅，信任與家人伍。元和中，天子用裴丞相討蔡，李愬、李光顔、烏重胤皆受節制。明年蔡平，命吏部侍郎韓愈撰《平淮西碑》，碑中盡歸功丞相，而愬特與光顔、重胤等。孝忠熟視其文，大恚怒，因舒臂推倒，而碑吏不能止，乃執詣節度使，悉以聞。上甚訝之，命具獄。將盡于碑下，孝忠度必死，苟虚死，則無以明愬功，乃僞祗畏若不勝按，伺吏隙，用枷尾拉一吏殺之。天子聞而震怒，俾送闕下，親訊之曰：『汝推吾碑，殺吾吏，爲何？』孝忠頓首曰：『臣一死未足以塞責，但得面天顔，則赤族無恨矣。臣事李愬久，以賤故，給事無不聞見。平蔡之日，臣從在軍前，如吴秀琳，蔡之奸賊也，而愬降之；李祐，蔡之驍將也，而愬擒之。及元濟受縛，雖丞相與諸將軍不能先知也。蔡平，刻石記功，盡歸丞相，而愬名與光顔、重胤齒，愬固無所言矣。脱不幸，更有一淮西，其將略如愬者，肯爲陛下用乎？臣所以推去碑者，不惟明愬之績，亦將爲陛下正賞罰之源。不推碑無以爲吏擒，不殺吏無以見陛下。臣言已矣，請就刑。』憲宗既得淮蔡本末，又多其義，遂赦之，因名曰烈士。後召翰林學士段文昌更撰《淮西碑》。

贊曰：雪夜斬關，生擒元濟。平蔡之功，首推李愬。是何人斯，專頌裴度？烈士見之，推碑怒詈。臣不碎碑，無繇殺吏。臣不殺吏，無繇見帝。慷慨數言，爲愬吐氣。天子曰俞，是真忠義。亟召史臣，更撰碑記。

李翺

李翺在潭州席上，有舞柘枝者，顔色憂悴，問之，是故左司韋應物愛姬之女。翺速命更其舞衣，延入與韓夫人相見。見其言語清楚，宛有冠蓋風儀，遂於賓榻中選士嫁之。

贊曰：唐詩人韋左司，有女席上舞柘枝。潭州夫人延見之，父骨未寒女至斯。觀其容貌聽言詞，冠蓋風儀宛昔時。座中有客繫紅絲，鍾離嫁女輟奩資。

饒娥

饒娥，饒人，世漁鄱水。娥爲室女，淵懿靖專，雖小家未嘗出游，治絺葛，專供女事。娥父醉漁，風卒起，不能舟，遂溺死。求屍不得，娥哭走水上，三日不食，耳鼻流血，氣盡伏死。明日屍出，黿魚鼉蛟浮死萬數，塞川下流。鄱旁下民悲感怨號，以爲神奇。縣人會錢葬娥鄱水上。

贊曰：虞江瀺灂，鄱水滂沱。前有孝女，後有饒娥。外孫齏臼，片石嵯峨。柳州作記，事亦不磨。娥恨父死，精衛塡河。爲父水鬬，魚鱉黿鼉。浮死萬數，血戰荆軻。曹娥助陣，鐵面興波。

（贊曰：齊女色憂，傷槐罷誅。趙姬完父，鼓棹爰謳。肉刑不施，漢美淳于。烈烈孝娥，水死上虞。娥之至德，寔與爲儔。耳鼻出血，鄱水赤流。蛟龍格鬬，鱗甲亂浮。塞川溢岸，鬼哭神愁。生爲弱女，死則靈休。）

許俊

許俊爲虞候。昌黎韓翊得第，從征。盜覆京師，妾柳氏翦髮，寄法靈寺。蕃將沙吒利知其麗，刼之歸。後翊還，從輿幌中見之，大不勝情。會淄青諸將合樂酒樓，使人請翊，翊强應之，意色喪沮，音韻淒咽。虞候許俊撫劍言曰：『必有故，願一效用。』翊告以實。俊曰：『請足下數字，當立致之。』乃衣縵胡，佩雙鞬，從一騎，徑造蕃將第。候其出獵，乃排扉突入，曰：『將軍中惡，使召夫人。』僕侍辟易，無敢仰視，遂升堂，出翊札示柳，挾之跨鞍。馬逸塵奔，倏忽乃至，四座訝之。柳氏與翊執手涕泣。是時咤利恩寵殊等，俊乃獻狀自劾，上大義之，詔賜柳歸韓，給許俊錢二百萬。

贊曰：蕃將威，擁奇豔。故主一見不勝情，帳下虞候空按劍。爲爾當還合浦珠，身纏縵胡佩雙鞬。直入蕃營召麗姬，奔騰一騎如飛電。頃刻歸來酒尚温，四座將軍皆膽顫。獻狀自劾荷皇恩，賜錢百萬重開讌。

（贊曰：衣縵胡，佩雙鞬。從一騎，去如箭。章臺折柳去復還，探珠驪頸不敢嚥。江州司馬濕青衫，筵上壯父推酒案。）

劉蕡　李郃

劉蕡，字去華，昌平人。應賢良廷對，極言宦寺禍國，考官皆歎服，而不敢收。李郃曰：『劉蕡下第，我輩登科，能無厚顏？』乃上疏，以爲蕡所對策，漢魏以來無與爲比，乞回臣所授以旌蕡直，不報。

贊曰：《上林賦》，自荐表。《封禪書》，留遺稿。狗監暮，金馬曉。書生憤激敢直言，冬烘試官亂頭腦。當今顏厚能幾人？但言辣刷賤如艸。

温庭皓

温庭皓，徐州人。龐勳陷徐州，召庭皓艸表求節鉞，庭皓請還家草草。明日來，曰：『昨日欲一見妻子耳，今謹來就死。』勳熟視，笑曰：『書生敢爾，不畏死邪？龐勛能取徐州，何患無人草表？』遂釋之。

《鐵崖樂府》曰：『温書生，筆如鋭兵，文如建瓴。天策將軍求節鉞，書生抱筆死，誓不草表生。揮戈曳戟犯闕庭，何物狗子干天刑。』

贊曰：佝僂一腐儒，艸表不盈尺。乃敢以死争，揮戈眥不噏。勳既陷徐州，何患無彩筆。試呼草表人，草表如山積。

元紫芝

元德秀，字紫芝。貧時其兄早亡，有遺孤，期月其嫂又喪，無乳哺之，紫芝晝夜哀號，抱其子以己乳含之，涉旬湩流，遂得長大。兄子能食，其乳方止。

贊曰：李善哺主，破巢完卵。紫芝哺姪，羝羊生乳。天道奇譎，以叔作妣。真孝義湩，真道學髓。吾見今人，叔姪之義，棄如藁梩。令對紫芝，其顙有泚。

周迪妻

周迪，洪州商人，攜妻之江都。唐末楊行密圍城，軍士乏食，市肆殺人賣肉。迪妻曰：『窮蹙如此，勢難兩全，君有老母，不可不歸養，請賣妾以備行資。』遂自詣屠肆，得金與迪，迪袖以行。不數武，屠賈截首，遂置案上。

贊曰：寧烹我頭，君不可留。寧食我肉，君去須速。君有老親，奉養無人。慈烏望哺，君莫回顧。以我作豕，有米可市。血眼模糊，望君餉姑。截首在案，忍哉丈夫。

（贊曰：君爲母往，妾爲夫屠。妾尚肥腯，賣作艾豭。行未數步，匱韞首顱。義婦之肉，甘若醍醐。親爲屠伯，忍哉丈夫。）

魯氏

魯氏，清江人。唐末兵起，民皆奔竄，魯抱長子而反提其幼子，行不能前。寇怪問其故，曰：『幼子妾所生，長子乃前室所生，夫亡日，命妾善視之。』寇感動，稱爲義姑，厚遺而去，榜其地曰風義里。

贊曰：尹伯奇，蜂螫尾。晉驪姬，羹墳地。鰥燕繼妻哺蒺藜，閔子牽車衣蘆絮。世間晚母毒似虺，安得視兒如同氣。前室既隕夫又亡，身在亂離兒又稚。余欲祠母風義里，祀母兩廡誰作配。

申漸高

申漸高，後唐伶人也。徐知誥召弟知詢，以金鍾酒賜之曰：『願弟壽千歲。』知詢疑有毒，引他器均之，跪獻知誥曰：『願與兄俱享五百歲。』知誥變色，顧左右莫知所爲。伶人申漸高徑前爲詼諧，掠二酒合飲之，懷金鍾趨出。知誥密遣人以良藥解之，已腦潰死矣。

贊曰：申優僮，眼毹毸。弟兄何故推酒觥，五百分壽相朦朧。兩觶不決我分飲，淋漓腦血傾金鍾。狎兒一死無足痛，但願兄弟還故封〔一〕。君不見，唐樂工，以死白東宮，金刀剖出忠義胸。

校勘記

〔一〕兄弟還故封，國圖刻本作『塤篪歌肅雍』。

二卒

二卒，五代時人。萇從簡爲忠武節使，聞許州富人有玉帶，欲之而不可得，遣二卒夜入其家，殺而取之。卒夜踰垣隱木間，見其夫婦相待如賓，二卒歎曰：『吾公欲其寶而害斯人，吾必不免。』因躍出而告之，使其速以帶獻免禍。遂踰垣而去，不知其所之。

贊曰：余閲古人，有四刺客。趙盾觸槐，崔琦割席。張浚懸金，許州踰壁。氣吐蜺虹，心同鐵石。一帶之微，肯傷碩德〔一〕。素手而歸，魚腸空襲。聶政荆軻，皆非其匹。

校勘記

〔一〕『一帶之微，肯傷順德』，國圖刻本作『世事顛倒，反害忠直』。

姚洪

姚洪，梁之小校也，戍閬州。長興中，董璋反，破城執洪。洪罵曰：『老賊爾昔爲李七郎奴，掃馬糞得一臠殘炙，感恩不已，今爲節度使，何苦反耶？吾能爲國家死，不能從人奴以生。』璋怒，令壯士十人刲其肉以食，洪至死罵不絶口。明宗録其二子，厚恤其家。

贊曰：掃糞奴，得殘炙。見七郎，感恩德。今爲節度使，又復爲反賊。生不從人奴，死亦爲社稷。刲肉啖十人，壯士共來食。嵇血比干心，看來同一色。

張藏英

張藏英父母爲賊孫居道所殺，後逢居道於幽州市，引佩刀刺之，不死，爲吏所執。節帥趙德均壯之，釋不問。居道避于關南。藏英求爲關南都巡簡使，至則微服攜鐵撾伏居道舍旁，伺其出，擊之仆地，遂擒歸。設父母位，陳酒肴，縛居道於前，號泣鞭之，臠其肉，經三日，刳其心以死。即詣官首服，官爲上請而釋之。燕薊間目爲報讎張孝子。

贊曰：張孝子，持斧鑽。伏舍旁，伺仇隙。刺不死，被吏執，節帥壯之得義釋。仇人匿影避關南，求爲巡簡至其邑。博浪椎，止一擊。楚平屍，鞭三日。刳心臠肉祭孤塋，孝子長號厲鬼泣。

李洪

李洪，汝南人，爲太尉掾。弟殺人當死，洪自劾詣閣，乞代弟命，便飲酖而死，弟用得全。

贊曰：兄與弟，同胞生。平時手足，患難鶺鴒。兄死弟死何足論，含笑入地見二親。酖酒在戹不可均，弟飲則鴆兄則醇。此酒不似徐知誥，金鐘懷出潰伶人。

（贊曰：兄爲手，弟爲足。手捋荼，足履棘。兄爲齒，弟爲唇。弟卒瘏，兄飲鴆。此酒不似徐知誥，金鐘懷出潰伶人。）

王凝妻李氏

王凝者，五代青齊人，爲虢州司户參軍，卒于官。妻李氏負骸歸，過開封府，求宿旅舍，主人拒之。李顧天已暮，孤村無往，政沈吟間，主人牽其臂使出。李氏大慟曰：『我爲婦人，不能守節。此手爲人所執邪，不可以一手并汙吾身。』即引廊柱間斷猳斧，自截其手。主人急往奪之，而斧起鏄然，手已落地。李氏暈倒在地，頃而復蘇。鄉人罄里往觀，見者盡爲之涕泣，攘臂築其主人。開封尹白於朝，厚恤之，賜藥封瘡口。

贊曰：嗟余一手，爲人所執。譬若梓楠，朽此盈尺。利斧抉瑕，以護全璧。入土三年，應化爲碧〔一〕。

校勘記

〔一〕『利斧』至『爲碧』，國圖刻本作『化作𪀦飛，子喬隻舄。恨若滄溟，精衛銜石』。

甄婆兒

甄婆兒，母劉氏與同里董知政忿競，知政擊殺劉氏。婆兒始十歲，妹方襁褓，託鄰人張氏乳養，婆兒避仇徙居郝村。後兄長念妹，與婆兒同詣張氏，求見妹。張拒之，不得見。婆兒憤泣謂兄曰：『我母爲人所殺，妹流寄他姓，何用生爲？』時方寒食，具酒肴詣母墳，慟哭歸，取斧置袖中，往見知政。知政方與小兒戲，向後斫殺之。有司上其事，宋太宗嘉其能復母讎，特貸之。

贊曰：鄰有虎，勢兇悍。母受創，血未澣。十歲兒，常搤掔。及長與兄謀報仇，尋妹不見益憤懣。墓前慟哭斧自持，遇仇一擊頭顱斷。悔不當時盡殺之，覆巢完卵終生變。

謝小娥

謝小娥，南昌人，嫁賈居正。居正與小娥父作賈江湖，全爲盜所殺。小娥夢一神告曰：『殺汝父者申蘭，殺汝夫者申春也。』小娥徧訪歲餘，得之，乃詭服爲男子，託傭蘭家。一日蘭與春皆醉，小娥斬蘭首，大呼捕盜，鄰人并擒春。小娥還豫章，遂不食死。

贊曰：嗟嗟小娥真丈夫，入虎穴，得虎子。佩刃冷秋霜，仇頭盛篋簏。薦我父與夫，厲鬼食糟冢。嗟嗟小娥真丈夫，男兒堂堂，掩面事仇，小娥視之，如妾婦女子。

陳業

陳業，字文理。業兄渡海傾命，時暴屍者五六十人，白骨遍野，不可辨別。業仰天泣曰：『業聞親戚必有異焉。』因割臂血以洒骨上，應時歆血，餘皆流出。業裹兄骨歸，爲造墳葬之。

贊曰：砂上骨，白粼粼。肉蔭蓬蒿血化燐，誰是吾兄認不真。骨上漬，不可湮。硃砂墳起如血皴，今日方知骨肉親。噫！今日方知骨肉親。

（贊曰：砂上骨，白粼粼，肉蔭蓬蒿血化燐。臂血洒洒認不真，流向兄骸如渴蟥。世間手足持革兵，尚向平原賦鶺鴒。）

碧玉

碧玉者，周補闕喬知之婢也。姝艷能歌舞，有文章。知之特幸，爲之不婚。僞魏王武承嗣暫借教姬人粧梳，納之，更不放還。知之乃作《緑珠怨》以寄之。碧玉讀詩飲淚，不食三日，投井而死。承嗣撩出屍，於裙帶上得詩，大恨，乃諷羅織人告之。遂斬知之於南市，破家籍没。

贊曰：緑珠墮樓，碧玉墜井。一代紅顏，特爲君盡。有賢主人，與之同殞。黄泉一笑，釵鈿再整。水月在天，乃見其影。笑彼麗華，援之入綆。

古今義烈傳卷六

（明）劍南 張 岱 著

宋

楚王元佐

楚王元佐，宋太宗長子。見德方、德昭自殺，廷美賜死，元佐力救，帝不聽。見廷美死，遂發狂疾，竟廢。

贊曰：趙家金縢册皇儲，龍行虎步狀日異。匿喪不發開寶嫠，德昭德方吼冤魅。少年天子民喜豫，愀然自愁置何地？可恨尚方劍不利，先斬補牘老奸彘。十瓶海錯恣貪穢，一封媚牘藏金櫃。幎冒未解磔雙稚，東山破斧戮廷美。夜闌鬼静燈糢昧，柱斧戳地聲甚厲。安得董狐書宋記，弑君殘賊趙匡義。梟子脱殻望外飛，莫待老鴞來折翅。

彭任

彭任，字有道，蜀人。從富彦國使虜還，得靈河縣主簿以死。石守道嘗稱之曰：『有道長七尺，而膽過其身。』一日坐酒肆，與其徒飲且酣，聞彦國當使不測之虜，憤憤推酒床，拳皮裂，遂自請行。蓋欲以死扞彦國者也。其爲人大略如此，然亦任俠好殺云。

贊曰：語嚄唶，氣填臆。拳皮裂盡如犀革，願使虜廷同富弼。死争獻納聲辟易，旁有壯夫爲羽翼。胸中磊塊不可澆，推倒酒床擲酒甓。

安民

安民，長安石工。蔡京執政，籍元祐及元符宰執司馬光等百二十人爲姦黨，請帝書之，刻石于端禮門，又刻石于州縣。石工安民當鐫字，辭曰：『民愚人，固不知立碑之意。但如司馬相公者，海内稱其正直，今謂之奸邪，民不忍刻也。』府官怒，欲笞之，民泣曰：『被役不敢辭，乞免鐫『安民』二字于石末，恐得罪後世。』聞者媿之。

贊曰：提刀鐫黨碑，蟎文作人語。元祐諸公卿，朝廷寄心膂。長城鎖北門，高廟奠鐘簴。含沙射鳳鸞，噴血媚蛇虺。蝌蚪溷星河，贔屭招鬼誹。恨無石孝忠，椎碑碎如黍。

陳敏

陳敏，字伯修，無錫人。知台州日，朝命立元祐黨碑。敏不肯，監司促之急，敏曰：『誣司馬公爲奸臣，是誣天也。』倅立之，敏碎其石。或咎敏，敏曰：『我死且不辭，何劾之畏？』遂挂冠以行。

贊曰：昔讀《宋史》，石工安民。黨碑之後，羞列其名。崇寧義士，僅見一人。今讀《台志》，復見陳敏。使無陳敏，其何以解嘲于一時之縉紳？

李仲寧

江州碑工李仲寧，山谷名其居曰琢玉坊。官呼其刻黨籍碑，辭曰：『小人因刻蘇、黄二學士詞翰，乃得温飽。今日名之爲奸，不忍下手。』

贊曰：元祐之黨，天上列星。黨碑之後，免鐫安民。不忍下手，又有仲寧。無論功業，即此翰墨，豈非異人？嗟嗟！此二石工也，實賢於當時之名公鉅卿。

巢谷

巢谷，字元脩，眉山人。蘇子瞻兄弟謫嶺海，平生親舊無一相聞者。谷年已七十三，徒步造訪，見子由，握手而泣。子由曰：『子非今世人也。』自循州復渡海候子瞻，卒于路。

贊曰：婆娑一老，不遠千里。徒步來訪，眉山兄弟。汝與眉山，有何戚義？及見子由，未通半贄。握手而泣，情同棠棣。復訪子瞻，津梁疲敝。子由有言：『子古人也，不意今世。』

收蘇文士人

士人，洛陽人。宣和間申禁東坡文字甚嚴，士人竊攜坡集出城，爲閽者所獲，執送有司。見集後有一詩云：『文星落處天地泣，此老已亡吾道窮。才力漫超生仲達，功名猶忌死姚崇。人間便覺無清氣，海内何曾識古風。平日萬篇誰愛惜，六丁收拾上瑶宫。』京尹義其人，陰縱之。

贊曰：汲塚書，火不熠。齊丘子，水不溺。溷廁不能投李賀，黨錮安能滅蘇軾？文人落筆風雨驚，奇才播棄天地泣。安得黄冠悟道君，元祐文章燦奎壁。

義娼

義娼，長沙人，善謳，最喜秦少游樂府，得一首輒手録口詠之不置。少游坐鉤黨南遷，道長沙，訪伎籍，遂往晤焉。坐語間見几上一編，題秦學士詞。少游怪問，娼因具道平日愛慕之意，少游卒通姓名，娼大驚，反避去，款留少游，數日不復面。約以他日北歸，願侍巾帚，少游許之。一别數年，少游竟死于滕。娼一日晝寢，驚寤曰：『吾自别秦學士，未嘗入夢。今夢來别，非吉兆也。』亟遣僕伺之，秦果死矣。乃謂母曰：『吾以身許秦學士，不可以死故背之。』遂衰服以赴，行數百里，遇于旅館，臨其喪，拊棺繞之三匝，舉聲一慟而絶。

贊曰：余讀少游詞，字字盡嫵媚。所以動婦人，至死猶心醉。三匝繞棺傍，腸共珠璣碎。古今文字交，當以此爲最。況復無鬚眉，是女又是妓。

張詠

張詠，濮州人。未第時，客長安。旅次聞鄰家夜哭，叩問其故，云：『有士人遊宦遠郡，嘗私用官錢，爲僕夫所持，强要其長女爲妻。』詠明日至其門，即陽假僕爲馭，單騎出城，至林麓中，執僕夫，數其罪，以袖椎揮之，墜崖而死。歸告其家曰：『可速歸，汝卿盛价不復來矣。』

贊曰：有客有客，亦白其馬。假僕一行，執鞭在野。及至叢篁，縛之不捨。數奴罪狀，欺主孤寡。頓起淫心，辱及小姐。當腦一錐，汝其死於懸崖之下。

王回

王回，宋宗正主簿也。鄒浩將論事，告其友王回。回曰：『事有大於此者乎？子雖有親，然移孝爲忠，亦太夫人素志也。』及浩南遷，人莫敢顧。回斂交游錢，與浩治裝，往來經理，且慰安其母。邏者以聞，逮詣詔獄。衆爲之懼，回居之晏如。御史詰之，回曰：『實嘗預謀，不敢欺也。』獄上，除名。臨發，回即徒步出都門。行數十里，其子追及，問以家事，不答。

贊曰：杜伯負辜〔一〕，左儒見殺〔二〕。鄒浩南遷〔三〕，王回餞別〔四〕。徒步出門，方成節烈〔五〕。

臣實與謀，不問自説。臣故無家，問而不答。

校勘記

〔一〕負辜，國圖刻本作『見誅』。

〔二〕見殺，國圖刻本作『竭蹶』。

〔三〕南遷，國圖刻本作『獲罪』。

〔四〕餞別，國圖刻本作『奮烈』。

〔五〕方成節烈，國圖刻本作『遂我袜褐』。

張吉

張吉，慶州卒也，爲淮安鎮守降。夏人寇東谷，掠得之，脇以兵，使呼市中曰：『淮安諸砦已破，宜速降。』吉反其辭曰：『努力！諸砦無虞，賊糧盡，且去矣，毋庸降。』賊怒，斫之。詔贈内殿崇班，又録其子。

贊曰：張守降，呼於市。順其言則生，反其辭則死。吾寧虀骸以報漢，斷不訛言以誑楚。余近見薦紳先生不必以兵脇之，而劇秦美新，舌如鸚鵡。爾乃卒也，乃能如此。

陳東

陳東，丹陽人，早有雋聲，俶儻負氣。蔡京、王黼方用事，人莫敢言。東獨不諱，所至宴集，坐客懼累，或稍稍引去。以貢入太學，率其徒伏闕上書，請誅蔡京、梁師成、李彦、朱勉、王黼、童貫六賊，以謝天下。書五上，不報。後因乞留李綱，劾黄潛善，潛善激怒。高宗令府尹孟庾召東議事，東請食而行。食已如廁，吏有難色，東笑曰：『我陳東也，畏死即不言，已言肯逃死乎？』頃之東具冠帶出，别同邸，赴決于市。

贊曰：柱下史，立仗馬。豹直班，秋蟬啞。丹陽杞人憂宗社，信任六賊成解瓦。議留一綱支大廈，奏疏未上身先剮。一腔熱血雲陽洒，爾可緘口在草野。嗚呼！爾可緘口在草野。

歐陽澈

歐陽澈，丹陽人。靖康初，應制條敝政，陳安邊禦敵十策。州未許發，退而采朝廷之闕失、政令之乖違可以爲保邦御俗之方、去蠹國殘民之賊者十事，復爲書，并上聞。會金酋入寇，要盟城下而去。澈聞，語人曰：『我能口伐金人，强於百萬之師，願殺身以安社稷。如上不見信，請質子女於朝，身使窮廬，御親王以歸。』鄉人笑其狂，止之不可，徒步走行在。高宗即位南京，伏闕上封事，極詆黄潛善、汪伯彦朋奸誤國。會陳東請用李綱，罷黄潛善、汪伯彦，遽以語激怒高宗，云：『不亟誅二人，將復鼓衆。』遂與東同斬於市，時年三十七歲。

贊曰：靖康二布衣，陳東歐陽澈。時事見不平，上書罵六賊。六賊不得誅，忠肝如火熱。後乞留李綱，汪黄恣誣衊。特詔斬二人，志士皆鯁咽。恐御二王歸，斷爾厮養舌。

李猷

李猷，鄞縣人，與陳東爲友。東既死西市，棄其屍，猷時至行在，哭且祈曰：『少陽以忠諫死，勁節英氣當不與草木同腐。吾欲收葬而莫能得。少陽有靈，其啓我心。』一日得其首如生，合而殮之歸葬。

贊曰：諸賊臣，調鼎鼐。宋高宗，如傀儡。賈誼策，身先醢。有義友，築墳壘。從前陳少陽之李四明，即後來文文山之張千載。

高登

高登，志節高亮，少游太學。靖康初，金虜入寇，登與陳東上書陳六賊之害，乞斬之。廷臣建和議，奪种師道、李綱兵柄。登與東再抱書詣闕，軍民不期而會者數萬。紹興中較文潮陽，命題譏切秦檜，長流容州，遂立祠容州學官。

贊曰：太學生，陳六害。東澈誅，高登在。誰言臣遂得餘生，臣見猶然解劍蒯。一奸既死一奸生，今日朝中有秦檜。潮陽一題寓刺譏，流竄容州禦魑魅。登曰檜賊爾勿喜，汝試視我舌猶在。

王婉容

王婉容，宋宮人，隨徽、欽北去。粘罕見之，求爲子婦。婉容車中自裂其額，絶肮而死。虜葬之道旁，稱爲烈婦人。

贊曰：天可汗，奉醐醍。韋閼氏，佩刀觿，粘罕子婦勝青衣。車中自擲成粉虀，至死不作羯狗妻。行在見之汗浹蹊，離離青塚羞明妃。

司馬朴

司馬朴，葭州功曹。靖康初，金師次汴都，城陷，二帝北遷。朴請存趙氏，後爲虜所挾北去。徽宗崩，與朱弁在燕哭議制服。或曰：『盍請諸？』朴曰：『臣子聞君父喪，當致其哀，尚何請？ 請而不許，庸得已乎？』服斬衰，朝夕哭，虜亦不問。握節而死，贈兵部尚書。

贊曰：司馬功曹，忠義凜冽。二帝北轅，孤臣卧轍。請存趙氏，爲虜所挾。徽宗遐升，鼎湖弓折。議爲發喪，不請自決。朝夕哭臨，穹廬嘔血。生則披麻，死猶握節。

徐揆

徐揆，太學生。靖康元年，金虜入寇，欽宗詣金營不歸。揆帥太學諸生，扣南薰門，以書抵二酋，請車駕還闕。其書以申叔時諫楚莊復陳爲比。二酋見書，以馬載揆至軍詰難。揆厲聲抗論，爲所殺。高宗追贈宣教郎。

贊曰：徐太學，叩南薰。請還二帝歸闕廷，援比申叔諫楚請復陳。二酋載揆至北軍，直言抗論復厲聲。虜酋殺之舌則伸，乃曰中國尚有人。

真保

真保，五臺山僧，習武事，助兵。欽宗召見，慰勞之，矢以死報。戰奮力前，金酋下令生致之，誘勸百方，終不顧，曰：『吾法中有回口之罪，吾許皇帝以死，豈可回也？』戮之，怡然死。

贊曰：五臺山，來一髡。被緇衣，佩刀鞬。誓以死報戰北番，金酋生致説百般。抵死不敢背至尊，少若回口墮業冤。虜曰爾在方外，合當隨緣。僧曰吾守佛法，不打誑言。

李震

李震，小校。金寇汴，城陷，震戰被執。金問南朝皇帝安在，震曰：『我官家，非爾當問。』

虜怒，縛諸庭柱，臠割令。肉垂盡，罵不絶口死。

贊曰：朝廷命軍，小校李震。寇陷汴城，乘輿是詢。我決不言，死則臣份。虜縛廷柱，臠割垂盡。罵不絶聲，口血自噴。死猶呼曰宋室未衰，鼎之輕重，爾不可問。

閻進

閻進，隸宣武。建炎初遣使通問，進從行。既至雲中，金人拘留使者，散處之。進亡去，拘還。留守高慶裔問：『何爲亡？』進曰：『思大宋爾。』又問：『郎待汝有恩，汝亡何故？』進曰：『錦衣玉食，亦不戀也。』慶裔義而釋之。凡三亡，乃見殺。臨刑謂刑者：『吾南向受刃，南則我皇帝行在也。』刑者曳其臂，令面北。進踊身直起，盤旋數四，卒南向就死。

贊曰：閻進爾隸人，思宋是何故？三亡始殺之，臨刑向南坐。我死必歸南，皇帝在南渡。曳之向北朝，盤旋必返顧。心是指南車，一針斷不蹉。曾見向南枝，崛强鄂王墓。鐵鉉成灰燼，決不朝帝座。

趙師檟

趙師檟，宋宗室人。理宗時，以罪拘管西外宗正司，福建提刑王夢龍以智勇可用屬制軍器。會寇逼尤溪，令師檟統率數百往戍。既行，大書於旗曰『不與賊俱生』，人皆壯之。賊兵至，師櫝迎敵於林嶺，身爲先鋒，戰十餘合。賊至益衆，師櫝所乘馬落澤中，賊斷其左臂，師櫝以左手拔刀，連斬七級。力盡，部曲欲引遁，師櫝仰天大呼曰：『師櫝報國，死於此矣！』遂歿焉。

贊曰：罪宗師櫝，拘管高牆。取其智勇，監造矛鎗。尤溪寇至，往戍彼方。大書旗幟，與賊俱亡。賊來迎敵，馬蹶河梁。賊鋭難抵，左臂受傷。右手掣刃，七級連創。轉戰力屈，仰天傍徨。師櫝報國，死此沙場。同爲宗室，何如子昂？

趙孟松

元軍駐紹興，福王與芮從子曰孟松，謀舉兵。事泄，被執至臨安。范文虎詰其謀逆，孟松罵曰：『賊臣負國厚恩，共危社稷。我帝室之胄，欲一刷宗廟之恥，乃反以爲逆乎？』文虎怒，驅出斬之。過宋廟呼曰：『太祖太宗，何使孟松一至於此？』都人莫不墮淚。既死，雷電晝晦者久之。

贊曰：於維孟松，福王從子。起義紹興，一刷國恥。執送臨安，駢首棄市。天乎冤哉！自古華夷，各有其址。五百餘年，皆吾宋土。反以爲逆，吾心不死。驅出斬之，過吾廟祀。伏地呼曰：『太祖太宗，何使孟松一至於此？』

趙立

趙立，武衛軍都虞候，從徐州守王復。金虜圍徐，嚴守禦，時無外援，六中飛矢，三中兵刃，猶拔矢裹創，洒血以戰。州守王復忠之，自持卮酒揮淚以賞功。及城破，復死之。立巷戰，奪門以出，爲賊所得。夜殺守者，入城，潛求復屍，大哭掩藏之。團結鄉民爲兵，歃血相誓，僇力平賊，諸軍奮勇，遂復徐州。乃置王復廟，歲時致祭。杜充守建康，命立會兵楚州，凡七破賊。立中箭鏃入舌下，堅不可取，命醫以鐵箝破齒，鑿骨鈕去，移時乃出，流血盈襟，左右毛髮皆竦，神色不變。劉豫在東平，遣立故人葛進齎書誘立，立斬之。又遣沂州舉人劉偲持旗榜召立，立令拽出就僇，曰：『吾知忠義爲國，豈恤故人耶？』令纏以油布，焚死市中。後金人圍楚州，相守百餘日，爲飛砲碎其首而没。贈節度使，立廟楚州，謚忠烈。

贊曰：趙立虞候，徐守部曲。力戰金酋，刀矢攢肉。洒血裹創，不爲痛縮。主死被禽，斬圍越獄。潛求主屍，掩埋大哭。團結鄉兵，竟成恢復。七破賊巢，舌下出鏃。援楚破圍，計窮力蹙。砲碎臣頭，一靈不惑。願往徐州，追隨王復。

歐陽珣

歐陽珣，將作監，率其僚九人上書言：『祖宗土地，尺寸不可妄與人，義獨當與力戰。戰敗而失地，他日取之直也；不戰而割地，即他日取之曲已。』不聽，顧遣珣詣深州割地。珣至深，慟哭城下，謂城上人曰：『朝廷爲姦臣所誤，令割地，吾辦一死已矣。君等必忠義殉國，毋聽也。』金人怒，執送燕，焚死。

贊曰：主和議，有相臣。增歲幣，孰敢嗔？將作監，歐陽珣。何人斯，敢上陳？官裏不納空費心，詔使割地遣到深。慟哭城下城欲崩，奸臣誤國言莫申。盍思我祖宗櫛風沐雨之天下也，尺寸不可輕以與人。

邵雲

邵雲，初與河東胡夜叉倡拒金虜，尋歸陝帥李彦仙，守陝有功。後城破被執，婁宿欲命雲千户長，肆詈不屈。乃釘木架上，置解州東門外。惡少撫其背，涅文曰：『可鞘吾佩刀。』雲怒，偃架撲之。後五日磔解，至抉眼摘肝，罵不絶口，喉斷始已。初行刑將剸刃，雲叱之，失刀而死。

贊曰：河東邵雲，起義河洛。尋守陝西，兵敗被捉。肆詈不休，釘之木閣。惡少涅背文，笑以鞘刀殼。雲怒但張牙，偃架以相撲。項羽叱樓煩，人馬俱墮落。蠻罵至摘肝，喉間尚喀喀。

陳剛中

陳剛中，侯官人。性慷慨，敢論事。胡銓以劾檜貶韶州，剛中啓曰：『知無不言，願借上方之劍；不遇故去，聊乘下澤之車。』檜怒，遂與張九成同謫。客死，貧不能葬，士論惜之。

贊曰：陳剛中，載義史。世之人，易視此。一啓耳，何足齒！爾不知，一片紙。秦丞相，恨入髓。輕則貶，重則死。不見嶺南暴露人，終是侯官陳氏子。

張順

張順，民兵部將也。襄陽受圍五年，宋闖出重賞募死士，得三千。求將，得順與張貴，俗呼順曰矮張，貴曰竹園張，俱智勇，素爲諸將所服，俾爲都統，出令曰：『此行有死而已，汝輩或非本心，宜亟去，毋敗吾事。』人人感奮。漢水方生，發舟百艘，稍進團山。越二日，進高頭港口。結方陳，各船置火槍、火砲、熾炭、巨斧、勁弩。夜漏下三刻，起碇出江，以紅燈爲識。貴先登，順殿之，乘風浪徑犯重圍。至磨洪灘以上，北軍舟師布滿江面，無隙可入。衆乘鋭斷鐵絙攢栈數百，轉戰百二十里。黎明抵襄城下，城中久絶援，聞救至，踊躍，氣百倍。及收軍，獨失順。越數日，有浮屍泝流而上，被介胄，執弓矢，直抵浮梁，視之順也。身中四槍六箭，怒氣勃勃如生。諸軍驚以爲神，結冢斂葬，立廟祀之。

贊曰：壯士陣亡，洪灘水漲。介冑執弓，逆流而上。此張順也，民兵部將。斷鐵攢棧，長風破浪。盡見其怒氣之勃勃如生也，蛟龍有口既不敢吞，而江魚有腹亦不敢葬。

（贊曰：浮屍披甲手持戟，努目銜濤氣勃勃。皇天意欲覆襄陽，平章山前風浪急。世傑舟覆宋社墟，黄袍小兒浮鷗革。安得錢鏐百石弓，伏矢射潮罵河伯。）

張貴

張貴既抵襄，襄帥李文焕力留共守。貴恃其驍勇，欲還郢，乃募二士，能伏水中數日不食，使持蠟書赴郢求援。北兵增守益密，水路連鎖數十里，列撒星樁，雖魚蝦不得度，二人遇樁即鋸斷之，竟達郢。還報許，發兵五千，駐龍尾洲，以助夾擊。刻日既乃别，文焕東下，點視所部軍。洎登舟，帳前一人亡去，乃有過被撻者。貴驚曰：『吾事泄矣，亟行，彼或未及知。』復不能啣枚隱跡，乃舉砲鼓譟發舟，乘夜順流斷絙，破圍冒進，衆皆辟易。既出險地，夜半天黑，至小新城，大兵邀擊，以死拒戰。沿岸束火列炬，火光燭天如白晝。至勾林灘，漸近龍尾洲，遥望軍船，旗幟紛披，貴軍喜躍，舉流水示之。軍船見火即前迎，及勢近欲合，則來船皆北兵也。蓋郢兵前二日，以風水驚疑，退屯三十里，而大兵得逃卒之報，據龍尾洲以逸待勞。貴戰已困，出於不意，殺傷殆盡，身被數十槍，力不支見執，卒不屈死之。乃命降卒四人舁尸至襄，令於城下曰：『識竹園張乎？此是也。』守陣者皆哭，城中喪氣。文焕斬四卒，以貴附葬順塚，立雙廟祀之。

贊曰：二張此來，願以死殉。一則陣亡，一則抗命。舁尸到城，軍民皆震。爾事則完，我城則盡。襄陽爲南宋之咽喉也，而二張爲襄陽之頗藺。死不推委，生不儌倖。誰謂竹園張，不如矮張順。

（贊曰：壯士瞀目上戰場，視彼羯狗皆蜣螂。沛公帳下走無傷，李陵鏖戰空拳張。濡縷腥血染嵇裳，獨存寸舌繼睢陽。頭顱雖斷屍不僵，黄龍府邊燐火芒。）

唐琦

唐琦，紹興衛士。高宗南渡事急，欲航海。元將琶八追至紹興。李鄴爲守，以城降，方與琶八並馬行，琦從後持一大石，祝曰：『願天一擊殺兩賊。』伏道傍，伺其騎過，擊之不中，被執。琶八詰之，琦曰：『欲碎爾首，爲趙氏鬼耳。』琶八曰：『使人人如此，趙氏豈至是哉！』令牽出斫之。琦曰：『若止斫我，不足爲奇。吾願以布裹，灌油焚燒竟日，示愧降賊之臣。』卒焚之，爲時已久，高宗遂得脱去。事聞，贈將軍，立廟祀之，賜名旌忠。

《鐵崖樂府》曰：荆軻匕，博浪椎，唐琦石，三壯兒。不了事，永爲人所嗤。我獨歌壯兒，義憤千古奇，成敗論人吾不知。琶八子，私殺之，豈如慶忌者，成名萬古於要離。

贊曰：趙氏鬼，會搏人，至今擊石有火星。但願君王馬足如奔雲，何惜臣身爲積薪。嗚呼！脂膏燒盡心不燼，嘮嘈厲鬼呼張巡。

蔡定

蔡定，山陰人。父革坐法，定詣府請代，勿許。定知終不可贖，仰天呼曰：『父老而刑，定生何益？』遂赴水死。府帥聞而異之，立命出革。

贊曰：覆盆得照，惟家之造。覆盆勿照，願以溝渠爲冥帽。以吾父之遺體，忍見其膏液蔭蓬蒿也，而肝腦餵豕獠。覆吾宗，不足較。釋吾父，不及料。

張浚刺客

刺客，河北人。張浚次秀州，有客夜至前，出一紙曰：『此苗傅、劉正彦募賊公賞格也。』浚曰：『既如此，取吾首去。』客曰：『僕粗讀書，知逆順，豈以身爲賊用？特見爲備不嚴，恐有後至者耳。』浚曰：『稍停，以金帛酬子。』笑曰：『殺公何患無財帛？』浚曰：『然則留事我乎？』曰：『我有老母在河北，今徑歸矣。』問其姓名，笑而不答，攝衣躍而登屋，屋瓦無聲。時方月明，去如飛。翌日斬死囚徇衆，曰：『此苗、劉刺客也。』

贊曰：盾刺客，觸槐死。浚刺客，躡空去。欲不至子庭，爲子不設備。大索蔽祖龍，購屍逃俠累。不必問姓名，讀書河北地。翌日斬死囚，陽貨〔二〕刺門儈。

校勘記

〔一〕陽貨，國圖刻本作『晏子』。

范旺

范旺，巡簡司軍校。紹興初盜起，俞勝等亂，土軍謀降。旺叱之曰：『吾等父母妻子並受國恩，今不能討賊，有死而已，更助爲虐，是無天地也。』凶黨怒而殺之，并及妻子。旺死，跡在地隱隱不没，邑人異而祠之，賜額愍節，贈承信郎。

贊曰：紹興初年，盜起倉猝。土軍謀降，范旺嗟咄。世受國恩，淪肌浹骨。不能殲賊，惟有戰没。凶黨殺之，俛首就戮。旺跡在地，隱隱不没。問是何人？巡司小卒。

張禼僕

張禼，楚州人。家巨富，遭亂離，獨與一僕逃至射陽湖，乞食以活。爲賊所掠，求貨不得，縛於大木之下，將臠割之。僕已走脱，見主被縛，出身遮護，向賊拜曰：『此我主，本富豪，今逃難在外，何所得錢？　如欲飽啖其肉，則又瘠瘦，願膾我代之。』賊義僕，並釋禼去。及賊平，禼歸，理資尚贏百萬，僕亦存。禼以弟待之，子姪皆事之如諸父。

贊曰：主與僕，逃難出。射陽湖，同隱匿。賊人掠之相追迫，求財求貨不可得。縛主大木動斧鑕，匍匐相遮向賊泣。我主昔富今貧瘠，殺而食之止雞肋。我肉尚肥供爾食，賊人義之得並釋。

隗順

隗順，大理獄卒。秦檜殺岳飛于大理獄，隗順負其屍踰城至北山九曲叢祠潛瘞之，樹雙橘其上誌焉。語其子曰：『岳氏事白，朝廷必懸賞求屍。棺上一鉛筩，吾埋殯之符也。』後果購求瘞處，隗之子以告。及啓棺如生，乃以禮服殮焉。隗順史失載。

劉元升

劉元升，宋人。岳武穆死，元升上疏鳴岳氏冤，且白檜所以死飛狀，天下義之，卒爲檜所戮。

贊曰：大理獄，天雨血。夕陽亭，天柱折〔一〕。負屍者，踰城嵲。問其人，司縲紲。鳴冤者，伏斧鑕。問其人，無瓜葛。氣薄雲，膽截鐵。無董狐，名尚缺。

校勘記

〔一〕天柱折，國圖刻本作『鬼夜泱』。

銀瓶女

銀瓶女，岳鄂王幼女也。鄂王被害，其女抱銀瓶墜井而死。時人憐之，爲造銀瓶女墓。《鐵崖樂府》曰：岳家父，國之城。秦家奴，城之傾。皇天不靈，殺我父與兄。嗟我銀瓶，爲我父緹縈。生不贖父死，不如無生。千尺井，一尺瓶，瓶中之水精衛鳴。

贊曰：少保既戮，壞宋長城。金甌已缺，銀瓶亦傾。金甌之中，奸佞羶腥。銀瓶之中，忠孝芳名。改邑變社，厥井不崩。

施全

施全，宋殿前司軍人。秦檜入朝，全持斬馬刀，邀於望仙橋下，斫之，斷轎子一柱而不能傷，被執。檜叱之曰：『你莫心風否？』全曰：『我不心風。舉天下要殺韃子，汝獨不肯殺韃子，我故來殺汝。』遂斬全於市。觀者甚衆，中有一人朗言曰：『此不了事漢，不斬何爲？』聞者皆笑。

贊曰：博浪一擊，誤中副車。施全一刺，僅透革輿。匪天之祐，恐汙刀鍏。彼蛇蜴耳，自死溝渠。勿謂空發，刀不決疽。荆匕雖折，冷若霜飛。離筑雖碎，疾若奔雷。

秦檜伶人

義伶者，宋靖康間伶人也。紹興十五年，賜秦檜第於望仙橋，詔百官往賀。伶人致祝詞，一伶扮一參軍頌檜功德，一伶以荷葉交椅隨之，詼語雜至。賓既歡洽，參軍將就椅，忽墮其幞頭，乃總雙環爲雙疊勝。伶問曰：『此何環？』曰：『二聖環。』伶遽撲其背曰：『爾但坐太師椅，領取恩澤，二聖環且撇在腦後可也。』一坐失色。檜怒，陷伶於獄，杖殺之。

贊曰：二聖環，太師椅，秦檜一聞怒髮指。高宗不欲二帝歸，五國城中收髮齒。二帝若歸，我何底止？君相聞之面發紫。伶人雞狗奴，我主和議總爲此，爾乃昌言不怕死。

哮張二

哮張二者，密州諸城人，遭亂南徙，以屠爲業。鄂州大吏丁某子怒其母私人朱四，欲爲報復，凡至張屠家市肉沽酒，必倍酬其價。他日邀張飲，探其乏資，又付與數百緡，深爲結納，張甚知感。一日徐語之故，以毆朱爲請。張怫然曰：『訝！汝貸我錢，蓋欲陷我於爭鬭。』奮衣而起。自後相遇，邈然如不相識，迨於交絶。衆笑丁不知人，而下交非類。丁亦銜之。未幾，張拉朱同渡江，買豬於漢陽，争舟相毆擊。既歸，夜入朱室，殺朱與男女并三人，自縛告官，終不及丁一辭。時岳少保領大兵駐鄂，嘉其志義，移檄取隸軍中，不問其罪，後以功補官。

贊曰：朱亥椎，殺晉鄙，緘口不言釋無忌。入魏官，盜白狐，傳雞鳴，驚關吏。要離行刺尚魯莽〔一〕，夷門設策猶留滯〔二〕。彈鋏竟去勝馮驩，囊錐先露嗤毛遂。丁家一客傲田文，是不是，哮張二？

校勘記

〔一〕魯莽，國圖刻本作『蹌蹌』。

〔二〕留滯，國圖刻本作『瞶瞶』

趙廣

趙廣，合肥人，李伯時家小史。伯時作畫，每使侍左右。久之，遂善畫，尤工作馬，幾能亂真。建炎中陷賊，賊聞其善畫，使圖所擄婦人。廣毅然辭，以實不能畫。脇以白刃，不從，遂斷其右手拇指遣去，而廣平生實用左手。亂定，惟畫觀音大士而已。又數年死。今士大夫所藏伯時觀音多廣筆。

贊曰：筆墨之微，勿謂小節。身陷虜廷，不受强脅。寧斷拇指，淋漓手血。余評小史，實賢於君家之松雪。

毛惜惜

毛惜惜，高郵妓。宋端平初，淮安李榮全據城以叛。節度使遣人招之，不納。全與黨王安等置酒高會，惜惜供應。呼巡酒不起，全怒呵，惜惜曰：『惜惜降爲太尉役，以太尉爲朝廷命臣也。今乃閉門不納使者，是叛逆爾。妾雖賤妓，不能事叛臣。』全怒殺之。

贊曰：誰役妓者，朝廷命臣。爾不納使，即爲亂民。恥爲供役，恥獻笑嚬。呼不起應，酒不起巡。妾雖賤妓，不事叛人。妾頭可斷，妾志不渝。

（贊曰：藐爾帳前妓，逢人效笑顰。況爲節度使，又據淮安城。旌旗壁閃爍，戈刃列嶙峋。呼妓不肯起，弩嘴復張唇。妾身賤似草，妾心貞若珉。寧可伴乞丐，不能事叛臣。鄰家既有賊，巷犬吠狺狺。）

易青

易青，高宗時爲都督行府摧鋒軍校。廣東賊曾哀受招，復叛。經略使連南夫督兵討之，夜劫哀營。青在行中被執，賊驅至後軍趙續砦外，謂續曰：『汝大軍爲我所擒甚衆。』青大呼曰：『勿信，所擒止我。』賊又言：『我不殺汝，第令經略持黄榜來招安。』青又呼曰：『勿聽，任賊殺我，我惟以一死報國。』賊怒焚之，青死罵不絶口。

贊曰：夜劫營，死我責。持黃榜，非我職。我不紿爾以求生，我但有口以罵賊。余雖出薪，我不跼蹐。嗟乎唏噓，使我骨肉化爲灰燼也，猶學萇弘入土成碧。

朱娥

朱娥，上虞朱回之女，十歲母亡，養於祖母。里中惡人朱顏偶因醉爭，持刀來殺其祖母。娥手挽顏衣，抵死不放，哭曰：『寧殺我，莫傷阿婆。』祖母得脱，娥被斫十數刀，不懼。後地方官上疏，朱顏抵命，將娥立像曹孝女廟，春秋配享。

贊曰：於惟朱娥，未及簪珥。蹇遇兇徒，辱其祖母。娥來救援，螳臂攔阻。李密陳情，楊香遮虎。痛哭哀號，曰寧殺我。娥遂被創，傷及肺腑。詔與立像，曹娥兩廡。鐵面潮頭，與娥爲伍。

胡斌

胡斌，爲殿前司將官。童德興提禁旅戍邵武，江閩寇作，知邵武有備，未敢犯。會招捕司檄德興稟議，獨以兵將弱卒數百留城中。紹定三年，盜大至，將士皆遁，獨斌奮身迎戰，所格殺甚衆。賊益生兵，官軍所存僅數十人，或告以衆寡不敵，盍避諸。斌曰：『郡民死者以萬計，賴生者數千人，由東門而出。我不綴其勢，使得脱走，則賊躡其後，無噍類矣。』遂巷戰，大呼曰：

『我死救百姓。』兵盡矢窮，卒遇害。

贊曰：邵武空城，萬民噍𩵞。跌撲出城，走避鋒鏃。譬如群羊，爲虎所逐。吾不毆之，虎口婁肉。顧作楊香，攔以尺木。吾喪一軀，所全百族。與其一路哭也，寧使我一家哭。

張二娘

張二娘，儀真人。事姑甚孝，姑病劇，禱神求代。夢老母語曰：『汝姑要好，須得人肝。』婦曰：『肝可療姑，余則奚惜？』乃裂肚取肝，不得死，而復蘇。見一乞婆酷似夢中老母，乃拜而問之曰：『割不得肝，奈何？』乞婆曰：『爾直割不見，横割則得之矣。』婦乃横割之，肝果吐出。烹以食姑，姑遂愈。婦始暈倒，已而復活，胸肉旬日皆合，而刀痕横直自如。父老請旌，御史表其坊曰割肝活姑。

贊曰：儀真張二娘，他人割股爾割肝。股可舉手得，肝從何處懸？横割豎割胸已穿，奉姑食之病乃痊。近見媳婦食豬肝，姑乞一片遂變顔。今人古人何天懸？嗚呼！今人古人何天懸？

鄭虎臣

鄭虎臣，會稽尉也。賈似道安置循州，虎臣請爲監押。似道寓建寧開元寺，侍妾尚數十人，虎臣至，悉屏去，奪其寶玉，撤轎蓋，暴行烈日中，令轎夫唱杭州歌謔之，窘辱備至。至漳州木綿庵，虎臣諷令自殺。似道不從，虎臣曰：『吾爲天下殺此賊，雖死何憾。』遂囚似道子於別室，即廁上拉似道胸殺之。

贊曰：臨安尺土，用此元兇。鬬草宰輔，促織相公。如距斯脫，奧援在宮。循州再起，敢當其鋒。會稽鄭尉，義憤填胸。屏其侍從，暴行日中。拉之廁上，運錘如風。吾寧一死，除卻奸雄。倘無此舉，又怨天公。曹操秦檜，皆得令終。

（岱子曰：曹操秦檜，皆得令終，千古遺恨。虎臣此舉，大快人心。且似道奧援近在宮壼修尺，一起似道于循州，正人無遺類矣。然則虎臣之功，不在郭汾陽下。

贊曰：以人視之，檻中虎。以我視之，廁中鼠。虎之傷人疾若風，鼠之傷人甘如飴。一囓破襄陽，再囓破蕪湖。嗟乎！宋室幾何土，猶自包藏此社鼠。）

張千載

張千載，字毅甫，廬陵人，文山友也。文山貴顯，屢以官辟，皆不就。文山自廣還至吉州城下，千載來見，曰：『丞相赴京，某亦往。』遂寓於文山囚所側近，日以美食奉之。凡留燕三年，潛造一櫝。文山受刑後，即藏其首。仍尋訪文山妻歐陽夫人於俘虜中，俾出。火其屍，千載拾骨寘囊并櫝南歸，付其家葬之。千載高誼，亦千載下所不多見也。千載持櫝歸，次日其子夢文山怒云：『繩鉅未斷。』其子心動，亟啓視之，果有繩束其髮。卓吾銘曰：『不食其禄，肯受其縛。一繩未斷，如錐刺腹。生當指寇，死亦努目。張氏何人？寘囊弁櫝。生死交情，千載一鴞。』

贊曰：文山在囚，義士忍辱〔一〕。留燕三年，髮齒在櫝〔二〕。厲鬼狰獰〔三〕，以齒嚙木。髭戟口張〔四〕，猶聞夜哭〔五〕。吾所惜者，趙氏塊肉。吾葬家山，彼葬魚腹。

校勘記

〔一〕忍辱，國圖刻本作『寘匵』。

〔二〕髮齒在櫝，國圖刻本作『藏其髮齸』。

〔三〕狰獰，國圖刻本作『呼號』。

〔四〕髭戟口張，國圖刻本作『張目掀髯』。

〔五〕猶聞夜哭，國圖刻本作『陰雨則哭』。

王炎午

王炎午，太學生也。文天祥初起義兵勤王，炎午勸其盡散家産供給軍餉，以倡士民敢死之氣。及丞相被擒，會間脱去，又被擒。炎午恐其赴義未決，因設位其家，作《生祭文丞相文》，以速丞相之死。遂謄録數十本，自贛至洪。于驛途水步山墻店壁貼之，冀丞相經從一見，決其就義。後天祥留燕三年，斬於柴市，張千載持其髮與齒歸，炎午爲之執杖被齊，仰天大哭，又作《望祭文丞相文》。二文傳世。

（文丞相自記曰：予始至南安，軍糧即絶。爲告墓文，遣人馳歸，白之祖禰。瞑目長往，含笑入地矣。乃風盛水駛，五日過廬陵，又二日至豐城。知所遣人，竟不得行。予至是，不食垂八日，若無事然。私念死廬陵，不失爲首丘，令心事不達，委命荒江，誰知之者？盍少從容以就義乎？復飲食如初。因記《左傳》申包胥哭秦庭，七日夜勺飲不入口，不聞有他。乃知餓踣西山，非一朝夕之積也。予嘗服腦子二兩，不死；絶食八日，又不死。未知死何日，死何所，哀哉！

望祭文丞相文：相國文公再被執時，予嘗爲文生祭之。已而吉水張千載自燕山持丞相髮與齒歸，丞相既得死矣。嗚呼痛哉！謹痛望奠，再致一言。嗚呼！持顛扶危，文山諸葛。相國雖同，而公死節。倡義舉勇，文山張巡。殺身不異，而公秉鈞。名相烈士，合爲一傳。三千年間，人不兩見。事繆身執，義當勇決。祭公速公，童子易簀。何如天意，佑忠憐才。留公一死，易水金臺。乘氣捐軀，壯士其或。久而不易，雪霜松柏。嗟哉文山，山高水深。難回者天，不負者心。常山之髮，侍中之血。日月韜光，山河改色。生爲名臣，死爲列星。不然勁氣，爲風爲霆。干相莫耶，或寄良冶。出世則神，入土不化。今夕何夕，北斗轉斜。中有光芒，非公也耶？）

贊曰：王炎午，真腐儒。文山一死豈躊躕？何俟老生揭通衢。欲敦姜維興蜀隅，豈作李陵羈單于？齒與髮，尚未歸，老生日日望燕畿〔一〕。王炎午，真腐儒。

校勘記

〔一〕望燕畿，國圖刻本作『椎胸襦』。

趙時賞

趙時賞，宋宗人。李恒襲文天祥於興國縣，天祥出走京師，潰於空阬。趙時賞坐肩輿後，元人問爲誰，時賞曰：『我姓文。』衆以爲天祥，擒之。天祥由是得逸去。

劉子俊

劉子俊，江西人。張弘範襲執文天祥於五坡嶺，劉子俊自詭爲天祥，冀可免天祥。及執天祥至，各争真僞，元人遂烹子俊，而執天祥。

贊曰：千載炎午，欲其速死。時賞子俊，冀其緩死。速死須臾，完其素履。緩死須臾，少延宋祀。一緩一急，胸中磊塊。烹之無滓，燒之不燬。

二樵者　嵇聳

二樵者，東海人。文天祥變姓名爲清江劉洙，東入海道，遇元兵，伏環堵中得免。飢甚，莫能起，從樵者乞得餘糝羹。行入板橋，元兵又至，衆伏叢篠中，兵入索之，執杜滸、金應以去，滸、應以懷金與卒得逸。二樵者以簣荷天祥至高郵嵇家莊，嵇聳迎天祥至家，遣子德潤衛送至泰州。遂由通州泛海，以求二王。

（贊曰：餘糝羹，勝鼎彝。道中漿，勝酒醴。荷草簣，勝肩輿。二樵拮勀不嗟吁，來到高郵見二嵇。衛送通州泛海堣，吾爲二王爾爲誰？嗚呼二樵者，彼山之阿可以嬉。贊曰：餘糝羹，甘如飴。道中漿，食子胥。婆娑二老荷草欙，文山欲至高郵嵇，慇勤遣子護鴟夷。芒碭山中藏劉季，陟屺步步望雲氣。嗚呼二樵者，彼山之阿可以嬉。）

彭震龍

彭震龍，吉安人，文天祥妹婿。性跌蕩喜事，嘗以罪墨。度宗時天祥起兵，補宣教郎，帶行太社令知永新縣。會天祥出使被執，震龍遁歸，吉州已失，乃結峒獠起兵。天祥兵出嶺，震龍接應復永新。元兵至，震龍爲親黨所執，至帥府腰斬之。

蕭壽夫　敬夫

蕭燾夫與兄敬夫俱文文山客，燾夫爲詩有豪俊氣。度宗時天祥起兵，補從事郎。及震龍謀復其縣，燾夫贊之。縣受屠，兄弟俱死之。

贊曰：天崩地坼，日晦月蝕。堂堂天朝，乃爲蠻貊。凡爲起義，應手而殛。氣散則虹，血凝則碧。嗟乎！爾身則死，爾名不斁。千載而下，猶知爲文天祥之客。

歐陽夢桂　妾柔柔

歐陽夢桂，蒲陽人，早入上庠。德祐胡人犯闕，雖受僞爵，胸中抱不平，賦詠間意望翠華南歸。爲仇人執詩發其事，羈囚斃獄。夢桂之妾曰柔柔，柔柔母曰陸姥姥，以夢桂死，盜卷其物歸。夢桂之親訴於吏，姥竟以女許嫁張酋，求勝其事。姥數説女曰：『汝主人已死，胡不謀他之？』柔柔掉頭不顧。姥乃紿出往佛寺焚香，與張酋相遇，一見顔色妙麗，偪娶其女。姥始明告女曰：『我爲汝謀嫁久矣，得此人甚善，宜歸之。』柔柔曰：『主人平生豪傑，上書駡賊。我寧忍嫁彼？既得主人如此，更欲嫁誰耶？』姥逼之不已，自經死。

贊曰：既爲降人，賦詩何謂？雖死獄中，尚亦有媿。如妾柔柔，柏舟自礪。母紿萬方，不改其志。嗟嗟！夢桂見之，亦須走避。

沈忠　潭州官屬一城百姓

沈忠，李芾帳下兒也。元人克潭州，知州李芾召忠，遺之金曰：『吾力竭，分當死。吾家人不可辱于俘，汝盡殺之，而後殺我。』忠伏地叩頭，辭以不能。芾固命之，忠泣而諾，取酒飲，其家人盡醉，乃徧刃，芾亦引頸受刃。忠縱火焚其居，還家殺其妻子，復至火所，大慟，舉身投地，乃自刎。幕屬茶陵顔應焱、安仁、陳億孫皆死。潭民聞之，多舉家自盡，城無虚井，縊林木者累累相比。

贊曰：虜破潭州，守臣死義。乃呼帳兒，出刀甚利。殺我一家，而後殺芾。沈忠聞言，傍徨驚悸。芾曰勿辭，爾全我志。忠醉家人，鼓刀墮淚。縱火焚屍，積如山歸。忠奔還家，殺其老稚。復至火所，自焚在地。潭民聞之，多舉家自盡也。至城無虚井，而縊林木者累累相比。

（贊曰：沈劊子，持利刃。李家笄，珥及髭髦，令爾砍斫如蠐螬，血流模糊成鵜膏，咸陽舉火不可燒。有似從來尚方刀，不斬樓蘭斬荆高。）

婁鈐轄附二百五十人

婁鈐轄，馬塈部將也。時靖江破，邑守馬成旺以城降，獨部將婁鈐轄猶以二百五十人守月城不下。阿里海牙笑曰：『是何足攻？』圍之十餘日。婁從壁上呼曰：『吾屬飢不能出降，苟賜之食，當聽命。』乃遺之牛數頭，米數斛，一部將開門取歸，復閉壁。虜兵乘視之，兵皆分米，炊未熟，生臠牛啖立盡。鳴角伐鼓，諸將以爲出戰也，甲以待。婁乃令所部人擁一火炮，然之，聲如雷霆，轟城，城崩，煙氣障天外，兵多驚死者。火熄，入視之，灰燼無餘。

贊曰：上天不造，靖江既毁。邑守出降，猶守月壘。圍之十日，不通薪水。緣壁而呼，願賜酒米。飽則歸降，瘡痍斯起。架炮厝薪，鳴金伐鼓。一震崩城，煙焰盈堵。願爲厲鬼，殲此逆虜。余所不解者，鈐轄何修而使二百五十人同一死所？

馬塈附靖江一府并入山七百人

馬塈，岷州人。於廣西募壯士數千人，往救潭州圍。中塗聞潭州陷，即回。遇賊，鏖戰四十里。退保靖江府，開府庫，辦守禦事，自請於福州行在，朝旨任以廣西之寄守。靖江府殺賊不勝，城陷，塈提兵巷戰，爲賊擒，不屈被殺。靖江一城之民俱爲賊殺，得逃入西山者七百人。賊後許以不殺，招其降。七百人不肯叛，皆自殺。

贊曰：潭州城，睢陽堡。靖江府，田横島。李芾一死吴國沼，纍纍遺屍懸樹梢。馬塈被執長城倒，壯士七百如電掃。人亦有言：朝廷委爾以城守也，而乃以一死自了。雖然猶賢於今日之遇賊降賊、遇寇降寇也，悻悻然自附於李昊之世修降表。

隨駕内嬪某氏

内嬪某氏，宋宫人也。德祐二年，謝太皇后北狩，内嬪隨駕出關，賊欲犯之不可得，書裙帶曰：『誓不辱國，誓不辱身。』自經死于虜館。

贊曰：天子蒙塵，宫人出塞。勃窣嫛婗，賤如草芥。太皇太后，猶且在外。一内嬪耳，爾則何怪？嗟乎唏嘘！文山就刑，書之衣帶。内嬪殉節，書之裙帶。一嬪一臣，用以光宋室之鼎鼐。

郭靖

郭靖，高橋豪俠也。開禧間，吴曦叛，以關外四州獻金，請封爲王。四州之民不願臣金，棄田宅，老稚順嘉陵而下。曦盡驅使還，皆不肯行。靖時亦在遣，至白崖關，告其弟端曰：『吾家世爲王民，自金人犯邊，我兄弟不能以死報國，避難大散關。今爲曦所逐，吾不忍棄漢衣冠，願死於此，爲趙氏鬼。』遂赴江而死。

贊曰：高橋郭靖，號爲俠者。吴曦謀叛，蹂躪郊野。關外四州，獻爲土把。民不從金，田宅皆捨。扶老攜幼，順流而下。曦盡驅還，不容歸夏。靖惜衣冠，江邊血灑。願死於此，爲趙氏鬼也。嗟嗟！昔之衣冠，重如性命。今之衣冠，棄如土苴。

唐珏

唐珏，山陰人。歲戊寅，元將浮屠楊璉真珈發宋陵，攫寶玉。珏聞之，亟貨家資得百金，具酒邀里中少年，具告以實。少年曰：『事露奈何？』珏曰：『要當易以他骨。』乃具木櫝絹囊，署其表曰某陵，分委散瘞蘭亭山中，樹冬青以識。越七日，珈聚陵骨，雜置牛馬骸中，築塔壓之，名曰鎮南。未幾，楊髡被誅，稍稍傳播，珏義聲震吴越。

贊曰：天子陵寢，宮府看守。胡騎一來，邏卒皆走。區區唐珏，村中一叟。鼎湖龍蜕，盡入其手。葬以冬青，天章寺後。惟有理宗，頭大如斗。不敢更移，取盛溺溲。及至我明，提兵出口。拾得頭歸，葬之丘首。太祖之功，方可與耦。

林德陽

林德陽，當楊總統發陵時，故爲杭丐者，背竹籮，手持竹夾投籮中，鑄銀作兩許小牌百，繫腰間，取賄番僧曰：『余不敢望收其骨，得高家、孝家足矣。』番僧左右之，果得高、孝兩朝骨，爲兩函貯之，歸葬東嘉。

贊曰：林唐二士，恨不相值。唐既拾骸，林取何骨？豈剩二陵？高孝則足。拾取他骸，無異馬骼。既葬東嘉，何年歸蹕？畜疑至今，誰爲别白。嗟乎唏嘘，但收帝骸，何論得失？

其事雖殊，其心則一。

（岱子曰：珏與少年易陵骨，惟理宗頭大如斗，不敢他易。伽得之，漆作溺器。後我高帝得之沙漠中，復歸葬六陵。觀此，則珏之功豈渺小哉！

贊曰：老鵰夜啼，索我頭顱。陰風淅淅，冬青冢枯。蟻封膻溺，棄在浮圖。烈士睨之，夫顙有泚。洒向林間，六陵風雨。）

僧真諦

僧真諦，住德藏寺。性騃戇，爲寺中樵汲。元國師楊璉真珈來寓寺中，聲言欲發天女等墓，有女屍未敗者，輒肆淫汙。時朱提舉夫人及陸左丞女皆以色夭，用水銀殯殮寺後，楊命發其冢。真諦聞之大怒，嗥譸詬詈。寺僧懼禍，力制之。及五鼓，真珈發衆出寺，真諦忽起抽韋馱木杵，奮擊真珈。從者百餘人救護，皆披靡不能拒，多被打傷，有裂腦折臂者。人見真諦于衆中超躍，每踰尋丈，若隼撇虎騰，飛捷非人力可到。一時燈炬皆滅，耰鋤畚插皆爲煅壞。真珈大懼，謂是韋馱顯聖，不敢往發，率衆遁去，亦不敢問此僧也。後二年，真諦行腳峨嵋，不知所往。

贊曰：煢煢化女，衰艸孤塋。毘盧一怒，亦免其淫。若使真諦得在山陰，則六陵遺蛻亦何至雜牛馬之骼而使理宗之顱腕乃没入於臊腥？

王妙鳳

王妙鳳，吴縣洞庭山人，嫁吴姓者。夫常商於外，妙鳳獨與其姑處。姑有淫行，與所私夜飲，命鳳温酒。鳳方舉火，其人徑入爨室，戲牽其臂。鳳憤曰：『吾臂爲他人所執，更安用之？』即引刀自斷其臂，死而復甦。父母聞之，驚泣來視，欲訟於官。鳳曰：『死則死耳，世豈有婦訟姑理耶？』數日竟死。

贊曰：身可爨，吾名不可喚。臂可斷，吾心不可亂。以婦證姑，是名爲訕。以婦訟姑，是名爲叛。吾惟一死，而姑或以絃易轍也，吾則願以屍諫。

米立

米立，世將。初從陳奕守黄州，奕降元，立潰圍出。江西制置使黄萬石署爲都統制。元兵掠江西，立迎戰於江防，兵敗被執，不降繫獄。萬石叛降元，爲元行省使。萬石諭立曰：『吾官銜一牙牌書不盡，今亦降矣。』立曰：『侍郎國之大臣，立一小卒爾，何足道？但三世食趙氏禄，趙亡，何以生爲？』立乃陣上生擒之人，與投拜者不同。』萬石再三説之，不屈，遂遇害。

贊曰：一牙牌書不盡，官職何崇？一小卒何足道，卑若蟻蟲。爾則反面，易如轉篷。我則罵賊，响如洪鐘。蓋立乃陣上生擒之人，與爾投拜者不同。

張鏜

張鏜，南軒之後。益王立，詔天下勤王。鏜起兵衡山，移檄安化、新化諸僚，得民兵數千。文天祥率兵出嶺，相與接應，既而兵敗被執。元參政崔斌欲降之，鏜罵曰：『今日降而死，何以見我祖魏公于地下？』斌命述起兵本末，鏜奮筆斥罵千百言，斌怒殺。

贊曰：嗟余大明，勢如瓦解。岱奉魯王，支持宗社。移檄浙東，取齊兵馬。意欲渡江，恢復華夏。死守一年，兵疲將寡。遇同天祥，竟傾大廈。東奔西逃，被執復捨。岱亦有言曰：『今日降而死，何以見我祖魏公於地下？』

（贊曰：陳琳作檄，操顱若擊。駱丞作檄，曌膽若柝。張鏜作檄，斌口若塞。黄祖殺禰衡，鸚鵡方擲筆。欣然入九京，魏公開笑噱。）

鄭思肖

鄭思肖，太學上舍。元兵南下，扣闕上書。宋亡不仕，因改名，寓思趙之意，自稱三外野人。趙子昂才名當世，思肖惡其宗室受元聘，遂與之絶。每遇歲時伏臘，輒野哭，南向拜，聞北語必掩耳亟走。嘗題書塾云曰：『不知今日月，但夢宋山川。』

贊曰：鄭思肖，古剛烈。氣如虹，筆如鐵。避髠鉗，□緇衲。作《心史》，沈井渫。祭先人，川，但思日月。

用漢臘。聞北語，走蹩躠。裂眼眥，罵突厥。作對聯，書門闌。余則不同，報韓心切。不夢山

徐應鑣

徐應鑣，太學生。元師陷臨安，以少帝及太后北去，太學生百餘人從行，應鑣不欲從。太學係故岳忠武王第，有祠在，應鑣具酒餚爲文祀王曰：『天不祐宋，社稷爲墟。應鑣死以報國，誓不與諸生俱北。已將魂魄，累王作配，神主與王英靈永永無斁。』祭畢，攜二男琦、松，一女元娘，登經德齋梯雲樓，縱火自焚。作詩曰：『二男并一女，從我上梯雲。』學僕覺，滅火，遂與三子俱赴井。元贈秘閣修撰。

贊曰：皇天不祐，宋社爲屋。烈烈應鑣，死以報國。吾誓與岳墳柏幹俱南，不與臨安諸子俱北。今在故宮，願隨武穆。一女二男，同爲井髑。遇彼銀瓶，應同夜哭。

黄文政

黄文政，淮人，戍蜀。軍潰，間道走静江。時元兵圍静江，馬曁邀與同守。城破，文政被執，大詬不屈。大軍斷其舌，以次劓刵之。文政含糊叱咄，比死不絶聲。

贊曰：元破静江，文政被執。裂眥瞋睛，大詬不屈。乃斷其舌，復劓其鼻。叱咄含糊，語

不能白。但聞喑嗚，不聞嚄唶。浩氣正言，誰則能譯。鬼亦有官，怯里馬赤。

王仙

王仙，蜀都統也。幼主時守涪州，北兵攻圍無虛日，勢援孤絶，宋亡之二年，城始破。仙自刎，斷其亢不殊，以兩手自摘其首墜死。

謝皋

謝皋，幼主時爲鎮撫統制官。李成陷虢州，欲降之。皋指腹示賊曰：『此吾赤心也。』自剖其心以死。

贊曰：主竄家亡，犬猶夜吼。木伐林空，鼯猶晝走。二州既陷，都統死守。城破招降，決不回首。吾自死之，肯落虜手？頸則自除，心則自剖。

徐道明

徐道明，常州天慶觀管轄。元師圍城，道明謁郡守姚訔，請曰：『事急矣，君侯計將安出？』訔曰：『内無食，外無援，死守而已。』道明還，慷慨告其徒曰：『姚公誓與城俱亡，吾屬亦不失爲義士。』乃取觀之文籍，置石函藏坎中。元兵屠城，道明危坐，焚香讀《老子》。元兵使之拜，不顧，誦聲琅然。以刃脇之，不動，遂死之。

贊曰：天慶管轄，常州道明。願從郡守，與城俱傾。焚香危坐，誦《道德經》。北兵圍之，誦不絶聲。經乃有曰：『道非常道，名非常名。』觀今日之孔氏與今日之比丘也，則此道爲儒釋之所不能。

王士敏　劉士昭

王士敏。元陷太和縣，士敏與鄉人劉士昭謀復之，兵敗被執下獄，其黨多乞憐苟免，士敏獨慷慨不撓，題衣裾云：『此生無復望生還，一死都歸談笑間。大地盡爲腥血汙，好收吾骨首陽山。』臨刑歎曰：『恨吾病失聲，不能大罵耳。』劉士昭刺指出血，書帛云：『生爲宋民，死爲宋鬼。赤心報國，一死而已。』因以其帛縊死。

贊曰：王士敏，慷慨志，以身殉，題衣裾。劉士昭，死不去，刺血書，因自縊。宋民宋鬼幾多人，偏爾太和乃不媿。至今江右多頑民，虎踞十年猶守義。自古首陽山，多在豫章地。

王烈婦

王烈婦，臨海人。德祐二年，元兵入浙，殺其舅姑與夫，而擄烈婦。見其皙美，欲汙之。烈婦即欲自殺，爲俘囚婦人雜守，不得動，乃紿賊曰：『若欲妻我，須任我服衰數月，然後易吉。

否則斷頭不移。』賊許之。及師行至嵊縣青楓嶺下，臨絶壑，守者少弛，烈女齒嚙指出血，書詩石壁上，南望慟哭，擲身崖下亂石中，肉骨盡成血虀。後所題詩漬入石間爲紅痕，天陰雨，即墳起如鮮血。元至治間，旌爲貞婦，立祠嶺上，易青楓爲清風。

贊曰：曾聞壯夫血化碧，又聞烈女形化石。如何嚙指寫血詩，千年壁上珊瑚赤。淒風苦雨過崖前，血漬淋漓若欲滴。斷崖亂石俠骨香，化作清風繞松柏。

趙淮妾

趙淮，長沙人，累官淮東轉運使。德祐中戍銀樹壩，兵敗，與其妾俱被執。至瓜州，元將阿朮使淮招李廷芝，許以大官。淮陽諾，至城下乃大呼曰：『李廷芝，男子死耳，毋降也。』元將怒殺之，强劫其妾。妾僞告元將曰：『妾夙事趙運使，今死不葬，不忍忘情，願往埋之，即事公無憾。』乃輿至淮所，聚薪焚淮骨，置瓦缶中，自抱赴水死。

贊曰：屈平抱石，趙妾抱骨。以水爲天，所抱勿失。沙際潮頭，哀風觱栗。使君勿來，妾自運甓。骨或化鳥，願爲比翼。

謝緒

謝緒，會稽人，宋末隱苕溪。天目山崩，歎曰：『天目，臨安主山。今土崩，宋不振矣。』遂不仕。及帝昺亡，誓衆曰：『吾生不能報宋，死若有知，必滅此虜。』中夜起，作詩曰：『立志平夷尚未酬，莫言心事付東流。淪胥天下誰能救，一死千年恨不休。湘水不沈忠義氣，淮淝自媿破秦謀。苕溪北去通胡塞，留此丹心滅虜酋。』赴苕溪死。苕溪水漲，高至丈餘。土人異之，立廟金龍山。至我明太祖與元鑾子海牙戰吕梁洪，虜在上流，我師失利。風濤忽卷，黄河爲之北注，海牙敗績去。太祖夜夢有神告之曰：『臣謝緒也，昨黄河倒注，臣實爲之。』遂封爲黄河神。

贊曰：天目山崩，苕溪水漲。此山伊何？漢高芒碭。此水伊何？伍胥波浪。屈注天潢，掀翻燕嶂。殺賊張巡，厲鬼無誑。沙際潮頭，風雷跌宕。一到黄河，始知情狀。

（贊曰：天目山崩，苕溪水漲。此水伊何，雷轟電亮。憤抱屈原，汨羅漭壯。怒挾子胥，錢唐風浪。倒注天潢，腥扇掃盪。殺賊張巡，厲鬼無誑。日月爭光，千秋肹蠁。）

時茂先

時茂先，日炤縣沙溝酒監，寓居諸城。紅襖賊方郭三據密州，過其村，居民相率迎之。賊以元帥自稱，茂先怒謂衆曰：『此賊首耳，何元帥之有？』方郭三聞而執之，斷其腕。茂先大罵，賊不勝忿，復剔其目，亂刃剉之，至死罵不絶。

贊曰：紅襖賊，勢方振。日炤來，牛酒進，沙溝酒監出與競。元帥之稱，死不奉命。斷腕剔目，終以身殉。慨我烈宗，闖賊蹂躪。名公巨卿，午門朝覲。拜手颺言，上表勸進。德踰湯武，功高堯舜。

郭婢

郭婢，金將郭斌婢也。金亡，斌出保金、蘭、定、會四州。元兵圍會州城，斌力戰。驅妻子聚一室焚之，已而自投火中。有女奴自火中抱兒而出，泣授人曰：『將軍盡忠，忍使絶嗣？此其兒也，幸哀而收之。』言畢復赴火中死。元將聞之惻然，爲保其孤。

贊曰：郭家婢，女程嬰。火中出，火中入。豺性亦知乳虎兒，燈蛾嗜火如嗜蜜。肝腸入火應不灰，化作女媧五彩石。

報仇卒婦

金兀朮愛一小卒之妻，殺卒而奪之，寵以專房。一日晝寢覺，忽見小卒婦持利刃相向，驚起問之，曰：『欲爲夫報仇耳。』朮默然，麾使去。即日大享諸將士，召小卒婦出，謂曰：『殺汝則無罪，留汝則不可，任汝於諸將中自擇所從。』婦曰：『誓不從人。』朮縱之使去。

贊曰：煢煢卒婦，得嫁帥主。錦衣玉食，於願足矣。乃尚持刀，報仇雪恥。願割仇頭，以奠厲鬼。白日行兇，言汝無罪。縱之使去，鰲魚擺尾。不意兀朮，乃有此舉。

朵那

朵那，杭城偉兀氏之女奴也，年十九，勤敏謹厚。主卒官他郡，朵那奉主婦日謹。主婦亦厚愛之。至正壬辰，寇陷杭，劫偉兀家，無所得，乃反接主婦於柱下，以刀礪頸上。諸侍婢皆奔散，朵那獨以身蔽主婦，請代死，且告曰：『將軍所利者財，豈利殺人哉！家之寶貨皆我所藏，主母固弗知。』乃探金銀珠玉幣帛等物置堂上，寇争取之。又欲犯朵那，朵那持刀欲自刎，曰：『我主二千石家，誓不奴他姓，況汝賊乎？』寇驚異，捨而去。朵那泣拜主婦曰：『棄主貨，全主命，權也。妾受命主鑰，失貨而全身，非義也，請從此死。』乃自殺。

贊曰：主縛柱，人皆去。爾獨來，以身蔽。何以救主？珠玉皮幣。何以感賊？慷慨節義。主既得生，爾死何意？吾不聞閎夭、散宜生之以良馬美女釋西伯於羑里也，而反以自斃。

火丹赤

火丹赤者，周思文僕也。元季莫天祐據無錫，王師圍之，下令曰：『不降當屠城。』父老相約往諭天祐，請早降以救一城生命。思文當行，火丹赤泣而請曰：『大人一身周氏宗祧所係，萬一不諱，奈何？兒當代往。』及至天祐許降，賊尚疑懼不敢進。赤以正言趣之，賊曰：『爾誘殺我耶？』遂遇害，思文厚葬之。

贊曰：入虎穴，得虎子。一不成，則徒死。主身係宗祧，可不審行止？吾願代主行，飄然去如駛。賊果殺吾軀，吾言始驗爾。主或念吾言，吾身不枉死。

石明三

石明三，與母居餘杭山中。一日明三自外歸，覓母不見，惟見卧内有三虎子，知母爲虎所噬，乃盡殺三虎。子復礪巨斧，立壁間，伺虎至，斫之，裂其腦。已復操斧伺牡虎於巖畔，牡虎至，又斫之。明三亦遂僵於巖畔，值立不仆，張目如生，所執斧牢不可拔。

贊曰：余友柳麻，評話《水滸》。聽説李逵，力殺四虎。謂是稗官，欺誑今古。孰料明三，克追其武。痛母慘傷，空裂虎肚。不見母骸，斷腸決腑。巖畔自殭，手不釋斧。願學犍連，酆都尋母。

博雞者

博雞者，袁人，不事生産，日抱雞與少年博市中。元至正間，袁守多德政，部使者臧新貴將按郡至袁，守易之，聞其至，笑曰：『臧氏之子也。』或以告臧，臧甚怒。會袁有豪民嘗受守杖，知使者意嗛守，即誣守納己賄。使者遂逮守，脇服奪其官，袁人大憤。一日博雞者遊於市，衆讓之曰：『若素名勇，徒能籍貧孱者爾。彼豪民恃其貲，誣去袁太守。袁人失父母，若誠丈夫，不能爲太守一奮臂耶？』博雞者曰：『諾。』即入閭左，呼子弟素健者，得數十人，遮豪民於道。豪民方華服乘馬，從以群奴。博雞者直前捽下，提毆之。奴驚，各亡去，乃褫豪民衣自衣，乘其馬，麾衆擁豪民馬前反接，徇諸市，使自呼曰：『爲民誣太守者視此。』不呼則杖其背。豪民子鳩其宗黨僮僕百餘人，欲要奪之。博雞者逆謂曰：『若欲死爾父，即前鬭。否則闔門善俟，吾行市畢即歸，若父無恙也。』豪民子唯唯謝去。日暮至豪民里門，捽使跪，數之曰：『若爲民而誣蠛太守，罪宜死。今姑貸汝，再敢妄言，必殺之無赦。』豪民以額叩地謝不敢，乃釋之。博雞者因告衆曰：『是足以報太守未耶？』衆曰：『若所爲誠快，然太守寃未白，猶無益也。』博雞者曰：『然。』即連楮爲巨幅，廣二丈，大書一『屈』字，以兩竿夾揭之，走訴行御史臺，臺臣弗爲之理，乃與其徒日張『屈』字遊金陵市中。臺臣慚，追受其牒，爲復守官，而黜臧使者。方是時，博雞者以義聞東南。

贊曰：自來豪民，如李壽、馮燕之流，或致死亡，不受生辱。博雞者之辱豪民，捽之，毆之，反接之，一步一杖之，至跪數之，而無不心服。則是太守所不能得之於子民者，而乃甘受之於鄉曲，則此博雞者，亦自不俗。

王著

王著者，爲益都千户。素志疾惡，憤阿合馬在朝專政，誓欲殺之。乃密鑄大銅鎚貯袖中，會妖僧高和尚以事逃詐死，人無知者。著與合謀，乃詐稱皇太子還都作佛事，結八十餘人。夜入京城，詐傳太子令旨，呼省官至前，責阿合馬數語，著即牽去，以所袖銅鎚碎其腦立斃，并殺其黨。左丞郝禎、尚書張九思發其詐，發兵禽賊，著挺身請囚。世祖命誅王著、高和尚於市，皆醢之。著臨刑大呼曰：『王著爲天下除害，今死矣，異日必有爲我書其事者。』阿合馬死，世祖猶未深知其奸。詢蒙羅，乃盡得其罪狀。世祖大怒曰：『王著殺之，誠是也。』乃命發墓剖棺，僇尸於通玄門外，縱犬啗其肉。

贊曰：昔日惟虎臣，鎚殺似道。爲國捨身，以誅兇暴。今茲合馬，尚多援奧。反罪益都，謂其矯詔。王著雖誅，掀髯一笑。但恐史臣書之信史者，以聶政之刺韓累而反名之爲盜。

古今義烈傳卷七

(明)劍南 張 岱 著

明

雲奇

雲奇，北直人，洪武時爲守門内史。丞相胡惟庸謀逆，誑言所居井出醴泉，邀上往觀。將出西華門，雲奇知其謀，疾走衝蹕，勒馬銜言狀，氣方勃，舌駃不能達意。上怒其不敬，左右撾捶亂下，垂斃。右臂將折，猶尚指賊臣第，弗爲痛縮。上悟，登城眺望，見賊第内裹甲伏屏間數匝。上亟反，遣兵圍其第，賊皆就縛。上急召奇，奇死矣。深悼之，追封右少監，賜葬鐘山。

贊曰：君幸臣第，内史阻行。一時勃駃，有言莫申。急指相第，壁人柏人。臣雖折肱，臣不惑蠥。登高立見，伏甲在屏。賊臣就縛，急召義人。臣氣雖絶，臣意已明。帝録其功，與徐常無二也，乃亦葬鐘山之陰。

（贊曰：鳳離嶧，鶻乘隙。鷙來翊，折其翮。氣已殛，猶擗翼。鳳方愓，出荆棘。思鷙勣，徒悲慼。掩其骼，議葬格。裹秾裳，頂逢幘。枕屈石，袵莀碧。）

孫氏附雷老

孫氏，太平樞密院判花雲侍兒也。太平爲陳友諒所陷，花雲死。雲妻郜氏以三歲兒付孫氏曰：『若善視此兒，吾赴水死矣。』孫氏殮主母屍，葬之。抱兒走，陷賊中，比賊敗，脱走，墜水。緣浮木入蘆渚中，採蓮實啗兒，凡七日，得不死。有雷老者引達太祖軍，上泣曰：『此將種也。』厚資孫氏，命撫之。賜雷老衣鈔，遂失所在。

贊曰：花將軍，死爲主。三歲兒，付婢女。負兒處，走墜水。緣浮木，入蘆渚。採蓮實，作兒乳。凡七日，得不死。有老人，達帝宁。將種也，其善撫。伊何人？名雷父。賜鈔衣，失其所。

（贊曰：周棄委野，群鳥披昜。雲子墮水，蓮菂作食。雷老何人，引之帝側。帝曰將種，父曾死節。朕未成玉，同與爲賊。義士開天，有此奇跡。）

練效忠

練效忠，御史練則成僕也。則成劾大臣不法，其人坐死。他日上寃其獄，因怒則成，同官忌者更搆之，賜仰藥死。家屬被逮，長子擬斬。效忠冒其主名，代赴市曹。以長爲次，免死戍邊。後赦歸，復立門户，生綱，又爲御史。

贊曰：太祖濫刑，直臣賜死。義僕冒名，認其長子。代赴市曹，甘爲豚豭。以長作次，戍邊生齒。後遇金雞，赦歸桑梓。天祐藎臣，又爲御史。

（贊曰：帝戮藎臣，讒夫構釁。卵破巢空，灰燼誰振。家屬流離，尚無子胤。煢煢一門，皆爲道殣。幸解漢圍，滎陽紀信。）

青紋盛

青紋盛，常德府龍陽縣典史。洪武初年，爲龍陽縣民請減田賦，疏再上，不允，自縊於登聞樓下。高祖爲之減原額二萬四千有奇。萬曆十四年，巡按湖廣御史任養心奏建青紋盛祠，賜名惠烈。

贊曰：重賦虐民，敲骨吸髓。再疏不允，登聞縊死。扆座震驚，特減前旨。二萬四千，用蘇生齒。大官不言，小官言此。言者爲誰？龍陽典史。

錢唐

錢唐，洪武時爲刑部尚書。太祖一日讀《孟子》，至草芥寇仇之説，大不然之，謂非臣子所宜言，議去其配享。詔：有諫者以不敬論，且命金吾射之。唐抗疏入諫，輿櫬自隨，袒胸受箭。且曰：『臣得爲孟軻死，死有餘榮。』帝見其誠懇，命太醫院療其箭瘡，而詔令孟軻仍配享孔廟。

贊曰：在廷諸臣，皆讀《孟子》。惟唐一人，願爲軻死。輿櫬自隨，袒胸受矢。就臣言之，何所此似。草芥寇讎，惟帝所使。臣雖傷胸，臣惟捫趾。帝省唐言，詔仍配祀。

周公輔

周公輔，洪武中爲寧海丞。邑有瀕海塗田五十餘頃，不勝稅。公輔爲民請命，未施行。縣復被檄民二萬爲象山縣築堤，黄巖縣浚河。大府吏曰：『不可慢。』公輔曰：『吾縣當築當浚者殊多，歲歲不易，無敢輕役民，乃役民爲旁縣？』復欲以聞，同官曰：『君奏未行，又再奏耶？』公輔歎曰：『古有屍諫，死吾身而有救於民，庶上聞之乎？』遂雉經於官舍。邑民走弔哭，失聲曰：『公爲我死，而爲我圖。天乎天乎！』

贊曰：寧海縣丞，爲民減稅。未及施行，力役又厲。再欲奏聞，恐無其例。雉經公堂，庶幾悟帝。衛有史魚，稿葬其身。而思以屍諫者，或是其類。

張子明　捨命王

張子明者，張元帥之子。僞漢圍南昌急，子明代父爲間使，走建康告急。重圍不得出，乃詐遣軍士號捨命王者詒友諒軍，約日出降，緩其攻，而防守益設。及期，城上旗幟一新，至暮不出，友諒縛捨命王於城下磔之。子明取東湖小漁舟，夜從小水關冒圍出，夜行晝止，半月達石頭城。太祖問友諒兵若何，子明對曰：『賊不遺餘力矣。兵雖盛，而戰鬬死者不少。今江水日涸，臣艦將不利。而師久乏糧，援兵至，必破矣。』太祖曰：『若傳語諸將，但堅守一月，吾當自取之。』子明還至湖口，爲邏卒所獲。友諒解其縛，謂之曰：『若能誘城降，非直不死，且富貴子。』子明佯許之，至城下呼曰：『我張大舍也，已見主上，大軍旦夕至矣，諸將軍其努力固守。』友諒怒，攢槊刺殺之。

贊曰：捨命王，贄賊營。酈食其，甘受烹。破圍出，張子明。至建業，請救兵。還至湖口被賊禽，佯許約降得近城。大呼將士傾耳聽，吾見主上命寄聲。堅守一月主自臨，南八死矣報張巡。

韓成

韓成，虹縣人，爲帳前親兵將。高祖鄱陽大戰，乘舟膠淺，賊將張定邊將犯御舟，一時計無所出。成進曰：『事急矣，古人有殺其身而成君者，臣不敢愛死。』遂服上袍冕，對賊衆投水中。賊衆歡呼萬歲，戰稍懈。而常遇春兵適至，射中定邊，賊遂退漢平。帝謂中書省曰：『朕與友諒大戰鄱陽湖，韓成效忠，朕念之不忘。』遂封成爲高陽侯，爲諸死事冠。

贊曰：虹縣韓成，帳前馬驅。鄱陽膠淺，賊犯御舟。成曰事急，服上冕旒。對衆赴水，賊中其謀。開平驍勇，適到上流。事在呼吸，勝敗所繇。帝念不置，廟祀封侯。嗟嗟！滎陽紀信，棄骨在溝。

校尉

校尉，京師人，與其鄰婦通。一日校瞰其夫早出，即入門。夫復歸，校伏床下。婦問夫曰：『何故復回？』夫曰：『見天寒，思汝熟寢，足露衾外，恐傷冷，來添被耳。』乃加覆而去。校忽念彼愛妻至此，乃忍負之，即取佩刀殺婦而去。有賣菜翁，常供蔬婦家，至是入門，無人即出。鄰人執以聞，官司不能明，誣伏。獄成，將棄市，校出呼曰：『某人妻是我殺之，奈何要他人償命？』遂白。監決者欲面奏，監者引見。校奏曰：『此婦實與臣通。其日臣聞其夫語云云，因念此婦忍負其夫，臣在床下一時義氣發作，就殺之。臣不敢欺，願賜臣死。』上歎曰：『殺一不義，生一無辜，可赦也。』即釋之。

（岱子曰：此事極類魏馮燕，似刻而爲之者，校尉豈讀書史者乎？上下千年，若合符節，人不以代掩矣。）

贊曰：借爾婁豬，定其艾豭。鳩化爲鷹，攫其頭顱。指鹿爲馬，以狐假虎[一]。張膽明目，不敢[二]模糊。若論抵命，殺人者吾[三]。帝曰義士，赦其兇屠。殺一不義，生一無辜。

校勘記

〔一〕以狐假虎，國圖刻本作『改魚爲魯』。

〔二〕不敢，國圖刻本作『焉肯』。

〔三〕若論抵命，殺人者吾，國圖刻本作『殺人抵罪，視死如娱』。

洞庭居士

洞庭居士，不知何許人，永樂初隱於湖濱。後有二人至，居一室，常汎湖，大醉輒大哭。已病死，二人營葬畢，隨去，不知所之。

贊曰：瞻彼洞庭，翳然濠濮。三人同舟，非醉則哭。湖水湯湯，知我心曲。病死則已，免我三族。營葬一完，二人去速。後有問津，君其求我於包山之麓。

雪庵和尚

雪庵和尚，名暨。建文出亡，暨往來重慶白龍山、松柏灘諸處。富人杜景賢心知其爲建文亡臣，厚遇之，爲寺白龍山居焉。暨居寺常讀《易》，謾人爲佛經。景賢恐其有蹤跡，不忍顯，止之，第曰：『和尚誦儒，非教也，請誦佛經。』暨從焉，顧時時挾《離騷》鼓枻灘上下，當其急流朗讀之，竟一篇，輒裂以投灘，已而哭，人莫測也。日注壺酒待客，或不至，則要諸兒醉歌以爲常。暨頎形秀爽，指柔白，翦翦落筆成章，意氣能感人。臨死，其徒問曰：『師滅度後，宜名何許人？』睁目曰：『松陽。』問姓名，不答。

贊曰：雪庵老僧，潛身五戒。君道不明，只誦乾卦。熟讀《離騷》，投之急瀨。日注壺酒，醉歌笑罵。滅度須臾，一絲不掛。作怪作怪，臨了破敗。二字松陽，銷磨不壞。

東湖樵夫

東湖樵夫，不知其姓名。樵臨海東湖上，鬻薪自給，口不二價。壬午詔書至臨海，湖上人聽詔縣庭，歸語樵夫曰：『新皇帝登極矣。』樵夫愕然曰：『皇帝安在？』曰：『燒宮自焚。』樵夫大哭，遂投湖水中死。

贊曰：樵夫在臨海，疑是牛景先。登極頒新詔，景先時在滇。樵夫在湖上，樵採已有年。聞説燒宮事，樵夫自墜淵。景先尚未死，此人則誰焉？一死誠何故，此名不得傳。

玉華山樵

玉華山樵，名籍不傳。永樂初突來金華東陽縣東山樵採，自稱大呆子，披麻戴笠，不服常服，盤桓於山南村落。將死，囑其主人曰：『斂吾屍縣於林木足矣。』主人卒葬之。

贊曰：玉華樵，大呆子。鬬同室，持弓矢。周公來，成王死。朕家事，何足齒？爾披麻，衆衣紫。爾戴笠，衆貂耳。爾懸木，衆乘軹。人皆然，獨如此。玉華樵，大呆子。

補鍋匠

補鍋匠，亦不知何許人，往來夔、慶間，爲人補鍋。過州邑，不出三日即去，去復來。受直亡所選，或得食，即不復索直。若風寒暑，即閉門不出。有從學補鍋者，第令爲之荷擔，不受其謝，夔、慶間呼爲老補鍋。嘗逢馮翁夔市中，相持哭。哭已入空巖，屏語竟日。又相持哭，别去，莫知所終。

贊曰：補鍋匠，自作苦。夔慶間，爲亡虜。過州邑，補破釜。遇風雨，即閉户。教生徒，辭阿堵。哭走空巖中，舉拳自搥膴。懊恨甑已破，老匠不能補。

河西傭

河西傭，不知何許人。衣葛衣出亡，乞食於金城。金城極塞苦寒，傭終冬衣其故葛。後客河西，傭莊浪魯家，漸得直，買羊裘。雖被裘，必覆其故葛，葛纍纍也。而時聞作苦自吟，或爲夜哭者。其後宋將軍出兵莊浪，有留都官從識傭，欲與語。傭避匿南山中旬日，聞其去乃出。疾，謝魯主人曰：『我死幸無收，有西北風大起，火我，骨灰揚之。』及卒，主人如其言。

贊曰：河西傭，抱塊磊。披羊裘，加葛縗。客莊浪，爲奴才。有識者，匿山隈。旬日去，始走回。臨終告主人，我死幸無埋。西北風大起，火骨揚爲灰。

馮翁

馮翁，亦不知何許人。以章句訓蒙夔中，善屬對歌詩，詩後自題馬二，或馬先生，或塞翁。嘗大書歌詩壁間，見老補鍋來，即剷去。未幾辭去，不知所終。

贊曰：馮翁善訓蒙，教人以章句。大書在壁間，詩歌及屬對。怕見老補鍋，一來即剷去。失馬未爲憂，塞翁自得意。滇黔路不迷，只在雲深處。

宋味古

宋味古，會稽宋家店氓也，能詩。建文君亡，味古夜深從星月下疊床，北向拜祭，祭已慟哭，如是者月餘。爲仇家所告，遂逮捕繫獄。其子某請代，乃得釋。

贊曰：宋味古，老迂腐。建文亡，爾何苦？疊床北向奠酒脯，慟哭月餘逮官府，其子請代出網罟。余見北兵到江滸，越人投誠如疾弩。曾不移時而魋結被毳也，遂爲翩翩濁世之佳虜。

儲福

儲福，無錫新安鄉人，燕山衛戍卒也。母韓，妻范。燕王之起也，福以戍卒當從，與其母妻亡去。燕王怒，及帝購得之，戍之極邊。既行，仰天號曰：『福雖賤，義不爲叛國卒。』遂飢死舟中。范氏者貧，不能養姑，屋傍之澗忽水生芐焉，因織芐爲養。姑亡，廬墓傍終身，年八十餘卒。卒而其澗不芐也。

龔翊

龔翊者，字大章，崑山人，年十八爲門卒，守金川門。靖難兵由金川門入，翊大哭。宣德中，周巡撫兩薦爲太倉學官。謝曰：『翊仕無害于義，恐負往日城門一慟耳。』竟隱終身，門人私謚爲安節先生。

（岱子曰：靖難死節，如補鍋匠、河西傭、馮翁、東湖樵夫，不可胜記。意皆當時大臣匿跡其中，引義自裁，無足異耳。至如燕山、金川二卒，卒也，乃激烈如此，古今以來，不一二見也，當爲死節之冠。）

贊曰：何來二卒，仰天大哭。爾哭伊何，爲主遜國。欲哭且休，行將赤族。寧赤吾族，我淚如菽。願作包胥，秦廷夜哭。

高賢寧

高賢寧，濟陽秀才，建文中貢入國學。靖難兵攻濟南不下，以箭射書城中，使亟降。賢寧時在城中，作《周公輔成王論》，射城外，請罷兵，後被執。文皇曰：『此作論秀才邪？秀才好人。』命官之，賢寧固辭。其友紀綱時爲錦衣，佞倖用事，勸寧。寧拒不聽，曰：『君以軍旅發身，我本書生，食餼有年，於義不可。』綱言于上，得遣歸。

贊曰：太學生，高濟陽。濟南城下作戰場，射書城中使亟降。賢寧回書似劍鋩，勉以周公輔成王。作論秀才帝不忘，殷勤勸駕有紀綱。到應不仕歸故鄉，成王不在吾痛傷。嗚乎！成王不在吾痛傷。

（贊曰：青青子衿，貌甚迂腐。吮筆揮毫，射書招撫。書詞云何，東山破斧。弄爾毛錐，撩鬚馘虎。虎捨勿食，以爾酸子。）

侯來保

侯來保者，尚書陳迪家人也。迪靖難抗節極刑，六子同日就死。時瓜蔓抄洗，姻族四竄，莫敢收屍。來保憤痛悲號，拾其遺骨，還葬宣城計橋。

贊曰：陳迪殉節，舉族殄滅。遺骼棄捐，誰人收擷？侯保忽來，爲之拭血。還葬宣城，蟻封故坔。收葬次孫，復産韓厥。靖難勳臣，聞之面熱。

（贊曰：余見時豪，屨積其闔。螻蟻擁腥，蒼蠅唼糞，一日勢衰，蠅飛蟻奔。來保何人，乃能守困。拾主遺骸，收之旅櫬。自爲執紼，首丘故郡。靖難諸臣，聞之面煴。）

劉政

劉政，字仲理，長洲人，聰敏力學，治《春秋》。建文元年秋，方孝孺試畿輔士，以託孤寄命題，得政卷，曰：『此鳥中孤鳳，當虚左處子。』是登科賢書第一。四年建文遜位，殺孝孺，政慟哭不食死。

贊曰：鳥中孤鳳，覽輝山谷。下食醴泉，上食竹實。罹此鞠凶，鷹鸇肆戮。水鶩浮沈，群雞呷喔。搗彼鳳巢，傷哉鸑鷟。翱翔首陽，不食周粟。

魏澤

魏澤，□□人，以尚書謫爲寧海典史。方孝孺被族，逮其家屬，澤悉力保護，以故方氏尚有遺孤。謝文肅詩有言：『孫枝留一葉者，澤之力也。』澤後過孝孺故居，爲詩悲悼，有『黄鳥向人空百轉，清猿墜淚只三聲』之句。

贊曰：魏尚書，謫寧海。族孝孺，作虀醢。留一枝，藏山隈。方氏至今有遺孤，趙武偷生已數載。當時無意續宗祧，誅臣十族臣不悔。孝孺死後若有知，見此孤兒反自駭。（贊曰：朝廷有濫刑，左儒不能爭。下宫誅趙朔，趙武藏山罍。所案皆蓍舊，猶將十世宥。方孫僅一枝，覆巢拾敗嵛。伏闕問成王，哀猿泣楚江。自知門户絶，何意留遺孽。）

方孝友

方孝友，字希賢，正學先生季弟也。燕王召先生草詔，不屈，親屬皆面縛就戮。先生目之，不覺淚下。孝友吟一絶云：『阿兄何必淚潸潸，取義成仁在此間。華表柱頭千載後，旅魂依舊到家山。』士論壯之，爲不愧先生之弟。

贊曰：華表柱頭丁令威，城郭依舊人民非。止有忠名爭日月，靖難勳臣冷若灰。旅魂依依向前説，陰風射處刀傷裂。須臾草詔亦尋常，肝膽枯來字字咽。

廖鏞 廖銘

廖鏞，無爲州巢縣人。祖永忠，開國功封德慶侯。父權嗣封，鏞以適子任散騎舍人，歷官至都督。建文中與議兵事，宿衛殿庭。靖難後，上以廖侯兩子鏞與銘嘗受學方孝孺，令召之來見。孝孺怒曰：『汝讀幾年書，還不識個是字？』兩子復命。上怒，令軍校收孝孺，已而刑之聚寶門外。凡七日，廖氏兩子拾遺骸，葬聚寶山上。甫畢，廖氏亦見收，兩子遂逃去。永樂元年四月，錦衣衛奏獲鏞、銘，送刑部，論死。

贊曰：君行制，臣行意。服齊衰，哭殿陛。師死忠，弟死義。走城隅，拾遺蛻。師徒相勸勉，中心自不貳。共讀幾年書，方識個是字。

王稌

王稌，字叔豐，紳之子。績學能文，有大父禕風。受業方孝孺，孝孺甚器重之，許妻以女。孝孺罹難，稌周旋其間。又與鄭珣至聚寶門外求孝孺遺骸歸葬，不得，卒坐逮繫。文皇念其祖禕死國，特宥免。方欲向用，而稌以疾辭，還金華，結屋讀書青巖之下，將終身焉。復購孝孺遺文，爲《侯城集》以傳，人咸義之。稌性至孝，初紳痛父歿，每食必斥兼味。稌一遵遺志，子孫相承，閱數十年不變。稌踈髯偉貌，出必儼然古冠服，人争睹之，曰：『此王先生也。』所著有《青巖稿》、《聖廟文纂》、《金華賢達傳》。卒年五十九，門人私謚曰孝莊先生。

贊曰：誰爲孝孺黨，衆人皆辟易。儼然王叔豐，匍匐尋遺骼。文皇不得臣，反復辭以疾。詩案謫眉山，文章禁蘇軾。匪得汲塚藏，安取《侯城集》？

都察院吏

都察院吏，失其姓名。文皇殺方孝孺，令人食其肉，食肉一塊，予銀一兩。吏之僕某食肉得銀，歸家説其事，吏聞之大怒，痛詈其僕，辟地號天，腦裂而死。

贊曰：燕王篡，建文逐。奸黨誅，孝儒族，義士聞之方痛哭。奈何買人食其肉，僻地一聲頭自觸。吾方欲手刃食肉之人也，而不意近出佘僕。

吴亮

吴亮，不知何許人，舊爲建文侍御。正統間，有老僧自稱建文皇帝，欲歸骨故鄉。事聞，科道官請下獄，帝不忍，令亮往視。老僧見亮，即呼曰：『吴亮來。』亮答：『不是。』老僧曰：『我昔御便殿，食子鵝，棄塊肉在地，汝時手執壺，狗餂之，何謂不是？』亮伏地哭，不能仰視。復命畢，自經死。

贊曰：建文出亡，帝死榆木。迨厥曾孫，老僧歸骨。帝疑不決，詔亮往矚。見亮即呼，便殿棄肉。汝狗餂之，朕豈鶻突？亮不能仰，伏地慟哭。復命自經，臣不再辱。嗟嗟！建文舊臣，多如黍菽。無不齊聲，亟請下獄。

（贊曰：周公入輔畿，成王破壁圍。東山不破斧，王宫如宿籧。老僧歸故國，臣民半已非。婆娑一吴亮，伏地徒悲吁。反顔事仇者，狗不食其餘。）

沐敬

沐敬，建文朝太監。從永樂北征，逾月不與虜遇，人馬困頓。上猶未已，敬諫再三，上詈之曰：『反鑾敢爾？』敬仰視曰：『不知誰是鑾？』上怒，命曳斬之，顏色不動。上曰：『我家養人皆若這廝，豈不有益？』釋之。

贊曰：靖難兵來，人人憤惋。反鑾之名，畢竟難浣。乃以詈奴，奴實不反。嗟乎唏嘘，若論臣僕之不可以反叛自處也，王何以前日之焚宮略不自慘？

瓦剌輝

瓦剌輝，降虜也，久隸駙馬梅殷幕下。都督譚深指揮趙曦謀害駙馬，死於橋下。文皇發其事，詰問二人。二人對曰：『此上命也，奈何罪臣？』文皇大怒，立命力士持金爪落二人齒，斬之。瓦剌輝請於上，割二人手足，剖取其腸胃，持祭駙馬畢，即自縊死，葬殷墓側。

贊曰：嗟爾梅殷，罪真莫贖。假道不允，一當戮。死守淮安，二當戮。勞而無功，三當戮。乃曰曦深殺之，二人不服，詔落爾齒。恨爾此言，張膽明目。瓦剌無知，剖其心腹。中國之人，絕無君臣，不意韃靼也而有主僕。

余逢辰　杜奇

余逢辰，南直宣城人，爲燕府伴讀。靖難兵未起，逢辰頗聞其謀，遺書示子，自分必死。及起兵，泣諫，殺之。杜奇，北平人。燕兵初起，欲多置羽翼，下令境内舉賢良方正，有司以名上。奇極諫當守臣節，燕王怒，立斬之。時方急兵事，未暇逮其家，即位後族之。

贊曰：同一叩馬也，有從有不從。同一批鱗也，有容有不容。其間機會，何以不同？噫！吾知之矣，在辰與奇也，名之奸黨，執而殺之，則爲道衍；在夷與齊也，稱之義士，扶而去之，則爲太公。

姚媼

姚媼，姚廣孝姊也。廣孝以靖難功封榮國公，謁其姊。姚媼闔門麾出之，曰：『做和尚不了的，豈是好人？』終拒不見。

贊曰：靖難功成，勳封開國。奚止榮身，實且華族。如何姚媼，嗔其差錯。詬詈歹人，麾之帷箔。是真王賓一流人也，義膽忠肝，敢目之以巾幗。

楊榮

楊榮，從文廟北征，過凌霄峰。榮與學士胡廣、金幼孜夜迷失路，陷山谷中。幼孜墜馬，胡廣不顧而去。榮下馬整鞍轡，不數步，幼孜復墜馬，鞍盡裂。榮即以所乘馬讓之，自乘驏馬，從夜至旦，不勝疲勞。翌日出山，望見在掖，乃趨赴之。至午，方詣中軍。上大喜，慰問良久，嘉榮之義。榮謝曰：『僚友之分，誼所宜然。』上曰：『廣非僚友耶？何不顧而行也？』

贊曰：天子北征，學士夜走。幼孜墜馬，陷之岡阜。闃無人聲，虎狼夜吼。義士下馬，掖之以手。讓馬乘之，自殿於後。及見至尊，稱其長厚。榮曰同僚，誼所宜有。文王曰：『吁！不顧而去者，豈非僚友？』

諸娥　朱克和

諸娥，山陰人。父士吉以訟觸太守，怒笞之。二子應壁、應奎有膂力，道遇太守，持銕鉏犯太守車，以報父怨，被縛。上巡按，巡按以聞，詔以太守激變，逮太守，并逮士吉、應壁、應奎及娥至京。父子皆坐辟。父老且病，娥方八歲，哀號不已。父友朱克和者爲娥作書，走卧釘板，釘刺骨纍纍。上憐之，減死，止戍其一兄，勅一兄送父及娥還浙。娥創重，道卒。朱克和又心憐應壁，冒應壁名之戍所，而并脱應壁歸里，時人義之。應壁歸，數傳後，生禮部侍郎諸文懿大綬，以鼎元起家，官至尚書。萬曆三年直指上其事，配享曹娥祠。

贊曰：煢煢弱女，年甫八齡。爾所急者，棗栗棋榛。乃能詣闕，擊鼓登聞。烈如猛士，衽錐卧釘。體纖創重，彌留數旬。古今未見，爾真神人。豈止光絡，不數緹縈。爾其爲孝女，曹娥之後身。

（贊曰：緹縈贖父，身請爲孥。諸娥救父，釘錐刺膚。手足履縻，口舌卒瘏。衽釘如褥，飲血似醐。誰爲伴侣，光絡曹娥。）

唐貴梅

唐貴梅，池州貴池人。笄年適朱，夫貧且弱，有老姑者悍而淫，少與徽州富商有私。弘治中富商至池，見婦悦之，密以金帛賂姑。姑利其有，誨婦淫者以百數，弗聽。迫之，亦弗聽。加以箠楚，又勿聽。斷以炮烙，體無完膚，終不聽。姑乃以婦不孝訟于官。通判慈谿毛玉受賂，倍加刑焉，婦幾死，然終不聽也。商猶慕其色，令姑保出之。親黨咸勸婦曰：『何不吐實？』婦曰：『若然，全吾名，而汙吾姑乎？』乃夕易袿襹，雉經於後園古梅樹下。姑不知也，及旦，手持桑杖，將入室挺之，且罵且行曰：『惡奴早從我言，得金帛享快樂，今定何如也？』入室無見，尋至樹下，乃知其死，因大慟哭。親黨咻曰：『生既以不孝訟，死乃稱嫗心，何以慟爲？』姑曰：『婦在，吾猶有望，婦死，商人必倒賍。吾是以哭，非哭惡奴也。』尸懸于樹三日，顏如生。樵夫牧兒見者咸墜淚，每歲梅月之下隱隱見其形云。

楊升庵贊曰：嗚呼！婦生不辰，遭此悍姑。生以梅爲名，死於梅之林。冰操霜清，梅乎何殊？既孝且烈，汗青宜書。有司失職，咄哉可吁。乃爲作傳，以附露筋碑之跗。

贊曰：烈烈貴梅，丰標端雅。爰有老姑，淫悍而寡。多與人私，鍾情富賈。見婦悦之，誨以淫冶。烈婦不從，加以楚夏。烙體焦膚，敲骨見祼。婦恐汙姑，吞炭爲啞。至死不言，雉經於野。嗚呼烈婦，月白霜清，常見爾於後園梅樹之下。

（贊曰：謂雀無角，何穿我屋？謂鼠無牙，何速我獄？鶉之奔奔，期我桑中。雖速我訟，亦不女從。予所捋荼，予所卒瘏。人之無良，我以爲姑。）

邵金寶

邵金寶者，□西俠戴綸所狎妓也。綸爲京營參將，以善咸寧侯下獄，將坐重辟。念事非朝夕可竟，去家數千里，無可庇朝夕，罄囊金三千餘，屬邵曰：『余生死不可知，若其念我乎？持此贍余以待命。』邵含泣收之。爲畫策，日費以給權貴公子驩，而買少妓，博市井富兒金，展轉出綸。綸庭鞫赴市，邵歲罄資於權貴，因得周旋，椎楚弗避，十餘年所如一日，而需綸用不缺。綸卒藉其力以出，尋補建昌遊擊。贏金尚四千有奇，悉付綸而從之任。綸妻自其家來省，請邵升高座，命侍女强持之，委身下拜，令勿答，報其救夫恩也。居旬而返，將行，語綸曰：『夫難，妾以疾不能爲力，而邵氏能代之，妾當愧死矣。無以謝邵氏，惟君念之。』垂涕泣而去。

李卓吾曰：金寶出於娼，而能委曲以全大義，武塈朝臣所難者。其妻以不能救夫難，而能念爲救者，且以結髮嫡拜下風而避去，不亦晉趙氏夫人之遺風哉！

贊曰：邵金寶，女中俠。交戴綸，入縲紲。罄囊金，提滿笈。女陳平，爲間諜。賂權門，恣饕餮。十餘年，用不缺。賴其謀，得詔雪。挈贏金，還故篋。綸妻來，自整袷。委身拜，令勿答。参救我夫，愧汗滿頰。戴綸何修，有此妻也，而又有金寶爲之妾。

（贊曰：俠士戴綸，以奇出刑。若妻與妾，倣古多英。獻寶釋罪，羑里宜生。捐金行間，滎陽陳平。卧薪嘗膽，范蠡請成。藏蹤秘跡，寧武解爭。賢哉正室，瞻拜小星。虚席而去，擬趙夫人。）

金鑄

金鑄者，遼陽健兒，事其主王世勳。世勳率衆禦虜被圍，衆且盡。鑄獨破圍出，顧見世勳尚困圍中，奮死入重圍，與俱出。世勳馬爲虜所奪，即以己馬乘世勳，身獨步戰，援兵不至，竟死於陣。

贊曰：壯士突圍，斫肉如鮓。回顧主帥，敵衆我寡。我欲不救，主命怎舍？翻身復入，血隨路灑。挾與俱出，勢如破瓦。主騎既奪，我騎可下。獨步隨之，但策其馬。鬼猶不伐，曰：

非敢後也。

（贊曰：壯士突圍，叱吒喑啞。回顧垓心，主帥墜馬。翻身復入，路隨血灑。挾與俱出，勢如破瓦。主騎無韁，己足可踝。獨殿一軍，肝腦塗野。鬼猶不伐，曰非敢後也。）

高三

高三者，昌平侯楊俊所狎妓也。昌平去備邊數載，娼閉門謝客。天順中，昌平與范都督爲石亨所搆陷，以大駕蒙塵，謂昌平坐視不救。赴市，二人英氣不挫。楊尤挺勁，但云：『陷駕者誰，今何在？吾提軍救駕，殺之固宜。』親戚故吏無一往者，俄有一婦人縞衣而來，乃娼也。楊顧謂曰：『若來何爲？』娼曰：『來事公死。』因大呼曰：『天乎！忠良死矣。』觀者駭然。楊止之曰：『已矣，無益於我，更累若耳。』娼曰：『我已辦矣，公先往，妾隨至。』楊既喪元，娼慟哭，吮其頸血，以鍼綫紐接著於頸，顧楊家人曰：『去葬之。』即自取練，經於傍。

贊曰：天隕星，馬櫪驚。賜屬鏤，誅昌平。縞衣而來女田橫，公自先往妾後行。駢指指天天欲崩，頸血無由濺殿廷。相與含笑入九京，願見藝祖訴石亨。

張裝

張裝，南海人，學書不得意，棄去爲掾。事陳選，以過黜。選忤常侍韋眷，有詔命刑部員外李行往勘，行與眷比誣逮選，道卒。棨入京上疏訟選冤，曰：『陳選素崇正學，夙抱孤忠，孑處群邪之間，獨立衆憯之地。臣本小吏，以詿誤觸法，爲選罷黜，實臣自取。眷乃妄意臣必憾選，厚賂啗臣。知臣不可以利誘，遂嗾李行逮臣於理，彌日拷掠，體無完膚，甘心籲天，終無異口。』疏入，選事得白，贈光禄卿，謚恭愍。

贊曰：臣本小吏，居心公直。外不避仇，内不避戚。選若私臣，當被黜落。臣若阿選，選已道革。公道人心，至此難巇。嗟嗟！没齒無怨，管仲駢伯。逐臣致傷，孔明廖立。

周敖父子

周敖，河州衛軍餘也。正統己巳間，聞上皇北狩，慟哭不食，七日而死。其子曰路，爲衛學諸生，出舍外學，聞之，不易儒衣巾而奔至家，觸庭槐亦死之，後衝巾被面。鄉里憐而異之，言之河州守。守爲臨其喪，不易裂巾而殮。助以麥四十斛，白金一觔。

贊曰：土木從官，多如蚍蜡。乘輿一失，奔走如駛。既不能諫，又不能死。乃有軍餘，周敖父子。父服流血，子腦裂隨。余見蜂蠆，分國而徙。不見蜂王，觸樹皆死。蟲豸有之，毋乃類此。

龔遂榮

龔遂榮，北京衛千户。英廟北還，廷議迎鑾禮，未決。會有投匿名帖者，冢宰王直云得之學士高穀家。胡濙欲以聞，不果。林聰上其事，詔按之。高云得之小隸，隸云得之道路。方逮繫問，遂榮自狀白之曰：『迎上皇禮本當厚，遂榮投此帖，冀感動，無他腸，甘死無悔。』上感其言，即從之。

贊曰：余見市儈，彼此相詐。不售其貨，故高其價。在昔徽欽，奇貨諸夏。價不稱估，終無返駕。亦爲回鑾，攝居難卸。遂榮一言，宋高叱咤。既有南城，無勞驚訝。玉璞珠沈，廛冷市罷。

楊暄

楊暄者，倭漆匠也。天順間，指揮門達權傾中外，忌袁彬異己，乃摭彬私事，欲致於死。上下達問，拷訊苦楚，莫能自白。暄爲彬訴不平，奏達違條二十餘事，上令達逮問。暄至，神色不變，佯若無所與者。達歷詢其事，皆曰：『不知。』且曰：『暄賤工不識書字，又與君侯無怨，何得有此？望君侯屏左右，暄告以實。』附耳曰：『此内閣李賢所作，教暄投進，暄實不知。』達聞甚喜，賞以酒肉。次早朝，達以其情奏上。命押諸大臣，會問於午門。方引暄至，達向賢言前事，賢驚訝。暄即大言曰：『此達以酒肉賜暄，使暄言如此。昨庭中有某某見。』指斥所奏達二十餘條，略無餘蘊。達無詞，押官與大臣録詞以進上，命法官正達罪，謫戍廣西。

贊曰：達如虺，待之以蝟。達如彪，待之以猱。達如獍，待之以鴆。妙在説出李賢，使其一網打盡。午門數言，有指有證。擿伏發奸，略無餘蘊。達有吐舌睁睛已矣，何所用其機阱。

（贊曰：雉藏頭，蜂螫尾。口吮飴，腹貯虺。先脱弧，後載鬼。金馬門前栽屈軼，觟觽角觸走野豨。殺人三至母投杼，謗書一篋皆焚燬。鉆箝不設能鈎距，發姦摘伏如神鬼。）

垛耳

垛耳者，達官指揮，在曹吉祥麾下。曹石謀執于謙下廷尉，坐謀反律，論謙棄市。謙死之日，陰霾翳天，行道嗟歎。達官垛耳以一觴酹其地而慟。吉祥恚，撲之至血。明日復酹酒，慟哭如故。或阻之，垛耳曰：『死即死耳，吾淚不可收也。』

贊曰：南城走兕，北門烹狗。中土隕星，山川夜吼。天應雨血，欒巴噀酒。鬼欲晝號，垛耳擗手。公道人心，藉此小醜。嗟乎！諸夏之無也，不如夷狄之有。

陳逵

陳逵，六合人，正統初學士。李時勉舉其將才，時出入時勉門，聞所未聞，蒞官行事多有可觀。其督捕盜賊，用刑雖多慘刻，然强横斂跡，居民安堵。于謙被刑時，群凶氣焰可畏，逵時爲都督同知，獨收謙屍殮葬，君子多其人。

贊曰：自來刑賞，多有倒置。必殺于謙，坐以何罪？可憐其生前再闢乾坤，而死則無葬身之地。都督陳逵，毅然收瘞。既同隗順之爲武穆負屍，而又同張千載之爲文山置櫝。

奉天門男子

男子，北直人。景皇帝以土官黄玹奏請建儲，乃以長子見濟立爲皇太子，廢太上皇帝太子爲沂王。先一日陳儀仗，奉天門有男子者憤激不平，持赤梃直入擊香亭，奮呼先打東方甲乙木，諸内史急縛男子，詔付錦衣獄，瘐死。

贊曰：嗟吾郕王，熾炭於位。天子萬年，廢儲立濟。乃有男子，坦胸裂眥。持梃入宫，香亭是碎。曾不移時，懷獻即斃。嗟嗟！天意其所廢者，爲成化二十三年之太平皇帝。

王振老僕

老僕，太監王振僕也。薛文清瑄爲振同鄉，振起用之，後以不肯附，振仇恨，中以危法，當刑。門人皆奔走哭，文清神色自若。會振有老僕，是日大哭厨下。振問何哭，僕對曰：『聞今日薛夫子將刑故也。』振聞而意解，得釋。

贊曰：主決波耶，爾當助沃。主出斧耶，爾當助斸。哭包胥耶，匪覆其國。哭欒布耶，匪係其屬。廚下號咷，蠍蛇斂毒，之人耶僕耶？

馬士權

馬士權，秦州人，與徐武功有貞交厚。石亨擠有貞，令人僞作疏奏，毀謗朝廷，追捕甚急。亨因譖有貞怨望，陷其親士權爲之。上遣官校捕有貞，於途收士權等下獄。時指揮門達陳諸惡刑於庭，拷掠瀕死，士權終無所言。乃摘武功伯誥券『纘禹神功』之語，出有貞自撰，實謀作逆，故出語不臣。士權大呼曰：『有貞忠臣也，豈有自撰誥券，露其逆謀之理？』門達不能折。會承天門災，肆赦。有貞得釋，編發金齒爲民。感其義，以女許字其子。既而背盟，士權亦無言。

贊曰：繇前言之，武功與臣，匪寇婚媾，臣獨稱其忠也非謬。繇後言之，武功與臣，匪婚媾寇，臣不發其奸也非漏。武功既自擬爲神禹也，皋陶曰殺之三，在堯舜之君亦當待之以三宥。（贊曰：武功臣讎寇，捃拾不可謬。武功臣婚媾，叛逆不可覆。復辟策元勳，可謂非有貞。臣故非私意，連姻切作韲。武功背息壤，臣心似醪醴。方知昔日言，無偏更無黨。）

楊蘭

楊蘭，嘉祥人，任沛縣新興閘官。晉城多盜，蘭自荐當道，願兼攝之，盜遂平。正德乙酉居邸，聞議松亭、右北、居庸三關斬伐材木，抗疏奏曰：『中國之患，急在邊陲。而虜馬不得南馳，實賴榆棘。此木一伐，是自撤藩籬而引寇入腹也。』爭不可。武宗奇其奏，罪創言者。又丙子，東學使趙鶴性悍愎，巡視學校，濫黜者八九千人。蘭憤裂眥，入京伏闕叫冤。詔命按臣張羽及學使江潮嚴加覆試，復黌者七千餘人。後以科甲起者歲比比，皆稱爲楊公門下士云。

贊曰：昔爾先達，澹臺滅明。魯論所載，迂腐可嗔。及余異時，爰讀《水經》〔一〕。魁梧雄黠，如出二人。渡河挾壁，怒蛟起爭。子羽入水，斷蛟毀璘。今見楊子，佝僂水津。抱關擊柝，粥粥無能。一爲鎖鑰，道濟長城。一爲桃李，卞和泣廷。江濤雷砲，不平則鳴。有兩異士，皆在武城。失之子羽，以貌取人。

校勘記

〔一〕爰讀水經，國圖刻本作『讀《山海經》』。

何競附王鼎

何競，蕭山人。父舜賓爲御史，坐事謫戍慶遠，後以赦歸。會當塗鄒魯亦以御史謫蕭山，舜賓嘗有小忤，魯銜之，詭言赦歸無驗，械送戍所，屬解者侵辱，掩殺於昌國寺。又捕及兟，兟逃匿父友王參政鼎家，終夜不寢，嚙一指以誓復仇。久之，魯遷山西僉事，鼎乃教兟潛歸，募死士數十人，扮作獵户，嘯聚錢唐沙中，伺魯至，曳之出輿，窘辱萬狀，矐其目，幾死，置道旁。會仇民以糞灌其口，乃得活。兟挺身投憲司，憲司稍阿魯，兟嚙臂肉噴入公座。憲司憚之，累奏於朝，遣官即訊，遂坐魯死。以兟復仇，擬唐梁悦例，編兟戍福寧。正德改元，赦還。

贊曰：我户可絶，父仇不可結。我臂可嚙，公論不可滅。父兮百身莫贖，仇兮萬死猶缺。爾居錢唐之滸兮，當並楚國孤臣，怒卷千堆夜雪。

崔鑑

崔鑑者，燕人也，年十三。父佑性嗜酒，狎一娼與居。母王嫌其非類，諫止之，佑不聽。娼遂百計搆王，佑每被酒，箠楚交下。一日佑出，王語侵娼，娼怒擊王，敗面。王含忍入室，撫床涕泣。忽鑑自學歸，王泣曰：『吾爲娼所搆，被辱萬狀，今且引決。爾善自愛。』鑑聞之，且泣且怒曰：『母第安志，勿他也。』即潛入學舍，挾刃以歸，躡娼所在。娼適歸於廳傍，口且詈王。鑑從旁挾刃刺其左脇，深入寸許，娼隨斃。鑑以刃匿牖下，亡走數里，忽自念曰：『吾殺娼，而吾父不知，必謂母矣。吾走，母無以自白，必被逮。吾殺人，而令吾母抵罪，是猶殺母也。』馳歸，佑果置母於理矣。鑑至，呼曰：『殺人者我也，母何罪？』衆不信，欲舍之。鑑曰：『若不信，試視吾刃，取諸牖下。』果然，遂下鑑獄。維時司寇廷平，咸憐其幼能激義，請於朝。上可之，得減死。

贊曰：嚴武椎，崔鑑刃。報母仇，何凜凜。崔佑雞狗奴，胡不效嚴挺。抱兒膝上坐，棄妾如埊蟥。世間多少暱後妻，前妻鴟鴞子獵狁。安得崔鑑分百身，刺殺妖狐汙雪刃〔一〕？

校勘記

〔一〕刺殺妖狐汙刃雪，國圖刻本作『縞衣綦履哭申生。嗚呼！余歌小弁雙淚傾』。

何鼎

何鼎，餘杭人。弘治間，見張后兄弟出入宮中，心甚忿之。一日孝宗與張飲，偶起如廁，除御冠於執事，張戲著之，又帶酒汙宮人，鼎遂持金吾候宮門擊之。太監李廣走告，得脱。鼎上疏劾之。張后執鼎，杖死之。

贊曰：張氏戚畹，出入殿陛。宮禁何嚴，容其汙穢。臣爲守犬，見賊則吠。爲國除奸，頭與俱碎。嗟乎！鶴齡兄弟，爾莫謂宮闈之虛無人也，而視官家爲兒戲。

周健

周健，吴縣周文襄家廝養。文襄挾幼子與甥飲壻家，夜歸，健引炬前。俄有人左持刀、右持火尾後，詰襄所從往，襄不及對，賊自滅火，又滅健手中炬，捽襄踹地上，甥子咸潰走，健直前搏賊。賊大怒，舍襄捽健。健與抱持，襄遂得脱。賊以刀刺健腹，腸胃流出，棄去。少頃健復蘇，猶呼襄所在，强起走，創劇仆地。會襄率人來援，與遇，掖歸，嘔血一斗而死。

贊曰：賊來倉卒，乘其酒後。大滅燈燼，驀地一吼。子不顧父，甥不顧舅。有僕奮前，精神抖擻。與賊抱持，不肯釋手。主人見幾，幸脱虎口。僕中賊刀，肝腸盡剖。仆地呼號，促主亟走。賊去扶歸，嘔血一斗。以死護主，古今罕有。

熊烈女

烈女熊氏，名仙，大麻城人，十歲許字邑人劉康。康病瘵幾死，女聞之驚泫，爲割左股片肉，欲遺康。幼弟誤棄之，復剜創處寸許遺康。食之稍愈，延月餘不起。女聞，伏地哭曰：『吾事定矣。』是日即不食求死。母勸曰：『汝與劉子未姻，雖再字，不爲失節，何自苦如此？』女曰：『我已割肉餉劉，股肉無幾，可復餉他人乎？義不獨生。』母强其食再三，乃紿母曰：『弟伴我送劉殯，即無死。』母攜之往見其姑，即大慟。至墓所，觸柩仆灰壙中，吞灰塊噦噎求盡。親黨力輿之至家。夜幾兩縊，守者解之。至曉，告姑曰：『欲我無死，須爲我立嗣。』姑喜許諾，請尊長立券付女。女佯笑拜謝，徐謂姑曰：『吾困甚，求静卧暫息。』姑從之。女入閉門，遂撲撞大震，舉身擲地者再，急破門視之，見倚壁卓立如生，撫之則氣絶矣。死年甫十八。

贊曰：嘗言義夫節婦，皆以情起。若我熊氏，十歲許字。伉儷未諧，情從何始？守節尚難，乃以殉死。觸柩吞灰，虀頭裂趾。何以激烈，而乃爲此。

（贊曰：股肉無多，不堪再割。股肉無多，不堪再喋。豫讓吞灰，楚猿三咽。聶嫈呼天，子規叫血。伉儷情深，尚無瓜葛。僅一通名，願以死訣。）

趙燧

趙燧，一名趙風子，河南大盜。剽至鈞州，以馬端肅公文升家在，舍弗攻。攻破泌陽，前大學士焦芳已跳匿，燬其家，發芳篋，取其衣冠，縛葦若人者而屠裂之，曰：『恨不爲天下殺此賊。』

贊曰：趙燧，爾盜也，復欲殺盜；爾暴也，復欲除暴。逆而施之，毋乃顛倒？雖然，吾以爾之欲殺盜也，而知爾非盜；吾以爾之欲除暴也，而知爾非暴。

懷恩

懷恩，成化朝太監。御史林俊劾淫僧繼曉，詔下獄論死。恩叩頭枉之曰：『殺俊失百官心，且失天下心。奴不敢奉詔。』上怒曰：『汝與林俊合謀訕我，不然彼何知宮中事？』以硯擲之，傷腦，血淋漓仆地。恩伏地不肯起。上命扶出至東華門，遇鎮撫，曰：『若等諂梁芳，傾俊，俊死，若等不得獨生。』徑歸卧，稱中風不能起。上怒解，命醫視之，俊得不死。

贊曰：繼曉何人？國之妖釋。林俊何人？朝之柱石。恨彼梁芳，變亂黑白。吾腦可碎，吾言不可易。若等群奸，乃敢視國法爲弁髦也，而悻悻然欲殺人以媚賊。

張禮

張禮，張養正僕也。養正方與宸濠密謀，禮心憂之，常於屏處哭諫，不聽。有方士言長生者，館養正所，養正北面禮信之。夜定，僕走其所，叩頭言：『願有請。』其人曰：『若豈欲方術乎？』對曰：『非也。』因流涕言：『今吾主與寧藩通，異日必及禍，禍不小。而諸人無能爲言者，今獨信先生，願先生爲一言毋附寧。』其人乃大驚，晨起去，不知所之。後養正死獄中，禮收葬之，爲木主，懷以歸。尋簿録養正家，禮願從，吏逐之去。曰：『吾主母乃行，我家人，安得去？』徒跣京師，餽其妻獄中，無缺失。主母死，奉屍歸，合養正葬，歲輒上冢，哭而醻之。

贊曰：嗟爾養正，乃欲長生。既欲長生，奈何附寧？兵解在即，方士遂行。有此智僕，泣諫不聽。遂釀酷禍，破家亡身。頻死不去，卒葬主人。主母斃獄，歸合其塋。漢之李善，可與齊名。

李安保

李安保，貴溪義官江世恂僕也。正德壬申，桃源賊過百丈峰，安保隨世恂督鄉兵往追之。至三子橋，世恂戰敗被執。衆皆逃散，安保獨奔護戀不捨。賊執刀欲碎磔世恂，安保以身覆翼，頓顙號哭，請以身代死。賊不聽，拽而起之。安保堅抱世恂首，伏地不起。賊怒斬安保，併欲支解世恂。賊渠曰：『患難之際，父子不能相顧。觀此人戀主若此，非主之忠信素孚於人，決不及此。是必良士也，姑免之。』遂縱世恂歸。

贊曰：主既死，吾能死之，則謂之忠；臣主未死，吾先死，而還能救主之死，得不謂之義士？所可異者，賊眼猙獰，而反能識人於刀鋒劍齒。嗚呼！盜亦有道也，吾不忍呼之賊子。

竇氏

竇氏，瑞州卒姜榮妾也。正德己巳，華林賊來攻城，榮倉卒付印竇氏，亟出集兵捍賊，勢不敵，逸去。賊突入，求榮弗得，以刃傷榮妻，竇哀求救免，因執竇以行。竇既行，見衛役盛豹父子亦被執，竇謂賊曰：『盛家子既在，可遣其父報令贖我。』賊如其言。竇耳與盛曰：『我不死者以印未白也，印在某處池中，告令自取，我即死矣。』遇道傍有井，紿賊以渴就飲，遂投而死。事聞，詔贈以貞烈。

贊曰：竇氏之心，太上不失身，其次不失印。身則獲全，印不歸令。吾主雖生，尚以官殉。節幸不虧，智猶未盡。曷若紿賊，縱囚報令。印得出池，妾乃墮穽。才智無雙，總歸於正。

康海

康海，字德涵，才名與李夢陽埒，頗不相能。以户部尚書韓文劾劉瑾疏出夢陽手，瑾下之獄，將殺之。夢陽婦弟左生云：『瑾之所不能致者康君，康君可活子。』夢陽曰：『吾與康君不相能，今死而求救乎？』左生强之，乃書片紙云：『德涵救我，惟德涵爲能救我。』海見書，遂往見瑾。瑾大喜，留飲。海大言曰：『昔高力士爲李白脱靴，公能之否？』瑾笑曰：『請即爲先生脱之。』海曰：『今夢陽才高於白，海何能爲役？』瑾曰：『夢陽罪應死。』海曰：『公能活之，吾留，不然即去。』瑾諾。海遂解帶，留痛飲。明日，夢陽出獄。而海乃坐瑾黨，終身廢不用。

贊曰：熱而不爐，無害其薪。敝而不甐，無害其輪。從井救人，無害其仁。於維康海，乃受穢名。余讀長公太白碑陰，乃有曰：『以太白之高風亮節，能使高力士脱靴殿上，曾權倖之肯附，而失節於永王璘？』

林文貴

林文貴，海寧所千户吕忠部兵也。從討姚源賊至開化，賊突至，偵卒曰：『賊猖蹶，可避之。』忠拔刀斫其背曰：『朝廷養兵百餘年何用？』趨衆直前，忠被創墜馬，衆潰亂。林文貴大呼入陣曰：『不可負吾主。』挺長鎗刺賊。賊擒之，脇使降。貴罵曰：『我朝廷命兵，豈從爾賊？』賊屠其腸死。

贊曰：山不在高，有仙則名。水不在深，有龍則靈。人有節義，無問編氓。苟能自立，千古錚錚。予所慨者，薦紳先生。簪纓劍履，烈烈轟轟。自附於朝廷會官者什百千萬，而不如一朝廷命兵。

（贊曰：朝廷命官，與賊爲歡。朝廷命兵，與賊抗衡。食人之食，盡己之職。空拳鏖戰，李陵報漢。南八男子，終不屈死。）

阿寄

阿寄者，淳安徐氏僕也。徐氏昆弟別産而居，伯得一馬，仲得一牛，季寡婦得阿寄。寄年五十餘矣，寡婦泣曰：『馬則乘，牛則耕，踉蹌老僕，迺費我藜羹。』阿寄歎曰：『噫！主謂我力不若牛馬邪？』迺畫策營生，示可用狀。寡婦悉簪珥之屬，得銀十二兩畀寄。寄則入山販漆，期年而三其息，謂寡婦曰：『主無憂，富可立致矣。』歷二十年，致産數萬金，爲寡婦嫁三女，婚兩郎，齎聘皆千金。又延師教兩郎，既輸粟爲太學生，而寡婦則阜然財雄一邑矣。頃之，阿寄病且死，謂寡婦曰：『老奴馬牛之報盡矣。』出枕中二楮，則家計鉅細悉均分之，曰：『以此遺兩郎君，可世守也。』言訖而終。徐氏諸孫或疑寄私蓄者，竊啓其篋，無寸絲粒粟之儲焉。一嫗、一兒，僅敝緼掩體而已。

（李卓吾曰：父子天性也，子而逆天，天性何在？夫兒尚不知有父母，尚不念昔者乳哺顧復之恩矣，而奴反能致孝，以事其主。然則天定者雖奴亦自可託，而況友朋？雖奴亦能致孝，而況父子。彼所謂天性者，不過測度之語，所謂讀書知孝弟者，不過一時無可奈何之辭耳。奴與主，何親也，奴與書，何嘗識一字也。是故吾獨于奴焉三歎，是故不敢名之爲奴，而直曰我以上人。且不但我以上人也，彼其視我，正如奴矣。何也？彼之所爲，我寔不能也。）

贊曰：踉蹌老僕，爲主匍匐。馬力牛筋，致錢滿屋。報之至死，孑然就木。啓其遺囊，儲無粒粟。敝緼掩體，一牝一犢。鞠躬盡瘁，武侯謀蜀。

任僕

任僕，任環館人。環初任蘇州海防同知，倭暴至，中丞檄環以鄉兵五百徼截之。兵皆市人，不習戰，遇賊輒逃。環方獨身從親信數十人抵射賊，賊中黠者持長刃踰溝來劫環。環馬蹶，館人急下馬，以己馬乘之，挾環上馬。賊攢刃已及，館人乃反身搏賊，連被數十刀不舍，竟死，環得間逸去。

贊曰：嘉靖主，愛修真。倭夷至，祀海神。將軍獻級殺平民，任環此舉，倭乃大驚。鄉兵擁至，方以爲趙文華之流也，而不意中丞之中有此司馬，而司馬之下又有此館人。

（贊曰：纖纖賊刃，已著馬尾。公方據鞍，馬足未起。反身截殺，石用卵抵。急欲馬馳，死猶掣箠。蠚身脱主，宋之唐琦。）

金祥

金祥，太倉守熊桴僕也。桴禦倭亂，戰敗兵潰，獨門卒金祥不去。桴曰：『我死國分也，爾何爲？』祥曰：『公死國，小人死公，亦分也。』殿桴後，甫過橋，寇追至，祥慮桴不免，奮死下橋，肩而摧之，橋壞，寇墮水死者十人，桴得免。後以捷聞，晉桴秩。

贊曰：熊桴禦寇，兵敗氣消。獨爾門卒，依主勿逃。公分死國，臣敢辭勞？死殿公後，辛苦功高。擠寇入水，公可逍遥。敢效翼德，當陽斷橋。

（贊曰：君若爲弓，臣願爲彇。君若爲斗，臣願爲杓。惟君所之，臣爲守獒。君固死節，臣亦死操。漢兵莫渡，當陽斷橋。）

古今義烈傳卷八

（明）劍南　張　岱　著

明二

張樂軒僕

張僕，張山人，樂軒僕也。樂軒攜一子一僕客江湖，遇暴客。暴客笞樂軒，子翼之，笞其子，僕翼之。暴客問：『翼老者爲誰？』樂軒答曰：『小兒德沛。』『翼而子者爲誰？』答曰：『小蒼頭。』暴客曰：『患難之際，父子兄弟相救者，百不一人，而僕從救護主人，世間罕有。』命取豚肩斗酒縑絹數匹勞之，樂軒謝不受。暴客曰：『幸無辭，湖海間相逢不偶，蓋觀先生蒼頭患難相援，如左右手，可以知所感矣。』叮嚀歎賞而別。

贊曰：患難之際，情真勢偪。骨肉相救，百不得一。僕從護主，尤其難得。披髮纓冠，儼如同室。所感若此，暴客歎息。曰蒼頭患難若此，可以知其主人之平昔。

（贊曰：子翼其父，僕護其主。常山率然，擊首應尾。暴客見之，慨然嗟詡。患難相扶，格及豚豕。斗酒肩彘，玄黄厥篚。珍重義人，戴淵投杵。）

陳忠

陳忠，江東人，係府軍衛捕役。有膽力，能於江面浮游數里。值倭至牛王河，忠與倭戰，勝敗未分。忽倭奴奇兵襲後，忠稟曰：『事急矣。』乃負開府李遂渡河。遂感之，因結爲義子，各畫一渡河圖，以紀其事。未幾，巡歷淮揚，宿廟灣場關王廟。忠宿三里外，方就枕，夢一神，襆頭牙笏，手持一火字，仍指點其去路。驚醒，漏下二鼓，呼衆兵巡至關王廟，見倭奴廟前放火，兵少不能戰，乃於廟旁坼墻，救出李遂。即傳四路兵截殺，夜獲倭首七十二級。遂大喜，累薦忠功，官至參將。忠歿，子世文襲指揮僉事。

贊曰：牛王河口烽煙急，濡首負公罵河伯。拍天風浪不敢沈，中流浮出鴟夷革。爲公護蹕夢不寧，襆頭象簡聲辟易。田單火牛已破燕，樓頭彎弓遇項籍。穿天出月救李公，火不能毀水不溺。

王長年

王長年，閩人。少年黠慧有膽略，操舟漁海上。嘉靖己未，倭薄會城，大掠男女金帛去，長年亦被掠入舟。舟中倭賊五十餘人，同執者少年十餘，婦女數人，財物珍奇無筭。賊舟數百艘，同日揚颿汎海去，歸其國。長年既被執，時時陽爲好語媚賊，酋甚親信之。又業已入舟，則盡解諸執者縛，不爲防。長年乘間謂同執者曰：『若等思歸乎？能從吾計，且與若歸。』皆泣曰：『幸甚，計安出？』長年曰：『賊舟還，將抵國，不吾備。今幸東北風利，誠能醉賊，奪其刀，盡殺之，因捩柁，飽帆歸。此時不可失也。』皆曰：『善。』會舟夜碇海中，相與定計，令諸婦女勸賊酒。賊度近家，喜甚。諸婦更爲媚歌唱之，勸賊酒。賊叫跳歡喜，飲大醉，卧相枕藉，婦人收其刀以出。長年手巨斧，諸少年執刀，盡砍五十餘賊，斷纜發舟。旁舟賊覺，追之，我舟人持瓷器雜物奮擊，斃一酋。長年故善舟，追不及。日夜乘風舉帆，行抵岸。長年既盡割賊級，私割其舌，用鹽腌，别藏之。挾金帛并諸男女登岸。官軍見之，盡奪其級與金。長年禿而黄髮，類夷人，並縛詣鎮將所，妄言捕得賊，零舟首擄，生口具在，請得上功。幕府鎮將大喜，將斬長年。長年忽作鄉語，歷述殺賊奔歸狀。鎮將嚄唶曰：『若言斬賊級，豈有驗乎？』長年探懷中藏舌示之。鎮將驗賊首皆無舌，諸軍乃大駭服。事上，幕府中丞召至軍門，覆按皆實，用長年爲裨將，謝不欲。則賜酒鼓吹，乘馬繞示諸營三日，予金帛甚厚，罷遣歸。並遣諸男女，而論罪官軍欲奪其功者。

贊曰：王長年，真諸葛。五十人，盡撲滅。除虎狼，如蚊蠛。醉賊酋，收佩鐵。飽帆風，解縲紲。割賊級，剜口舌。對簿軍門，一言解結。辭職遄歸，范蠡去越。

順陽

順陽，莊君顯僕也。君顯遇倭寇發掘父棺，同順陽往瘞之。有二倭伏穴旁，急起砍君顯。順陽即抱其主，伏於穴下，以身蔽刀。連砍數十餘刀，背裂不捨，遂至死。倭去，君顯得活。

贊曰：倭寇横行，父棺被劫。主僕往瘞，二倭伏穴。急起砍主，死抱不脱。斫肉如此，爲主飲鐵。藏之三年而成碧者，其嵇侍中之血。

（贊曰：賊刃利如犀，肝腦成粉虀。但知蔽主背，砍肉如砍泥。刀鋒湊軏族，敲骨敲玻璃。嵇血不可浣，千年化赤圭。）

張氏

歌者婦張氏，善歌而姣。南中大帥召之入帳，輒與其夫偕至，更唱迭和。帥欲私之，婦拒而不從。帥密遣人害其夫，而置婦于别室，多其綺麗，以悦其意。逾年往詣之，婦欣然接待，情甚婉孌。及就榻，婦忽出白刃於袖中，拉帥刺之。帥絶袂而走，婦逐之，適有奴居前闔其扉，由是獲免。旋遣執之，婦已自斷其頸矣。

贊曰：猱以淫，縛以裙。狐以媚，擒以睡。蠅以糞，制以溷。猩罵醇，醇醉猩。笑藏刀，綿著鍼。開其户，走狡兔。王繞柱，軻斷臂。歌之荆，真女英。

朱良

朱良，杭州人，投夏桂洲爲裁縫。發與綾綺藏金葉，蓋僚屬所進者，良悉還桂洲，毫不匿。夏公器重之，嘗言是可託妻寄子者，因呼朱裁而不名。及夏公遭刑，家屬流徙。桂洲無嗣，妾蘇賽瓊懷娠五月。嚴嵩知，使人陰害。朱裁夜奉賽瓊遁去，竊至杭州，妻孥處事。至期得産遺腹，藏之十餘年。嚴黨敗，録桂洲後，予蔭官。

贊曰：煢煢廝養，朱裁不名。託妻寄子，夏公知人。始當暗室，揮金管寧。終當錯節，保孤程嬰。之人也，吾謂其貧賤不能移，威武不能屈，富貴不能淫。

陸姑

陸姑者，嚴分宜嵩表妹也。孀居依嚴氏，聞世蕃與妻語曰：『江西易弘器，我世仇也。新中江西解元，不除之，必爲勁敵。今日款之使醉，鎖别室，令彭孔殺之，并殺侍女。持告兵馬，誣以奸淫，以絶後患。』姑聞，即竊匙開後園，放走弘器。回園時值彭孔尋至，進退不可，墜井而斃。弘器逃出，鄉人郭希顔上疏發其奸，并致姑死義事，外始知之。

贊曰：蘭棘並生，而棘不亂馨。鹿獐同穽，而呦不亂鳴。薑莿同器，而味不變辛。宜陸姑之生於嚴氏也，而鶴立於雞群。

玉環

玉環，滄州人，本回回種也。虬髯鐵面，負膂力，善騎射。曾石塘銑聞其勇，致之幕下，俾士卒學射。石塘被逮，泣謂其下曰：『上怒甚，死是吾分。顧吾妻子奈何？流落邊鄙，其溝中瘠乎？』環聞之，亦泣曰：『公無憂也，某力能致之歸耳。』乃以小車載君夫人與其二子，從間道去。環日則具湯粥，夜則露宿邸舍外。間關數千里不懈，卒歸夫人與二子於維陽。酬之金帛，不顧而去。

贊曰：天子壞長城，金牌召武穆。子胥盛鴟夷，伏波裹馬革。嗣主與夫人，忍作溝中瘠。余欲效藺卿，秦廷歸趙璧。魯連揮千金，五湖逃范伯。

金養

金養，王華僕也。嘉靖中倭寇至，華族女婦數十人前遯，賊望見，逐之，衆大窘。養麾之曰：『主第走，養捍之。』即扼橋格賊，白刃如林，獨以孤梃，出入死鬭，良久始仆，而主人遠矣。王氏既免，思養功，立祠祀之。

贊曰：臧獲金養，涉險履危。倭見婦女，猘犬狂狸。主但急去，我死無疑。扼橋格鬭，孤梃突圍。轉戰良久，力盡始糜。主去已遠，臣死如飴。藿身脱主，宋之唐琦。

容城屠者

楊椒山，讀書於容城寧國寺。寺門有屠者奇公貌，旦晚供具不輟。公固止之不聽，三年不怠。公既登第，屠者不復見。及爲諸城令，屠者來謁。入邑問治狀，長揖謂公曰：『好好。』遂欲別去。公贈以二十金，絹一疋。屠者笑曰：『某鼓刀而屠，幸有餘鏹，豈爲黄金來乎？公治諸城良苦，安所得民間金而贈某也？』辭不受，止持一縑去。後公被逮，屠者侍張夫人母子入京師，候伺甚謹。及赴義，屠者經紀其槀葬諸事，設奠痛哭而去。

贊曰：世有俗人，周旋貧窶。或想他年，貪其華膴。當公登第，不近半武。及公遭難，從公對簿。母子入京，周其資斧。順學千載，匿跡柴市。槀葬文山，收其髮齒。爾是屠者，勝彼炎午。

張觀海

張觀海者，偃城訓導。與楊椒山不相識，至京謁椒山于獄，遂稱心知。椒山《送別序》有曰：『自予下獄，素相與者，或遠避以示其疏，或詆排以忌其狂，間有下石肆毒，以取悦邀功于權奸之門者。觀海乃通問不絶，奔走不逮，主張于公議之間。雖時俗輩惕以重禍，不恤也，視素交者爲何如哉！』

贊曰：曾聞范式，交人礦隧。近見觀海，交人犴狴。關弓下石，多如毛蝟。奔走問攜，主張公議。素交反訝，昔無此輩。

王遴

王遴，霸州人，爲刑部郎中。楊椒山臨刑，綁付西市。遴走入叢中，見椒山大哭，以女許字椒山第三子應箕，又屬司業王材説嵩救繼盛，不聽，曲爲經紀其喪。嵩知，罷其官，後以他事謫戍。

贊曰：異哉王遴，爲女擇婿。不走東床，乃奔西市。爲父死忠，乃選其嗣。孔子曰：『公冶長雖在縲紲之中，而非其罪。』故向則以其子妻，今則以妻其子。

應生

應生，刑部獄中吏也。楊椒山在獄，應生頗爲周旋。奸黨威禁之，勿爲奪。又欲自具草申救，椒山嘗曰：『藏予血三年而碧者，即地下必有以回報應生。』

贊曰：一氣而滅，誰藏爾血？報者一吏，笑罵一世。余書其名，即報應生。

宋秀

宋司獄名秀，山東寧海州人。椒山見戮，遂挂冠而歸，終身不談朝事。

贊曰：宋司獄，來乞休。輕芻芥，多蜉蝣。滄海大，溺鼠溲。余譬此，杞人憂。雖微羽，重山丘。一葉墜，皆知秋。

陸尚質

陸尚質，山陰丈午村人。其父一中以教塾渡海口，風濤急，舟下瀉，將入洋。質從岸上號慟，躍身濤中，擬拉其舟。觀者謂父子俱死矣，俄而舟逆濤上，若有縴者，父一中得生，尚質竟死濤中。鄉人憐之，名其渡曰陸郎渡。

贊曰：安得錢鏐百石弓，曹娥赤手鬭蛟龍。父屍未得猶捨命，況我生父坐舟艘。偏舟逆濤迅若駛，兒在水底駕長虹。及今丈午皆安渡，瞿塘水減爲庾公。

賈石

賈石者，保安人也。沈鍊上疏詈相，嵩廷杖之，謫塞外爲民。鍊至保安，倉卒寄妻子廣柳車中，未有舍。賈石途遇之，傍睨鍊曰：『公非上書請誅嚴氏人耶？』揖之入，徙家而家之。鍊始有居，衣食日用皆石所給。鍊爲楊順、路楷所殺，石匿其幼子，逃遁他方，至嵩敗始出。

贊曰：保安賈，碧眼胡。沈錦衣，爲奇貨。孫嵩藏趙岐，朱家匿季布。灌夫罵田蚡，禰衡詈魏武。抽矢射偶人，偶人欲分訴。偶人曰首惡，則吾尚有輔。

聞氏

聞氏者，沈忠愍鍊長子沈襄侍妾也。鍊忤相嵩論斬，杖殺二子，復移檄逮其長子，掠治瀕死。會得旨減戍械衛所，止一妾隨行。中道聞嚴氏有刺客至，襄懼欲竄，而顧妾不能割。妾曰：『君一身沈氏宗祧所繫，弟勿憂我。』襄遂紿押者：『城中有年家某負金，往索可得。』押者恃妾在不疑，縱之去。久之不返，押者往某家訊之，云：『無有。』還復叩妾，妾把其襟大慟曰：『吾夫婦患難相守，無頃離，今去而不返，必汝曹受嚴氏指殺之矣。既殺之，幸還我骨殖。』觀者如市，不能判。聞于監司，監司亦疑嚴氏有此事。不得已，使妾寄食於尼祠，而立限責押者跡襄。押者物色不得，屢受笞，乃哀懇於妾言：『襄實自竄，毋枉我。』因以間亡去。久之嵩敗，襄始出訟冤，監司復還其妾。

贊曰：烈烈錦衣，忠貞迂腐。請劍尚方，誓除奸輔。身首既殊，滅門絶户。剩爾一身，下宫趙武。猶不遄行，饑狼逐羖。縱兔長林，亡羊建鼓。爵反羅鸇，蝟反食虎。吉網羅鉗，弄之掌股。

（贊曰：嗟我錦衣，滅門絶户。煢煢一身，下宫趙武。君猶不行，餓狼逐殺。縱兔長林，亡羊建鼓。爵反羅鸇，蝟反食虎。吉網羅鉗，弄之掌股。）

司琴　輕雲

司琴、輕雲，歙縣黄梁家之小僮小婢也。梁愛之，嘗語司琴曰：『俟年長，以輕雲配汝。』輕雲聞之，益慎往來，不與面。後司琴隨梁夜行，經木橋，梁墮水，遇浮木得活。司琴赴水救，死之。梁痛司琴甚。輕雲知，背地嗚咽。梁憶前語，曰：『汝于司琴何親，前言戲耳。自爲汝覓佳配，何念司琴？』輕雲益感憤，泣曰：『妾聞主命，遂誓終身，不忍負此初志。願以死謝之。』梁奇之，再四勸慰，哀毁愈切，遂染沈疴，後司琴歲餘亦卒。司琴死時輕雲年十四，及輕雲死，年十六。

贊曰：嗟彼二童，髮未及燥。主人一言，許以作配。司琴溺死，輕雲病瘁。願以死殉，不負此志。切記切記，凡爲主人，慎勿以前言爲戲。

（贊曰：輕雲死時，年僅十六。一往深情，堅如剛鏃。莞爾一言，牛刀殺鶩。僅爲初心，樂在山麓。若見司琴，翻作羞恧。）

文訓　文學

文訓、文學，新安胡宥僕也。宥以御史左遷貴州，蠻遠不攜家，兩蒼頭文訓、文學隨往。宥撬行瘴霧中，感脾疾，久益羸削，且殆。文訓憂之曰：『吾聞寢瘵非人肉不起。』乃齋沐，刲股肉血雜粥藥進之。宥病小損，居月餘益篤。文學不忍見僉事死，曰：『死若可代，此六尺鴻毛耳。今不獲代，而主君尋斃。孤魂在萬里外，誰與從者？有先死以俟而已。』遂自刭。胡公竟亦以是日逝。王弇州、楊復所爲作傳，諸名公各輓歌弔之。

贊曰：使疾勿劇，吾肉可擇。使疾弗革，吾命奚惜？乃卒不可代，而使吾主萬里孤魂傍皇於夜臺耶？吾寧早刭，而先俟之於窀穸。

吴三五

吴三五者，婺浦陽人，以屠爲事，善治庖。韓叔陽爲浦陽令，善賓客，召三五爲治具，當令意，三五時時給事縣中。壬子冬十二月，三五從令上計至彭城，黄河冰不得渡，度且失期。泗上亭長紿令曰：『旦日弟開冰。』令信之。旦甚寒，會泗水大至，舟半渡，上流堅冰如矢石下，擊破舟，徒屬争脱死。令棄舟走冰上，冰解，令出没水中者三四，舍人韓禄下索令，令執舍人手，俱不得濟。三五頓足曰：『公死矣，倍公不祥。』乃赴令，令呵止之，毋俱死，三五擲身入，又溺。

遇一人臨泗上，垂綆下，三人引綆，賴不没。舍人呼曰：『我公貴人，活公酬百金。』於是船人崔桐刺船開冰，先出三五，三五謝曰：『臣死且不恨，亟活我公，我公長者也。』不肯起。崔桐乃出令，載樓船中，次出舍人，又次出三五。三五僵死矣。令哭曰：『三五從予千里游，以余故殺三五，痛哉！』乃傾囊中金治喪，葬彭城西。

贊曰：滹沱冰解，縣令墮水。庖人解衣，氽水救主。三五遇綆，先令而起。我若先起，公必僵死。公死可惜，我死何悔！卒如其言，令竟得活，三五則已。人之所難者，既難在一不肯下，尤難在一不肯起。

（贊曰：灧澦水災，楚濱舟壞。庖丁淚灑，滹沱冰解。救公出公，棄我賤宰。臣身雖殭，臣心已愷。願作精衛，填彼渤澥。）

孫明

孫明，丁汝夔僕也。汝夔坐虜闌入誅，仲子懋正謫戍遼陽，明從焉。居半歲，懋正死，妻復死，遺一子，方五月。明日夕涕泣，抱兒往村媪丐乳，或市牛羊酪哺之。每監司行部至，輒哭訴冤狀，淚盡繼之以血。當事者憐之，爲脱其籍，得歸。間關數千里，晝負且行且乞，寧己不食，不令兒餒也。間月得達家，追理其遺産，爲族戚乾没者，白之官。出入具一尺籍，及長，悉以付之。兒名繼志，後爲邑庠生。明以老壽終。

贊曰：主胡不造，雙亡在途。煢煢無倚，五月遺孤。袴中趙武，啼泣呱呱。棄之而去，溝中一雛。爲兒脱籍，虀身破顱。誰爲乳哺，鬬穀於菟。誰爲復楚，棼冒勃蘇。有此義俠，敢目以奴。

馮豆腐

馮老，不知其籍貫，寄跡徽、歙間，挑賣豆腐，人即呼之爲馮豆腐。爲人任誕，日僅餬口，不畜餘錢。早擔擔出，日晡方歸。一日村塢競看劇戲，演曹操弑伏后，華歆勒兵入宮，后藏壁中，歆牽出之。漢獻哭仆在地，衆皆髮指。忽人叢中一人排衆直出，跳至臺上，揪住曹操連斫數刀。衆亟抱止之，乃馮豆腐也。擁之至官，曰：『臣見曹操無狀，一時義憤，直欲斫殺，實忘其爲伶人也。臣死無恨。』官司引狂易傷人例釋之。

贊曰：曹操善終，萬世懊惱。不意斫之，乃是馮老。伏后哀呼，赦我胎褓。天子牽衣，願與同薨。義士忽來，塗其肝腦。何快如之，塊磊盡掃。此劇戲也，一笑潦倒。

馮天禄

馮天禄，爲馮炳養子。父病，天禄問人曰：『人言割股病愈，人肉能療死乎？』人曰：『不然，孝所感耳。』天禄即焚香，割脇肉，骨盡出。飼之，病愈。凡三年，炳遺屎溺床簀，天禄捧拾之，無難色。後遇道人，授以醫方，持此可療惡瘡。天祿故不識字，爲人療疾輒愈，凡與藥不問貧富。嘗曰：『醫在方寸間。』一日持藥囊早起入城，門未啓，枕囊寢。又一人來，亦枕囊而寢。門啓，其人誤持藥囊去。天祿啓所遺囊，則銀八十金，候之不至。經數旬，至藩司前，聞人語曰：『公門何事不罔人？一人上官錢，失金，坐誣主家，抵服，妻孥賣盡矣。』天祿聞之，戄然曰：『得金者我也。』即入見，囊金封識宛然。藩司義之，賞之以十金，不受；與一金，不受；與五十文，則盡買楮錢，爲其主祈福。

贊曰：人割股，爾割脅。肉無多，骨盡裂。人攫錢，子還金。攜故物，入公庭。然更不知其所療者爲螟蛉之父，而其所封識宛然者經數十日之金。

王世名王弇州集作世民

王世名，武義人。年十七，父良爲族姪俊毆殺。世名恐殘父屍，不忍就理，乃佯聽其輸田議和。凡所入，輒封識。閱六年，生一子。曰：『吾今可以死矣。』乃襲俊，以所佩刀斫殺之。詣縣庭自首，因出所封識田稅，具道所以積忍故。令義之，曰：『但驗若父屍有傷，汝可得末減。』世名曰：『吾忍痛六年，恐殘父屍故也。願以吾命抵之，勿言驗。』母妻希出世名，畀父柩來，世名聞之大慟，遂以頭觸地，階石盡赤。自詣獄，絶食死。

贊曰：忍痛六年，恐殘父屍。驗父出子，戮及骼胔。寧以兩命，償其一死。六年之中，腐腸厲齒。臣今可死，臣今有嗣。

潘氏

潘氏者，山陰沈給諫束妾也。束忤相嵩，繫詔獄。夫人張以公無子，買一妾，攜之北上。及至，則公已下獄三日矣。夫人語潘曰：『吾忍死以視夫，朝夕分也。若艾年，且未識夫面，守此無益，不如擇善嫁汝。』潘氏涕泣，誓以死待。卒相與茹荼苦，拮据女紅易升斗，束獄中槖饘賴以繼。鎖禁中十八年，始釋束。束出，遂病顛狂，潘始終一處子也。出汲入炊，浣衣滌穢，毫無難容。及公歿，未幾，潘哀毀，相繼而斃。山陰令徐貞明表其閭曰：『一門風節。』

岱子曰：公在獄無事，游戲匠藝。偶得香楠數尺，棕竹數片，無斧鋸，以廢鈇日夕磨之，久而銛利，遂琢木成奩，編棕成篚，功若天造，良工咋指。後公殁，先父恭誌公墓。夫人持二物爲贄，先父恭銘之曰：『十九年，中郎節。十八年，給諫匣。節邪匣邪同一轍。塞外氈，飢可餐。獄中篚，塵莫干。前蘇後沈名班班。』

贊曰：十八年前，妾不識主；十八年後，主不識妾。浣者嵇裳，櫛者箕髮。待主生還，送主死訣。拮据辛勤，茹荼飲血。剛識面耳，此生頓歇。願鬼有知，仍爲公妾。

葛成

葛成，蘇郡賣菜傭也。時礦稅盛行，瑣及虀菜，委官鞭撲，震動街市。民不堪命，成挺身糾衆，烏合千餘人，禽委官二人，跣剥置大鍋中，當市煮爛，每人分噉一碗，以代束牲。復遍抄買稅諸富家，不留片瓦。凡夥中私取富家一絲一綫者，即當街撲殺之，郡人稱快。成卒被收，會赦得免，礦稅自此頓徹。

贊曰：蘇人剽悍，一呼即來。匹夫鼓譟，嚮應若雷。當衢熱鼎，委官煮糜。人持束緼，稅户飈灰。中官鼠竄，踰垣鑿阫。蘇人快舉，不止一回。葛成之後，而有佩韋。

（贊曰：呼我千餘人，共食鍋中肉。每人噉一碗，痛啖不留汁。開釜政啖人，人在釜中泣。殺人用儈子，儈子償斧鑕。）

吳仕期

吳仕期，宣城人。張江陵不奔喪，鉗制諫官。仕期擬爲上相國書，娓娓千餘言，内有『舉朝皆綿羊，皆啞子』之句。書未上，有傳之者。江陵黨操院胡檟囑太平同知龍宗武繫之，詰問指使，意在沈懋學也。仕期曰：『男子生負剛陽，有所觸而爲不平之鳴，此事何假人筆舌爲？』榜掠無完膚。聞於江陵，得回札，以囊沙掩其面，凡七日而氣絶。江陵敗，御史孫維城上疏，檟與宗武皆遣戍。

贊曰：相公不奔喪，相公自有説。汝是何人斯？敢爾弄喉舌。爾若爲言官，吾黨遭誣蠛。斬草先抉芽，箠敲寸寸裂。不見陳丹陽，縣頭在北闕。

姚長子墓銘

姚長子者，山陰王氏傭也。嘉靖間，倭寇紹興，繇諸暨掩至鑑湖舖。長子方處稻床打稻，見倭至，持稻叉與鬬。被禽，以籐貫其肩，屬長子曰：『引至舟山，放儂。』長子誤以爲吴氏之周山也，道柯山，踰柯嶺，至化人壇，自計曰：『化人壇，四面皆水，斷前後兩橋，則死地矣，盍誘倭入？』乃私語鄉人曰：『吾誘賊放化人壇矣，若輩亟往斷前橋，俟倭過，急斷後橋，則倭可禽矣。』及抵化人壇，前後橋斷，倭不得去，乃寸臠姚長子。築土城自衛，困之數日，饑甚。我兵穴舟窒袽以誘之，倭夜竊舟爲走計，至中流，擊所窒，舟沈，四合蹙之，百三十人盡殲焉。鄉人義姚長子，裹其所磔肉臠，葬於鍾堰之壽家岸。無主後者，縱爲牛羊踐踏之墟，鄰農且日去一插，其不爲田塍道路者幾希矣。余爲立石清界，因作銘曰：『醢一人，醢百三十人，功不足以齒。醢一人，活幾千萬人，功那得不思。倉卒之際，救死不暇，乃欲全桑梓之鄉。旌義之後，公道大著，乃不欲存盈尺之土，悲夫！』

王朝佐

王朝佐，臨清人，爲負販。中官馬堂榷臨清稅橫甚，惡黨四出，種贓插稅，居人稍豐者悉破家。朝佐不勝憤，凌晨杖馬箠撾中使門請見，州民隨以萬計。堂不敢出，令戟士乘墉發弩射之，衆益沸。朝佐擁衆破壁入，縱火焚其署，斃其黨三十七人，驗臂皆黥刺賊。御史張大謨隱其情，以格鬬聞，下朝佐獄，欲羅諸脇從者。佐曰：『死吾分耳，奈何株及平人？』獄具棄市，臨刑崛起，挺頸待刃。觀者數千人，無不感泣。

贊曰：臨清榷稅，閹黨四出。居人慌慌，朝不謀夕。負販一呼，黔首畢集。馬箠撾門，排闥直入。縱火焚之，不分玉石。斃其私人，三十有七。勘驗其臂，皆爲刺賊。御史徇情，奏失其實。殲厥渠魁，脅從罔及。挺頸受刑，慷慨值立。觀者千人，無不感泣。斯民也，其爲三代之遺直。

（贊曰：天子命汝，公平榷稅。鈎連惡黨，毒如蜂蠆。馬箠叩門，頭與俱碎。咸陽舉火，燒其腥穢。明正典刑，臣心如醉。）

姚氏

姚氏，會稽儒家女。年十六，嫁夫朱縉。縉亦故家赤貧，鬻身爲顯者僕，命攜其妻至京。

姚氏力阻，縉不聽，至撻辱，婦夜坐歎曰：『妾以故家子婦，義不辱。』乃用針聯絡其衣褲，啓後扉，墜河而死。時政直指案越，屍浮至直指駐節處。鄰人爲上其事，直指旌表之，時嘉靖三十六年。

贊曰：余讀《宋書》，痛心切齒。青衣把盞，徽欽不恥。偎巃巷婦，恨爲婢子。鴟夷聯革，投之水沚。義不帝秦，蹈東海死。齊之魯連，復見於此。

高永　高厚

高永、高厚，山西襄陵人，爲高邦佐僕。邦佐分巡遼海，虜兵渡黄泥窪，爲頭子者七，兵不滿萬，中丞王化貞從廣寧奔，經略熊廷弼在閭陽，亦奔。邦佐力阻之，弗得，拍案曰：『主上畀我封疆，乃鼠竄耶？』廷弼恐佐異己，檄邦佐至松山，諭以西走，不聽，縛邦佐跟隨官以脅之，又不聽。二十四夜，邦佐謂其僕高永、高厚曰：『我受國恩厚，義不偷生，誓以死報之矣。好將吾骨歸里，以見吾母，即葬吾父墓側，知死事而不負也。』永等痛哭勸之，亦不聽，沐浴衣冠，西向拜如禮，遂自縊死。永謂厚曰：『主人待吾厚，不忍主人獨死，無使令於前者。汝即負我，負主人。』言畢亦自縊死。次日，高厚哭白廷弼，畀主柩入關。廷弼曰：『爾主生不入關，死入關邪？』命軍士以柴千束并署燒之，一晝夜不滅。高厚潛伏署側，俟火熄，拾骨一囊，負背上，徒步入京，投謁當道，以白主冤。後與廷弼法司對簿，侃侃不撓。事聞，詔贈邦佐大理卿，立祠都門外，春秋祭饗，以高永附祭。

贊曰：高永高厚，廝養二卒。一爲殉死，一爲收骨。舁柩入關，權在總督。廷弼恚怒，叱之曰咄。生不入關，死何歸國？舉火焚之，灰飛煙簇。文山首丘，齒髮在櫝。對簿法司，口不爲縮。蛇蠍爲心，嗟哉蟒玉。

（贊曰：扶主棺，度巉岩。馬革不容歸朔漠，雁帛只應滯賀蘭。崑岡一火溷玉石，禍延林木走楚猿。粼粼白骨伴瓦礫，野草秋燐饒玉關。嗟乎古人有言，死節易，立孤難。）

陳國材

陳國材，南陵人，爲許以忠傭。以忠善遇之，數年能自食，命之歸。以忠讀書，不治産業，謁選之官。衆僕私曰：『是腐儒，要做好官，無以給衆饘粥。』不願往，獨國材從之。以忠病不起，國材問醫曰：『人肉能療危疾，有諸？』醫咈之。國材曰：『吾主嘗嚙臂活父，延壽至九旬，事固有驗。』國材因潛籲天，刲股以進，遂愈。所用醫其一冒爲己功，曰：『我活許光禄。』索謝，置酒高座。其一持盃囁嚅，含淚欲墮，坐客怪問之，嗟呀曰：『吾不忍吞此巵酒，掩僕人刲股之功也。』一座驚訝。呼國材驗之，刲痕血漬猶淋漓臂間。

贊曰：孝子嚙臂，義僕割股。天道報施，瑣若市估。醫士沈吟，不忍吞醽。急驗瘢痕，血流如縷。嚙臂何難？爾是父母。

郭金科

郭金科者，錢唐清河里人，年十四。鄰火焚及其家，金科驚起，烈焰蔽廬，尋路得出。向外尋母不見，轉身復入上樓救母。墻陷路迷，與母同死於火。後尋其骸骨，煤炭中與母骨格相抱，卒莫能開。縣長並葬之西湖，旌曰郭孝童墓。

贊曰：譬如良冶，以金鑄佛。爲母若子，雖則異型。及至鎔化，依然一金。骨格湊合，劫火勿燼。自今世世，與母同煁。

胡纘附弟胡緯

胡纘者，永寧舉人也。數年前上書當道，言藺酋必反。至辛酉九月，探知事發，先託故走出納溪。十七日，具揭送馮知州。知州達之直指，具載逆謀甚悉，正重慶構變之日也。俄而被賊擒回，仍復逃出。仍被賊擒，加嚴刑，兩足脛幾夾斷，收在黑獄。弟胡緯罄産數千金，託奢富轉求安氏。安氏招保在外，又賄守者，得逸出敘城，奄奄不能動履。鄉紳牟鳳區助其質斧，覓醫治之。旋愈，即奮志擒酋。糾合義旅，大有斬獲。與劉養鯤等計議招出僞大將宋武併張令、秦國俸等，因而擒僞相何若海。部署堵截，自任大里村一路，正有頭緒，不意在茅舍中夜彈燭灺〔一〕，誤觸火藥，兄弟俱死焉。先是，二逆其逃出，將祖墓發掘，盡揚爲灰。纘涕泣彌月，誓以死報。忽搆此變，蜀人悼之。

贊曰：逆酋跳梁，尚遲斧鉞。義士勤王，遽遭覆滅。有爲解者，祖墳發掘。地脈何靈？天眼何瞎？跖壽顔夭，羿昌夏絶。搔首問天，天亦無説。

校勘記

〔一〕炧，原作『謝』，據文義改。

魏顯照

魏顯照，滕縣人，爲滕縣門子，侍知縣西安姬文胤。天啓二年五月，白蓮教賊陷滕縣。文胤緋衣坐堂上，嚼齒駡賊。賊前搏文胤，裂其冠裳，以鋃鐺鎖之。文胤大駡：『胡不速殺我？』賊顧不忍，越三日不食。賊勸之食，不可；勸之去，又不可。爲詩八章，書於屋壁。以縣印遺狀付門子魏顯照，北向再拜，自縊而死。顯照撫屍大慟，向賊乞棺，不許；乞布裹屍，許之，遂瘞於官廨之池側。賊拷掠顯照，索縣印，顯照紿以在家。走向家，密以藏印予父國臣，以遺狀與妻之父高登士。及守務反，而駡賊死之。詔恤文胤贈太僕寺少卿，并録門子魏顯照，復其家，爲造滕縣門子墓。

贊曰：姬縣官，歌五袴。見流賊，能不怖。城亡與亡，死不亂步。魏門子，善呵護。抱屍哭，效欒布。請棺殮，賊恚怒。攜縣印，交其父。還死屍傍，肯如脱兔？余過鄒滕，見青塚纍纍者，人指爲滕縣門子之墓。

（贊曰：策蹇過滕，道旁有墓。勒銜視之，爲魏門子。爲主赴難，與令同死。厥井何榮，忠臣義士。青冢纍纍，傳之萬祀。）

董盡倫

董盡倫，蜀合州人，以乙榜仕郡丞。奢酋叛，遣吏持檄召降，一城驚惶。公詣問吏：『此誰爲者？』吏應曰：『酋主。』公叱之曰：『天威咫尺，若輒敢爾？』回顧從人，忽有揮椎擊吏腦者。公命取酒，手揕其雙睛，和酒生啖之，大聲曰：『吾長齋廿年，從此啖睛殺賊矣。』因見州牧，與商略守城事。登陴練卒，諸事畢舉，募鄉丁幾千人。公具白旐素衣冠，觴敢死士人一豆，酒三行，申以朝廷大義，撫道深讐，靡不裂眥扼腕，誓以死從。再越月，賊抵渝，公出死戰，没於陣，州人皆登陴泣之。

贊曰：揕賊睛，血噀嚂。公酹酒，澆賊顱[一]。汝眥勿翕，汝眶勿迷，令汝下視忠義腹。浩氣勃勃截牛犀，瞽鬼嗷嗷奔藺西。

校勘記

〔一〕『公酹酒，澆賊顱』，國圖刻本作『公命澆酒敲玻璨』。

周順昌

周順昌，號蓼洲，吴縣人。魏大中以忤璫，逮至姑蘇，順昌致酒往送，許爲經紀後事，遂以幼女字其幼孫。執手欷噓，語多憤激。緹騎亥目視之，歸報魏璫，數月後亦被逮。贊曰：向知蓼洲，肝膽自矢。一見廓園，譬同生死。弱女幼孫，攀爲葛藟。鎖鈕檻車，待以酒酏。附耳嘮叨，語多切齒。神騎猙獰，亥目而視。對衆昌言，閔不畏死。曰公先行，順昌來矣。

（贊曰：魏給諫，曾在驛。官趨蹌，吏辟易。今在郵，甚蓬垢。人見之，如猛獸。怎有交情如蓼洲，置酒往送許婚媾。有鉆籥，足弗逗。有禍患，眉弗皺。）

朱祖文

朱祖文，檇李人。幼孤，母勵節撫之，備集荼苦。弱冠補博士弟子，與文太史湛持、周吏部蓼洲相友善。祖文談及其母苦節，輒泣下。吏部聞而憐之，爲白當道，得類旌表，牒下部，而祖文始知，乃爲之感泣搏顙，願爲公死。無何吏部忤璫，逮變起倉卒，都人遑懼，不知所爲。祖文念此行必無生理，願相隨視其後事，慮妻子勸阻，遂不歸，與吏部同宿公署。中夜從容謂吏部曰：『公灑然就道，良善。然事未可知，脱有緩急，誰可告者？吾當先往，預爲公地。』吏部首肯，良久曰：『徐念陽肝膽如雪，必能相濟。顧巖叟新入臺中，意氣不薄，可與計事。此外則定興之鹿乾岳、吴橋之范質公，熱腸急難，一言相諾，生死不渝，皆可告者。』祖文遂别去，先走都下。比吏部未至，有以滅門事中吏部者，得念陽力辨而解。至橐饘薄鴆之事，巖叟已先爲之所矣。已而懸贓數千。祖文私幸旦夕告完，或得議獄緩死，百計丐貸，都門不足，則走定興。定興不足，則走吴橋。冒暑單騎，間關千餘里，逗留數十日，捃摭稍就，而吏部斃矣。祖文到京領屍出獄，躬親殮之，朝夕感慟，旬日之間，亦遂鬱鬱以死。

贊曰：吏部激變，自分族矣。親朋奔竄，不敢正視。奈何祖文，願與同死。桎梏肺嘉，同其起止。到京貪緣，入獄料理。鞠躬盡瘁，死而後已。甯武既愚，復有朱子。

吴懷賢

吴懷賢，休寧人，誥敕房辨中書舍人事。魏忠賢竊弄威福，懷賢目擊不平，閲邸報，見楊大洪二十四大罪疏，擊節痛快，輒加圈點，評隙其旁，有『當如任守忠，即加安置』等語。適有工部吴昌期糾劾僭冒，忤璫撤回。懷賢以同鄉服其不阿，遺書稱之，有『事極必返，反正不遠』之語。詞多激烈。凡對同官及縉紳親友手札往來，輒寓感憤，義形於色。同官傅應星，忠賢甥也，聞之，入告忠賢。差番役日伺懷賢左右，乃陰搆其僕程遠德，盡得其平日所批評諸疏及手書。忠賢大怒，令旂尉百餘席卷其寓所，縛懷賢及其妾丘氏送鎮撫司，非刑炮烙，斃之杖下。毅宗踐祚，子道昇上書訟冤，詔贈工部主事。

贊曰：吴中書，性鯁直。恨忠賢，時蹙額。楊左疏，加評隙。安置守忠，註之書隙。手札往來，輒寓憤激。侃侃不撓，義形於色。撩虎揉猿，反受其螫。安得韓琦，袖有空敕。

顧同寅

顧同寅，太倉州人，中武舉進士。少年夙有才名，初爲博士員。熊廷弼督學太倉，大爲賞識。及廷弼罹法典刑，同寅作詩文往弔，攜酒而哭其屍傍。同鄉孫文豹偶有所挾，發其弔挽詩文。忠賢怒，併斬二人首，以懸藁街，時共惜之。

贊曰：顧同寅，哭廷弼，一詩字字成血漬。懸首藁街告詩伯，吾且殺一以警百。忠賢羯狗奴，爾何不學曹孟德，哭泣屍胭赦脂習。

鹿正

鹿正，范陽人。以諸生老，然淳篤峻拔，舉動式古人。子善繼舉進士，與朝士魏大中、周順昌、左光斗友善。天啓初年，大中奉使過范陽，訪善繼，同至容城，拜謁楊忠愍繼盛祠，欷歔而去。光斗爲御史，按畿内屯田，以善繼言，蘇其鄉籽粒課歲數千，其民得不徙。明年，大中以忤璫被逮，過吴門，順昌匍匐走見，與結婚姻，任後事，又遣仆護其子學洢北行而度燕趙。士大夫多暱從璫，無肯爲主之者，乃貽書善繼。善繼方監孫閣部承宗軍，在遼左，持書見正。正喟然曰：『豈以我子不在，而我不能主魏長公哉！』遂爲下榻。左光斗亦同時被逮，過白溝，正復遣人候之，至京與大中同下鎮撫獄。坐光斗贓二萬，大中贓五千。大中囊無一錢，正時年七十，冒炎蒸，策蹇數百里，醵金於好義者，得五百餘金，爲大中完贓，冀其緩死。光斗又遣所知向正告急，正乃告其鄉父老曰：『籽粒場受左公永賜，畝捐一錢，可得數十萬。』告其鄉子弟曰：『左公督學北畿，諸公受左公賞拔者，多寡隨所輸，可得若干。』於是定興、容城、雄新城、任丘、清苑孝廉明經諸生好義者各奔走若其私，下里響應，約略可以完事，而二君已斃杖下矣。其所斂者多青蚨，正易精鏐，將輸納，事不成，乃復易青蚨散之，遂破其家。乃長安邏者閧然謂鹿太公斂二萬金救左中丞，訪捕甚急。正曰：『我思之爛熟矣，平生艷殉義死。七十老人得此死足矣，夫何求？』聞者咋舌，然竟以是得免。

贊曰：忠臣落獄，故舊完贓。醵金千里，於橐於囊。二君杖斃，奔走徒忙。易金歸璧，破產補償。後幾得禍，絶不驚惶。年登七十，死此何妨？千秋義士，復見范陽。

顏佩韋

顏佩韋，吴縣人。天啓丙寅三月，官校至金閶，逮銓部周順昌。順昌向有賢譽，鄉人惜之，各持香一柱送順昌。南察院開讀，且刷檄通衢，欲出民本申救。及開讀，百姓數萬人大呼周吏部忠義之聲，聲若雷厲。諸生楊廷樞等數百人向兩臺爲順昌請命曰：『百姓怒矣，願明公以好言慰洶洶之衆。』言訖，諸生失聲哭，百姓皆哭。旂尉文之炳鮮衣怒視，以鋃鐺械杻，見人亂擊，厲聲喝曰：『東廠嚴旨逮人，鼠輩敢爾？』佩韋儕中一呼，直出向前問曰：『爾言東廠逮官，則此旨出魏太監邪！』諸旂虎面豹聲，叱曰：『速剜若舌，旨出東廠，待何如？』佩韋不勝憤，攘臂大呼曰：『吾輩謂天子詔耳，東廠何得逮官？』首擊之炳，百姓從者數千人。時天雨，人皆攜雨具，萬屐齊發。諸儀從夫抬龍輿至，百姓搶儀從夫爪鉞亂擊之。旂尉李國柱應手糜爛，諸尉或匿斗拱間，或升屋走，察院近城墻，城上百姓拆垛舖從上擊下，磚甓如雨。旂尉有墮梁死者，傷石墜屋者。巡撫毛一鷺及巡按徐吉共抱一萬歲牌，作呵護狀，蹂擠於人叢中，冠帶俱裂。知府寇慎領從人至署後，獲旂尉贓賄銀三千六百餘兩，畀向衆人曰：『有此爲贓證，諸人可無憂矣。』順昌跪衆前哀懇曰：『列位如此，是赤我族矣。』百姓稍定，夜半隨緹騎輕舠竟去。毛一鷺上疏，有旨拿首事正法。顏佩韋挺身自認，慷慨就刑，辭色不變。同刑者四人，爲楊念如、沈陽、周文元、馬傑。蘇人哀之，收葬虎丘道傍，題其碑曰：『五人之墓。』

（岱子曰：魏璫之横，自壬戌至丁卯，無一人敢折其鋒者。楊中丞等爲蹴睡虎，陸比部等爲射伏兕。當其毒焰政熾，以螳臂當車轍者，止佩韋一人。匹夫蛙怒，幾欲與天子爭勝，其名震一時，宜哉！四人附驥尾矣。

又曰：我朝大璫，至王振、劉瑾，横矣，亦未有流毒縉紳如今日之慘者。振始於辛酉，横于丙寅，己巳死於土木。瑾始於庚申，横于丙寅，庚午剮于燕市。忠賢始於辛酉，横于丙寅，丁卯戮屍于阜城。三璫之起之死，合若節符，應是我明三大劫運。）

贊曰：天發殺機，移星易宿。地發殺機，龍蛇起陸。奸雌入宫，毒流百族。先之楊左，虎睡而蹴。後之錢陸，虎死而肉。當逆璫之横也，惟有佩韋一人獨當其鏃。嗟嗟！佩韋一死，後之緹騎不敢復出也，大爲天下造福。

魏學洢

魏學洢，嘉善魏大中子，爲諸生，有文名。大中死日，頂一火盆，膠其手，用烈火煅煉，形骨漸委，尸成煤炭。學洢往獄門收屍，卒然一見，大喊一聲，嘔血數升，立斃尸側。

贊曰：道有棄屍，煙煤殘缺。糢糊視之，吾父股胈。擗地一呼，肝腸屠裂。閉目摇頭，僅有嘔血。願死無知，一時殞滅。

唐皋孫

唐俠士，唐狀元皋孫也，徽州人。魏璫差工部呂下問往歙佃賣黄山，偵得富家，即坐價數萬，限日徵比。徽人半逃散，委官至巖鎮一富家，妻妾獨處，坐以三萬價，妻妾驚遑，輸賂求免，勒至數百金。委官放恣，欲淫其妾。唐皋孫大怒，呼市中力禽數人，聚薪於市，燒殺之。率衆萬餘，直趨呂部，毁其署，下問踰垣走。事聞朝廷，以其生事擾民，追贓削籍。有司承旨，先斃唐皋孫于杖。

贊曰：黄山畫地如畫阱，官家佃山民佃命〔一〕。賤夫登隴罔市金，莊嶽往來走梟獍。揭竿一起集如蟻，咸陽舉火燒秦政。唐皋死後寂無聞，不及其孫光史乘〔二〕。

校勘記

〔一〕官家佃山民佃命，國圖刻本作『官家賣山民賣命』。

〔二〕唐皋死後寂無聞，不及其孫光史乘，國圖刻本作『聖明熱鼎待弘羊，晁錯已誅七國定』。

魏氏

魏宫人，年少有姿色。闖賊入禁城，諸宫人逃竄未盡，皆爲闖賊所闌入。魏宫人前後奔跑，大叫曰：『賊入大内必進宫，奴輩必遭毒手。若等有志氣者，當早尋道路，免致受辱。』哭叫數番，遂躍入内池死之。頃刻間，諸宫嬪同跳入河死者四五十人。

贊曰：闖賊來，宫人跑。魏宫娥，見幾早。賊入宫，定囉吒。欲無汙，定難保。寧早死，有分曉。隨我來，盡投沼。御河橋，田横島。

費氏

宫女費氏，聞闖賊入宫，忙迫投井。井枯水淺，賊至，聞井中趯趯有聲，使人下挾之起。賊見其美，互相争奪。費氏厲聲曰：『我乃長公主，衆人不得無禮。見我若主，自有發落。』擁見闖賊，闖賊令諸宫人識認，知非公主，賞賊將羅某。羅某設席合歡，費氏暗藏利刃，俟賊醉，刺賊斷喉，即以其刀自刺，俱死筵前。闖賊歎其俠烈，令收葬之。

贊曰：煢煢弱女，事出倉皇。眢井不死，厲聲自張。若不認公主，不得見賊王。若不認合歡，不得至賊傍。暗藏利刃，白如雪霜。賊喉既斷，猶未舉觴。嗟嗟！女所未瞑者，恨不得薦闖賊之床。

王承恩

王承恩，北直隸人，崇禎末年爲督剿太監。甲申三月十九日，闖賊破京城。烈皇帝潛走煤山自縊，獨承恩扈從，縊死帝側。逆賊義之，附葬西山。

贊曰：橋山龍升，鼎湖髯墮。惟爾承恩，呼吸帝座。生則爾扶，死則爾佐。莫蹉莫蹉。先帝身傍，枉有擁仗千官，而殉君以死者惟爾一個。

賣菜傭

賣菜傭，順天府人。甲申北變三月廿一日，畀烈皇帝周皇后二屍至東華門外，以楊木棺之。菜傭挑菜筐過此，見帝后柩，跪地大哭曰：『皇天皇天，使我崇禎爺乃至此耶？』擗踴大慟，觸階死之。

贊曰：何來菜傭，非醉非癡。死者皇帝，爾哭何爲？朝廷之上，千官百僚都掉頭不顧，而爾獨傷悲。名公巨卿皆上箋勸進，而爾獨捐軀。不思卑賤，敢學包胥。幸而死矣，不死當笞。

宣府義士

宣府義士，遺其姓名。闖賊入宣府，義士縊死孔廟，題壁云：『報國無權，偷生不義。留此正氣，以還天地。』

贊曰：闖賊入城，秀才出迎。鞠躬道左，口自稱名。乃徘徊文廟，雉經於明倫堂者，獨有此人。□使門夫識認此人也，必非諸生。

劉芳潔

劉芳潔，湖廣人，寓宣府。城破被執，脅之跪，不屈，罵賊而死。

贊曰：闖賊一來，地且日蹙。小則傾城，大則傾國。前途倒戈，勢如破竹。曾無一人焉，受其庭辱。乃有劉生，抵死不服。斫則斫之，頭頸不縮。賊反驚曰：『此異人也，定不是明朝之科目。』

湯文瓊

湯文瓊，北直人。京城陷，自縊死。衣帶中得一紙，云：『位非文丞相之位，心存文丞相之心。贈中書舍人。』

贊曰：人而肯死，死即其責。人而肯死，死即其職。若以丞相，而當死也，在朝四人，演與、建泰、岳貢、藻德，整頓衣冠，倒板見賊。殉難湯生，乃謙非職。爾真大明之義士也，堪爲大宋文丞相之匹。

周童生

周童生，通州人。讀書曾應縣試，尚志節。聞闖賊破京城，烈皇帝殉社稷以死，悲憤搥胸數百下，嘔血數升而死。

贊曰：何來志節，號哭崇禎。搥胸百下，嘔血數升。肯以死殉，似受國恩。是人非當朝之大老，必開國之元勳。嗚呼！傍有識者乃指曰：『此通州之童生。』

畫士

畫士某，住北京江米巷，以寫照爲業。甲申闖賊破京城，逆闖擁飛騎數百，直進紫金城。百姓皆執香跪迎，或寫『順民』，或寫『順天王』，或寫『永昌元年新皇帝萬萬歲』等語，遍貼門户，額首亦貼『順民』兩字。畫士見而唾罵之，歸與其妻相對慟哭。次日聞烈皇帝煤山之變，乃大慟曰：『死則死耳，義不爲逆賊百姓。』與其妻共縊於一室。鄰里排闥視之，有白氣衝出。

贊曰：煢煢畫士，業惟寫真。親見闖賊，陷我神京。煤山先帝，社稷是殉。夫婦同縊，義不帝秦。排闥而入，白氣如輪。鬼將焉往？走告長陵。臣所痛恨者，滿朝文武於額角之上皆貼順民。

王氏

王氏，吴信妻也，世居齊化門東，開綢段肆。王氏色麗而性剛，闖賊數人入其家，將信綑縛拷打，索餉一千兩，痛楚之聲，人不堪聽。其妻闔門自縊，一賊潛進内室，排闥而入，急解，王氏復甦。賊遂强淫之。王氏力掙不得脱，賊强納其舌，王氏一口咬落其舌，賊負創大怒，以刀傳其胯下，貫胸而死。賊口噴鮮血，數日不得飲食死之。

贊曰：闖賊熨贓，痛楚慘洌。鞭朴交加，猩猩喀血。闔户雉經，蛇入其穴。無計殺之，狠斷其舌。身受其汙，棄若矢厥。刲胯貫胸，任其屠裂。

張氏

京城外女子張氏被擄，賊愛其美，將淫之。女曰：『我渴甚，幸斟水飲我。』賊信之，往深潭汲水，挾女子同行。方以瓦甓汲水，女從後奮力擠之，賊墮潭死，女子走脱。

贊曰：糾糾官兵，遇賊降賊。拱立道傍，聽其搯擊。不謂婦人，反能殺賊。擠之深潭，一去無跡。得此女子數百餘人以禦流寇，斷然不至破我都邑。

李氏姑息

李氏姑媳二人寡居，李闖哨獨一騎入其家，索酒食，調少婦。少婦曰：『遠來必饑，燒火煮飯，先煖酒飲之。』賊飢渴，罄一壺而醉，且睡去。姑媳二人燒滚水一大鍋，先咳嗽試之，不醒，又以銅器擲地作響聲，又不醒，乃縛其手足，以滚水潑之，賊大叫，頭面糜爛而死。

贊曰：哨騎下馬，勞頓饑渴。姑媳笑迎，驩然解橐。煖酒熱餚，醉之氈幄。一枕鼾齁，撼之不覺。急用纏徽，手足被縛。乃以滚水，潑其軀殼。糜爛而死，如出鼎鑊。晁錯㮰里，無其智略。

羅田女子

羅田女子王氏，適夫耿大纔三日，賊至，夫被殺，王氏大慟。其姑老而瞽，不能走，王氏恐己被汙，又恐瞽姑見刃於賊，遂掖姑，哭而出門。行半里，遇一深池，竟抱姑同躍池中溺死。

贊：于歸三日，夫死釵分。婦既孱弱，姑又眼昏。煢煢兩口，其何以存？計惟一死，完我家門。有言抱姑以死，有虧於孝也，當陽坂上，逼死主母，爾乃不失爲女中趙雲。

尹熙華妻

固安尹熙華妻，遇賊被擄。賊欲淫之，婦曰：『我從若，必攜我去。可惜余家池中金銀悉棄之，若盍往取？』婦導之至池，賊見池深卻步，婦遽前抱賊，借勢一跌，二人直滚入池底，浮沈數次，婦抵死不放，與賊同死於水。

贊曰：用旨酒，醉猰貐。借繡毬，弄獅子。紿以取金銀，賊徒於此死。此非尹氏之家池也，乃是江萬里之止水。

武愫家奴

武愫家奴。愫登崇禎癸未進士，闖賊陷京城，愫夤緣求用。其家奴勸主勿失身於賊，愫不聽。其奴痛哭主前，叩頭出血，愫終不聽。其奴對人曰：『我主爲名利所惑，不聽吾言，後必有悔。且李賊貪淫無道，上干天怒，下失人心，不久自敗矣。吾不忍見吾主之及於禍也。』遂不食而死。後武愫凌遲處死，卒如家奴所言。

贊曰：癸未進士，生不逢時。釋褐未久，盜起萑苻。功名心急，進退糊糢。後遭奇禍，慘受鋸鋙。武愫老僕，諫主自殂。嗟嗟！論其識見，可以奴武愫，而武愫還不堪爲之奴。

孔四郎

孔四郎，紹興人。因父選四川主簿，未任，歿於京，遂失身爲小唱，與鳳陽勳衛常守經交厚。值闖賊追各官贓私，守經夾三夾。四郎曰：『錢不救死，要錢何用？』盡出其家資救，守經得免。比解闖賊，同諸勳戚皆斬。賊將官撫民見四郎貌美，留帳下。一日撫民醉歸，四郎乘其寢，以刀刺之，誤中股。賊大喊叫，四郎乃持刀罵曰：『我與常君情渝骨肉，誓同生死，恨不得砍汝萬段，爲常君報仇。事既不成，吾何生爲？』遂自刭死。

贊曰：嗟我孔良，貌同彌子。力救小侯，願與同死。刺賊不中，利刀自傳。此是情種，龍陽小史。非同伉儷，何以有此？嗚呼！爾不聞古來冢上有連理之枝也，不是婦人，乃男子。

董福兒

北山樵夫董福兒，父爲闖賊所殺，福兒呼號嚙指誓曰：『必報仇！』攜擔柴具直追。其殺父者去遠，後隊十八騎來飲山上。福兒招其黨數十人，告以報仇故。其黨懼，弗敢前。福兒曰：『我自殺賊，勿累爾。爾弟發喊，壯我氣。我拼命奔賊，賊必敗。賊敗，爾乃前共搏殺之，金錢騾馬皆爾有。』衆許諾，皆攘臂呼。福兒持柴具疾奔而上，賊易之，飲如故。衆三呼，福兒已至賊前。一賊持鎗來鬭，勢甚猛，福兒奮力撲殺之。衆見一賊死，遂各持棒棍上，賊乃共起迎敵。福兒又斃一人，奪其鎗亂擢之，賊駭皇跳走，衆圍繞殺十二人。其三人上馬馳，道隘馬行緩，福兒復追及。賊叫曰：『我與爾無仇，何苦追我？』福兒曰：『若等殺我父，我欲盡殺爾輩，以報父仇。』賊曰：『殺爾父者已去，爾何仇我？請以財物贖。』福兒曰：『我欲爾馬。』賊即下馬，福兒傴前殺一賊，二賊跪地求免，下許，亦殺之。所得資囊馬匹悉分其黨，己獨持十八人首祭其父焉。官府知之，授福兒百夫長。

贊曰：嗟董孝子，父遭慘死，挺身執仇，眼中出火。仇人雖去，尚有隊伙，曰：『嘻！殺父非我。吾輩偶飲，爾何尋我？』孝子不顧，刀來怎躲？計數仇頭，十有八顆，向山窩以祭吾父。

金陵乞丐

金陵乞丐，不知其姓名。甲申四月，閧傳北變。乞丐遍訪的信。一日遇一士人於桃葉渡，牽衣問曰：『相公識北信乎？』士人曰：『果有之。闖賊入城，皇帝自縊死矣。』乞丐嗟悼不已，即向市中沽燒酒一盂。其一盂價值二分，乞丐罄其囊止七釐，曰：『若肯與滿，亦好事。不然，即照價與我可也。』市人慨然與之。乞丐一飲而盡，繞河走，市人以爲醉也，不之異。乞丐放聲大哭曰：『崇禎皇帝真死耶！』連拍心胸數十下，望北叩頭，赴水而死。

贊曰：痛我先帝，身殉社稷。暴露西華，過者掩鼻。大老元勳，午門屈膝。勸進上箋，新主登極。崇禎皇帝，視爲何物。不意乞兒，乃能悼惜。挽回世風，全賴此乞。

愧二先生

愧二先生者，不知何許人，行乞句曲村市中。北兵至南都，弘光奔，公卿肉袒迎道左，百姓髡首辮髮。市中一乞兒獨色然憤懣。一日，多市酒，持豚蹄，大召諸乞兒痛飲。酒酣，益慷慨於悒不已，乃奮袖悲歌，且書市垣壁間。歌罷，復飲酒，誓手殺虜以死，不與降者俱生也。適北騎百餘猝至，乞兒憤怒振臂大呼市中，手持一長竿馳刺。一騎中目墮馬，取石碎其首，立斃。餘騎見大怒，群槊刺之，乞兒屠腸死。市人義之，以禮葬焉。謂足以愧爲人臣懷二心以生者，書邊城。不意行乞，有志澄清。市中格鬪，以成其名。必如此乞也，乃可稱爲先生。

贊曰：嗟我先帝，踴躍用兵。□□大將，任之非人。虜來引道，虜去尾行。官兵免送，大

題其墓曰愧二先生。

許德溥

許德溥，字元溥，如皋人，赴童子試不偶。甲申北變，號哭廢寢食。極喜周鍾稿，聞其從賊，即取火焚之。後如癡如醉，每獨處輒泣下。乙酉廣陵陷，入哭數日。後薙髮令下，溥曰：『頭可斷，髮不可薙也。』作詩書裹衣，誓以一死。其父曰：『爾不薙髮，必死髮。爾父餒，奈何？』溥乃泣下，髡其首如頭陀。然時憤惋，或泣或歌。每食，必懷崇禎錢一文置豆間，祭而後食。一日，鍥『生爲明人，死爲明鬼』八字於臂。有發其事於縣者，捕之。溥見令不屈。令曰：『爾鍥字何爲？』溥曰：『溥讀幾行書，不忍亡明耳。』令曰：『爾既讀書，「素夷狄，行乎夷狄」，如何解？』溥曰：『《中庸》説：「素夷狄，行乎夷狄。」不曾説：「遇夷狄，就做了夷狄。」處夷狄之道，必如泰伯之化南蠻，箕子之化朝鮮，蘇武之入匈奴十九年不變節者，方是行乎夷狄。』令曰：『爾不曾受明朝爵禄，何苦如此？』溥曰：『伯夷、叔齊，也不曾受商朝爵禄。』令曰：『爾既做伯夷、叔齊，如何薙頭？』溥曰：『元朝有謝疊山者亦曾薙頭，至二十五年後方纔死節。蓋疊山之薙頭爲母，溥之薙頭爲老父也。』令曰：『字是誰鍥？』曰：『自鍥。』令曰：『必是人鍥。』溥

曰：『人鍥向人，自鍥自向。』獄具罪死，坐其父城旦。溥曰：『溥死固當，願赦老父。』令義釋之。溥喜曰：『得脱老父，死無恨矣。』遂赴市曹。監者曰：『跪！』溥大喝一聲，向西北植立。劊子推倒，就地斬之。衣帶中有詩曰：『非癡非醉亦非狂，因志君恩字兩行。一死甘心酬故主，謂忠謂叛任雌黄。』

贊曰：伯夷首陽，不受商職。疊山爲母，亦髡其額。置錢豆間，祭而後食。八字刺膚，盡忠報國。奕奕元溥，心如鐵石。此之謂素夷狄，行乎夷狄。

許琰

許琰，字玉重，吴縣子衿，割股救親者再，以孝名。甲申五月五日聞烈皇帝之變，謂是闖賊流言，有言及者，輒正色斥之。數日傳聞已確，走見司道及諸貴人求起義不得，輒號慟求死，自投胥江。值潞藩舟援出，憐其志，贈以金，不受。至舊徒家一宿，題詩呂仙祠壁。詩曰：『正想捐軀報聖君，豈知靈日墜妖氛。忠魂誓向天門哭，立乞神兵掃賊群。』投繯門側，復遇救，送歸。家人進餐，琰怒甚，嚼甌咽之，喉腫絶粒五日。又作詩曰：『平生磨礪竟成空，國破君亡值眼中。一箇書生難殺賊，願爲厲鬼效微忠。』擲筆而吭絶。吴中義焉，私謚曰潛忠先生。

贊曰：腐儒許琰，願效微忠。嚼甌自咽，破喉裂胸。絶粒五日，扼吭而終。潞藩舟至，優禮獨隆。勸之曰：『爾爲子衿，何必死忠？予尚不死，爾則無庸。予親則叔父也，而尊則藩封。』

王毓著

王毓著，字玄趾，會稽人。武林納款，府縣官爭獻圖籍。諸薦紳先生朝見貝勒者，冠蓋相望。玄趾大怒，日夜繞室走，怪歎不已。繼以涕泣，作《致命篇》，黏唐將軍廟壁。復上書劉念臺先生，促其自盡。乃言曰：『今日死，猶及書明故也。』於其夜，肅衣冠，自沈於柳橋之滸。

贊曰：玄趾口吃，楊子揮毫。玄趾善走，馬周釋屩。文壇飛將，膠序時髦。吴山立馬，貝勒視朝。佯狂罵世，不肯折腰。及書明故，自沈柳橋。身爲謝緒，厲鬼號啕。

高岱父子

高岱，瀝海人，冒武籍領鄉薦，被褫，辯復。乙酉，仕魯爲兵部職方主事。丙戌六月，江上事敗。岱歸，遂絶粒祈死。其子朗坐守之，凡八日不得死。檄薙髮急，朗乃走父所，泣曰：『兒不能待矣，兒其先死。』向岱拜。岱曰：『有是哉！兒遂能先我。』瞠目送之。朗遂紿長年，駕舟出瀝口禱神，迴視岸遠，則肅衣冠北面再拜，趨船傍，欲跳身下。長年力持之不得脱，郎乃嚙長年臂，創極始放，縱身入水。長年又赴水救之，捽其幘，幘欹隃，時復躍出水面，手正其幘而没。長年走報岱，岱復瞠目曰：『有是哉！兒遂能先我。』不復言，數日亦死。

贊曰：父儉約，子豪奢。父慷慨，子囉唆。世間父子，不同甚多。惟有高岱，鶴鳴子和。父也未死，孤竹子也，先投汨羅。長年捽髮，其冠稍蹉。結纓而死，笑入海波。

楊守程

楊守程，浙蕭山諸生。丙戌挈妻潛避兵山中，有清兩邏騎入山，以其不薙髮，道縛之。守程厲聲曰：『髮種頭上，寧與頭去。』竟被害。其妻亦抱其子赴水死。時有三義，皆蕭山人，失其姓名。六月，清兵渡江，三人至山陰之趙氏大港。岸有梓潼祠，倩里人市牲醴。哭告神已，便共引酌。酌已，復相抱而哭。哭復歌，歌已復哭。里中人以爲狂，不敢詰其爲何人，得其聲則知爲蕭山人也。復拏舟至中流，登橋揮舟去遠，三人相牽，躍橋下以死。

贊曰：子矜倡義，玄趾王生。子翔繼之，復有舜平。高岱父子，定夫自沈。不意蕭邑，乃有多人。守程護髮，妻子同殉。三人投汨，不留其名。之數子者，其從子胥於白馬之津。

倪百朋

倪百朋，山陰布衣，性嗜酒。清兵渡江，偕其友人山中索飲，啜火酒數十觔，燒死，友獨潛去。

贊曰：劉伶鍤，入山峽。啜火酒，直醉殺。若能不棄衣冠，不倫禽獸，猶然爲神州赤縣之鬼也，猶勝於氀毼賓幪，左衽而被髮。

朱奇生

朱奇生，會稽諸生。年十九，角巾大袖，氣象閒都，爲平遠鎮王幕客，參謀議。平遠先渡浙西，奇生以他故，不及從。丙戌六月一日，清兵入府城，奇生遁野，誓不薙髮。越三日紿母曰：『兒往拜某某客。』陰攜公服，拜祖父墳塋，投水死。

贊曰：朱奇生，爲幕客。雖少年，有碩畫。不隨征，遂敗績。六月朔，清兵入。不薙頭，惟遁跡。余以爲徒首丘於祖宗之墳也，孰若赴難軍前，荷干戈而死金革。

倪舜平

倪舜平，山陰人，業醫，居王家葑，貧甚。乙酉下令薙頭，舜平憤惋，輒慟哭，里人笑之。一日賣其所提藥囊，易大缸二。以餘資割牲置酒，召里中少年飲。酒酣，指缸請曰：『吾明人，今不夷矣。明日必死，死則祈諸公以二缸覆我。』諸少年復笑之，不肯從。舜平跪地搏顙，强之再三。諸少年佯應曰：『諾。』舜平昧爽起，坎其祖墳之左偏置缸，集衆曰：『候至矣。』一躍而入。諸少年畀缸覆之。須臾，扣缸曰：『開開。』諸少年益復大笑出之，曰：『先生悶耶？』舜平曰：『否。我坐不面峰，猶不正斃也。幸諸公正而覆我。』坐定覆缸，封其口。踰時，諸少年呼先生，聲息漸微。復輒呼，不應。於是諸少年相與歎息泣下，舁土堃之而去。

贊曰：在昔舜時，瓦棺隧地。今有義人，用缸納蜕。召諸少年，畀缸自瘞。須臾扣缸，令開其閉。少年笑之，是怕悶氣。先生謝曰：並無他意。坐不面峰，猶非正斃。

王文宇

王文宇，山陰人，家郡城西，以居積致富，年耄無子。丙戌北兵渡江，將至郡城，兩從子皆出城避，勸之去，不聽，曰：『若輩自去，我自有處。』明日一至家視之。次日從子至家，寂無人聲，行至屋後，視其井中，則妾先之，次則其妻，再次則文宇也。越中闔家死難，惟文宇一人。

贊曰：王文宇，善居積。爲富人，居郡邑。勸之去，不變色。攜妻妾，溝中瘠。試問此人何爲闔門而死難也，既無城守而又無官職。

潘集

潘集，字子翔，山陰人，年十九方應童子試。乙酉六月王玄趾自沈死，子翔奔至，撫屍大慟，作祭玄趾文，黏壁間，自署江東義士。人笑之。次日五鼓，袖攜二石及詩文一卷，自投於五雲門之渡東橋下。屍浮出數日，好義者醵金殮之。

贊曰：余見子翔，來弔玄趾。輓詩之尾，自書義士。余不然之，後生小子。義士幾人，爾乃仰止。不意來朝，亦自沈死。有志竟成，乃赴義於渡東橋址。

朱瑋

朱瑋，字鴻儒，山陰人，年二十餘尚未爲諸生。丙戌五月，避兵梅里尖。薙髮令下，瑋以赤土書其案上，曰：『寧爲戴髮鬼，不作剃頭人。』赴水死之。

贊曰：朱瑋少年，避兵梅里。雖無梅福之先幾，但學江公之止水。一片丹心，赤土書几。不作剃頭之人，而寧爲戴髮之鬼。

周卜年

周卜年，字定夫，臨山人。張愫勒剃頭，定夫以所著玉雷圈捶碎，用紙裹，上書『寧爲玉碎，毋爲瓦全』，置案上，作《五噫歌》，赴水死之。

贊曰：山居八年，死護余髮。逃竄流離，屢遭顛蹶。先人敝廬，不存榱棁。家計田園，並無寸垤。二十四口，如何存活？不如一死，反得找截。惟吾定夫，早計而決。

傅中煌

傅中煌，諸暨庠生。性亢爽，善飲酒，醉則歌笑自如，貧不理生計，亦工詩文。六月一日清兵渡江，中煌賦《絶命詩》一章，投湄池而死。

贊曰：鄭所南作《心史》，商咸巫沈渭沚。慷慨悲歌，顛狂城市。是何人斯？古昔有言：能痛飲酒而熟讀《離騷》者，即爲名士。

謝龍震

謝龍震，字雲生，會稽人。魯臨國，以其舌辨，特拔爲中書舍人，連絡各鎮，尋陞兵部職方司主事。蠡城陷，雲生入山與王善長立營，日以擄掠爲事。遂爲團練兵所縛，解送巡撫。見巡撫，自稱部院。巡撫問曰：『若是兩榜乎？』雲生曰：『曾見兩榜而不投誠者幾人？我明天下壞於兩榜。魯國主特用我輩，政欲壓倒兩榜。我今來就死，亦拚此頭顱，爲兩榜諸人作一榜樣耳。』巡撫叱之跪，不屈，便踞坐鑾罵。巡撫令於口上加一嚼子，用尺木勒入兩頤數寸許，血流被面，敺出斬之。

贊曰：嗟嗟雲生，魯之走狗。聯絡江上，奔馳細柳。事敗爲賊，亦白其首。拚此頭顱，毒詈儕偶。嗟嗟！雲生其貴也以口，其死也亦以口。

黄毓祺

黄毓祺，字介祉，南直江陰子衿，善屬文，爲海内名士。乙酉北騎入留都，牧馬南下。毓祺椎牛釃酒，集邑中精勇起義江陰。有衆數萬，與敵鏖戰，連勝數十餘陣，首功無算。後兵繼至，毓祺力竭，被禽下獄。取禪王旨棄市，次日臨刑。毓祺於獄中作詩一律，置案頭，趺坐化去，枷鎖不開自落，異香滿室，經旬不散。官長俱進獄羅拜之。

贊曰：黄生介祉，恂恂文弱。名重藝林，王唐著作。起義江陰，能與犄角。鏖戰經年，力盡被縛。次日臨刑，猶然笑噱。走筆留詩，不加删削。趺坐涅槃，枷鎖自落。羅拜多人，異香滿閣。

博和尚

博和尚，江西上饒人，本名諸生，試輒第一，曰鄭惠。其人性潔行芳，跬步皆有刀尺。丙戌四月信破，即祝髮坐蕉團不下，閉目垂耳，端然坐化一僧。八月，貝勒軍道信進閩。聞閩亡，和尚乃澡體，合十佛前，宣偈曰：『博和尚，博和尚，昔游藻池水，今聞樨院香。名械既已斷，梵網可彌張。誓皈此淨土，不穢吾皮囊。』宣畢，荅然而逝。

贊曰：江陰介祉，枷鎖自落。上饒鄭惠，涅槃自約。雖是子衿，皆大菩薩。恁爾萬劫，千魔不宜。其嘩然一噱，方知世間之孝子忠臣，其一念之精誠，直通於冥漠。

曹文耀

曹文耀，順天府學生，原籍蘇州人。祖子登，嘉靖壬戌進士。妻張氏生四子遜、肅、持敏、持毅，女曰持順。三月十五日聞寇急，率子女哭家祠中，曰：『余家世受國恩，義不受辱，爲先人羞。闔門矢死，庶無憾耳。』比城陷，張氏先縊，耀即自縊。時耀父妾姜氏、遜妻李氏、毅妻鄧氏、持順及乳母孟氏、肅及持敏凡八人同縊。惟持毅繩斷未死，而賊至，遂逃去。遜先自刎仆地，復甦。賊繫至田虎家，拷索其資，尋釋之。

贊曰：世受國恩，普天皆是。得不事仇，便爲奇異。如何曹氏，一門死義。四子一女，八人同縊。順民見之，夫顙有泚。

張應選

張應選，順天人，内閣效勞帶京衛經歷御。聞賊陷宣大，知勢去，指屋梁謂友人曰：『此梁是我家冤對。』及城陷，妻妾子女五人即時並縊。

贊曰：張氏應選，内閣掾吏。甫得冠裳，帶御京衛。賊陷都城，大事已去。百官皆降，稱臣納陛。獨爾效勞，反能就義。則此梁竟成汝之名也，乃指之曰冤對。

吴應箕

吴應箕，字次尾，南直貴池人，爲海内名士。乙酉起義池州，與金正希爲聲援。正希敗，應箕勢孤，逃至蕪湖，爲鄉兵所執。蕪湖守將王弁與應箕有舊，且受應箕恩，欲報之。應箕名雖報南京，聽巴山發落，尚羈縻蕪湖。王弁令應箕走，應箕曰：『吴應箕正來請死，如一走亦不成其爲應箕矣。爾何薄待我？』王弁不忍羈囚，日與其飲酒游戲。一日豫王旨下，凡起義諸人，俱著本地方取决。王弁先知之，閉門慟哭。應箕曰：『豈爲我耶？吾辦死來矣，要殺就殺，何哭爲？』王弁令其仰藥死，應箕曰：『使吾如此怕死，便不做此事矣。但王君與我厚，須殺之有法。王君與吾同游諸山，得一善地葬我，即殺我無憾。』王弁曰：『諾。』命僮攜酒荷鍤行至一山上，有古松奇石，應箕喜甚，滿舉一大白，曰：『此吾死所，幸斫之。』王弁走避，命小兵行刑。應箕曰：『吴次尾頭不是小兵砍的，勞足下動手。刀快手快，箕即感德矣。』王弁不得已，依其言斫之。

贊曰：爲義人，肯易志？得死所，肯逃避？既辦死來，肯剩頭去？勞我故人，爲我擇地。身在雲陽市中，猶賞松石間意，此方是南直貴池瀨内聞名之吴應箕。

陸士鉉

陸士鉉，字古雪，平湖人。鉉性端亮，不苟言笑。甲申國變，鉉聞之，驚悸狂走，口作咄咄，回旋不一，約數武地，盤纏行幾百餘里。人問之不應，若失心者。歸其家，私設位哭臨：『嗟乎！吾二百七十七年爲此家，人胡奪我去也！』復誦先帝臨命遺詔，則又哭，哭又走，如是兩日夜，嘔血數升。絶飲食者三日，腸痿氣絶，猶悲咽。手書『我皇我皇』數遍，長號而絶。所作有《絶粒篇》。

贊曰：作《絶粒篇》而不必絶粒，畫綱巾而不必綱巾。世間凡事，何須認真？取其意也，則亦可以成名。

王栻

王栻，玉山人，縣庠士子。乙酉同詹兆恒起義，玉山軍敗，兆恒被戮，衆皆逃散。栻獨抱屍而哭，爲敵所殺。

贊曰：余在信州，見其胤子。育於鯢人，免其饑死。余嘗想之，爾苟不好義，如爾諸鄉人之改絃易轍也，亦可以保其妻孥，而足下之嗣子何至如此？

冠夢虬

冠夢虬，江右上饒諸生。同郡人起義，師敗閩。妻子在家，虬行，囑其子曰：『北兵至，爾母子可赴井死。』及兵至，長子先投井。幼子十一歲，謂其母曰：『父命兵至赴井，兄既死，母尚何遲疑？』因曳其母裾，同赴井死之。

贊曰：夢虬軍敗，父子別離。詔其母子，眢井自墜。虜至倉惶，父言勿背。長子先行，次子後至。曳其母裾，弗走何俟？一井同沈，一門節義。兒有何知？父言是記。殺身成仁，其視爲尋常家計。

劉景瑗

劉景瑗，江右永豐諸生。北兵將至，與其妻訣別入閩。妻被擄，不從死之。後復破閩，景瑗自縊於浦城之學宮。柱上題詩曰：『妻既死節，夫亦殉亡。雖曰無補，可見高皇。』柱上字跡至今不滅。

贊曰：妻以節死，夫以義亡。公然雉經，明倫之堂。題之庭柱，以正綱常。吾想朝堂之上，佩玉鳴璫。及身鼐虜，顛倒衣裳。惟爾夫婦，可見高皇。

石瑞鳳

石瑞鳳，武進人，本市中游聞子。乙酉聞薙髮令下，獨揀城之懷忠祠池水一方湛死。

贊曰：疊山薙頭，實爲其母。及至死節，廿有六祀。嗟嗟瑞鳳，何必即死。瑞鳳曰：『嘻！吾髮一薙，名節已毁。大閑既失，無所底止。』人亦有言：『善學柳下惠，莫若魯男子。』

陳元綸

陳元綸，字道掌，福州人，名士貢薦。丙戌，貝勒兵入福京，有爲清官者，與元綸夙交，造廬通好，元綸束綱頂儒巾青袍迎坐。清官顧駭，請具清式以見。元綸笑起云：『欲生換製，乞少選。』入内，清官俟之坐次，忽哭聲出户，報元綸頂儒巾青袍，雉經死矣。

贊曰：憶昔道掌，訪我西泠。日選帖括，書坊殺青。藝林珍重，紙貴洛京。今乃死義，立志錚錚。與彼周鍾，大相逕庭。誠哉！三代以下，惟恐其不好名。

吕宣忠

吕宣忠，浙江崇德縣諸生。甲申北變，宣忠作檄討賊。乙酉北騎陷南部，宣忠集生平所結交壯士，歃血誓師以雪國耻，旬日間得衆數萬。聞魯王監國，遂奉節制。亡何，江上兵解散，宣忠知事不可爲，脱身歸里。益磊塊不平，時發狂大叫，或長歌，已而泣，泣罷復歌。爲縣令所跡，捕諸庭，僵立不屈。令訶之，宣忠大聲詬詈。令大怒，叱隸役白梃交下，體無完膚，兩踝骨見。宣忠死在地，以水沃之，復蘇，蘇復詬詈。縣官坐以死，乃作《絶命詞》七章，書之獄壁。一日掫赴市曹，顔色不變，向監者曰：『大明士子吕宣忠來就死。』監者與酒一大觥，宣忠一飲而盡，擲觥於地，自褫其衣，謂一卒曰：『此衣帶中有一偈，家人至，可付之。』言畢受戮。

贊曰：文弱書生，慷慨激厲。戎馬不諳，一無武備。兵散一時，脱身亡去。磊塊不平，悲歌泣詈。縣官跡之，幾死犴狴。骨見兩踝，拷死在地。殺以邀功，叛逆定罪。大明士子，市曹赴義。監者與酒，黄泉一醉。一飲而盡，擲盃於地。勿爲瓦全，寧爲玉碎。

楊廷樞

楊廷樞，字維斗，南直長洲人，崇禎庚午鄉試第一，以文名世。北騎南下，廷樞攜妻女匿鄧尉山中，三年不至城市。一日爲游兵所跡，報聞土國寶，差兵縛去。廷樞至舟中，咬斷一指，書其裏衣曰：『蘇州有明朝遺士楊廷樞者，幼讀聖賢之書，長懷忠孝之志。作士林鄉黨之規模，庶幾東京郭有道；負綱常名教之重任，願爲宋室文文山。爲孝廉者一十五載，生世間者五十三年。嗟時命之不猶，未登朝而食禄。值中原之多故，遂蒙難以捐生。其年則丁亥之歲，其日則孟夏之中。方隱山阿，忽罹羅網。時遭其變，命付於天。雖云突如其來，亦已知之久矣。有妻費氏，歸余一十餘載；有女觀慧，年已二十餘齡。罵賊全貞，不愧丈夫氣慨；舍生就死，絶勝男子鬚眉。一家視死如歸，舉室成仁何恨！但恨懷忠莫展，報國無能，未竟生平欲完之事，尚辜累朝所受之恩。魂炯炯而升天，願爲厲鬼；氣英英以墮地，將待來生。舟中書此，不能盡言，留此血衣，付兒永訣。如痛父母，即思忠孝。』寫畢，付諸校曰：『小兒來贖，必有所酬，幸藏之毋失。』諸校見士國寶，士下階勞曰：『楊先生負天下重名，奈何不自愛，尚靳此數莖髮邪？』廷樞曰：『廷樞世受國恩，不能即死以報先帝，赧顔實甚。今既見收，有死無二。惟願早殺，以遂生平。』士曰：『楊先生下名士，養其身以有用，何得輕死？勉遵國法，盍少芟之？』廷樞曰：『少芟與鼠尾何異？廷樞惟有一死。』士曰：『今之大老，亦有薙髮爲僧。先生何不出此？』廷樞曰：『全髮偷生，已非本願，況薙髮逃死，愈趨愈下矣。廷樞無顔再活人世。』士勸之再三，廷樞執愈力。乃曰：『楊先生忠義，堅同鐵石，國法如此，不得不爲先生成此大節。』廷樞點首謝曰：『敬受賜。』遂慷慨就戮。士命以禮葬之。

贊曰：吁嗟維斗，文壇名筆。守髮山居，痛遭横逆。縛見時官，不肯屈膝。説降不從，願受斧鑕。絶命遺詞，血書狼籍。吁嗟維斗，不特文章第一，爾之節義亦復第一。

沈張二烈士

沈烈士，失名，行八十九，蕭山人。江上兵散，匝呰榆青嶺。北兵至，連創之，殺一裨將。

武林發數百騎合攻之，砦中人駭散。烈士一人持筤筅踞嶺鬬，北兵當之輒糜，人馬死坑中者亡算。北兵走，咋指曰：『好蠻子，再得十數個，江東非我有矣。』烈士力盡無援，渴極匍匐飲谿水，頭重墮澗死之。烈士出鬬，張鋸匠者持大斧左右翼。烈士戳倒人馬，鋸匠即向前斫殺之。是日亦力盡舁歸，夜半死。兵駐義橋，聞二人死，乃大喜，縱馬入，掃盪而去。張鋸匠亦蕭山人。

贊曰：騎入雁門，見惟拜跪。三千七百餘里，曾無一人與之作對。至我沈村，乃有二義。扎砦榆青，腰截馬騎。跌死谿坑，不可勝計。騎亦有言，再有沈張輩數十餘人，大江以東非吾土地。

鍾皂隸

鍾皂隸，會稽人，舊爲會稽縣皂隸。戊子白頭蜂起，皂隸從海上來，齎黄肅虜檄，往山寨連絡團練。兵獲，送鎮將。鎮將擿之跪，不跪。撾其膝，乃向外坐。鎮將曰：『汝是一皂隸，敢大膽若此。』皂隸曰：『論出身，我是會稽縣皂隸，爾是黄闖子小兵。論官職，爾是清朝鎮將，我是明朝總兵。何弱於汝，乃令我跪耶？』鎮將怒，痛撻之。皂隸曰：『我輕則砍，重則剮，不曾犯得打罪。你打我也無謂。』鎮將即檻送巡撫。見巡撫崛强如故，遂於軍前臠割之。

贊曰：余見鍾陞，髪猶未薙。奔走各藩，儀秦游説。禽見鎮官，植立不跪。用棍撾之，罵聲益厲。應剮則剮，我無打罪。慷慨就刑，臠割而斃。此人在明，不中科第。問其當年，曾爲會稽縣之皂縣。

李開山

李開山，南直婺源人。稟奇力，可敵千人。頸骨一枝如鐵偏左。乙酉從族人倡義里中，閣部金聲師覆，全部駭散。開山爲族人馳信，族之家口留星源，往返可四五百里。嘗於一晝夜，束髮裹網，從間道崎嶇峭壁密箐中，下上如飛，捷若猿鳥。突黑至家，通息所親，攜其囊橐，及曉欻然而逝，從無知者。丙戌，信破，復將族人間關入閩。閩亡，脱走窮谷，隱滅不可得見。戊子，汪碩德聞江西事，起兵，自崇赴信，廉得開山跡，迎以爲軍鋒，所向輒摧敵無前。六月，戰敵於山隘，敵圍驟合，開山顧所部無一人，以長矛擢地，躍數丈餘，立山上倚石壁而死。陰雨晦冥，嘗於壁上時現其形。

贊曰：李開山，千人敵，頸骨一枝如鐵直。義師蹌踉來信州，家口攜之藏星邑。崎嶇間道疾若飛，黑夜至家通消息。束髮裹網公然行，無人知道開山跡。後來應聘爲軍鋒，義旂所指輒摧敵。單騎偶來遇敵圍，長矛躍起踞一石。壁間常自見英雄，自古萇弘能化碧。

俞元禧

俞元禧，婺源人。北兵入徽州，令薙髮甚急。元禧乃大哭曰：『死即死耳，髮不可薙。』辭親友，自縊死之。妻某氏，被掠強汙之，氏堅持衣衽，罵賊不絕口。兵怒，支解之。

贊曰：夫爲髮亡，妻爲節死。夫婦雙雙，垂之青史。余見北兵渡江之初，投誠者盡行棄市，而其妻與妾且賞與滿洲韃子。泉下有知，悔之不止。

麻三衡

麻三衡，字孟璿，南直宣城名士。偉儀幹鬚髯，聞若神人。乙酉倡義於鄉，聲動吾鄉。事敗，械繫南都。臨刑，賦句云：『怒存千丈髮，笑砍百年頭。』士論偉之。

贊曰：昔我太祖，孫蕡棄市。呼問刑官，蕡死何語？奏其一詩，太祖大怒。胡不奏聞？刑官賜死。今予孟璿，有詩如此。云胡不赦？枉殺名士。

畫網巾先生

畫網巾先生，閩人，不識姓名。丙戌九月，清兵破福建。先生同二僕匿邵武光澤山中，不薙髮，畫一網巾於額。庚寅夏，爲光澤鎮將蹤得之，縛至泰寧見鎮將王之綱。之綱詰問其姓氏，先生曰：『忠未報國，留姓名則辱國。智不保家，留姓名則辱家。危不致身，留姓名則辱身。今郃人呼我爲畫綱巾，此即我姓，此即我名矣。』之綱反覆開諭，謂肯薙髮，即免死。先生曰：『癡人綱巾且不忍去，況髮乎？死矣，毋多言。』之綱先斬其二僕，二僕瞋目叱曰：『癡傖子，吾豈怯死者？顧死亦有禮，當一辭主人耳。』向先生拜且辭曰：『奴先行矣，爲主人掃除泉下，再論先生。』先生終不屈，亦命斬之。先欣然出袖中詩一卷擲於地，復出白金一小封擲向劊子，曰：『此樵川范生所贈，今贈汝。』遂挺立，受刃泰之。義士謝韓者收其遺骸，瘞於郭外，歲時謁奠如家儀。

贊曰：太祖遺製，各帶綱巾。萬髮俱齊，乃愛其名。歷世三百，罔有變更。金錢鼠尾，遂別清明。尚有道士，削髮裹巾。猶然戴綱，只有伶人。二者不學，乃畫綱巾。若肯頮面，遂無其形。以此受禍，枉卻此生。

江天一

江天一，直隸休寧人，與大中丞金聲爲總角友。金聲起義，天一身任贊畫。聲敗被禽，傳送留都。天一請與同往，聲曰：『此死路也，而兄往何耶？』天一曰：『兄往成仁，弟往取義。』遂與聲同至留都羈公館。督師遣使慰問再三，天一恐聲意游移，與同起居，不離跬步。及見督師，天一掖聲往語，稍不振即大聲代答。近督師座，天一出袖中石研擲之，中案吏。督師大怒，左右刀交下，天一立死。

贊曰：爾剛則鐵，加礪則銛。爾凝則冰，加冷則堅。爾駡稍怯，吾代爾言。爾步稍後，吾掖爾前。爾不能投以荆軻之匕，吾則助爾以唐琦之甎。嗚呼！聲也忠盡，爾亦義全。

曹文榜

曹文榜，婺源人。金聲起義新安，文榜往來倡義，措置芻茭，形枯神瘁，晝夜不輟。兵敗執送南都，見洪承疇，唾面大駡，遂遇害。

贊曰：金聲主兵，文榜主餉。死則同死，夫何惆悵？强似吾越之起義也，主兵者不知走向何所，而主餉者納款投誠，爲兩朝縉紳之榜樣。

詹書田

詹書田，江右永豐諸生。揭重熙起義，師敗被禽，囚於福建浦城。書田時在福建，具呈自首，與揭重熙一同起義，願與同死。刑官批其牘曰：『准臨刑候斬。』書田請就獄，不許。及重熙被戮，書田趨至法場，請死刑。官笑其癡，勸之去，不肯，遂與同斬。

贊曰：折簡邀客，客猶不去。嚙臂呼兒，兒猶不至。乃有書田，同友起義。友既服刑，願與同罪。刑官批其牘曰臨刑候斬，而嘻笑不置。奇異奇異，雲陽市上也而尚有聲氣。

左懋弟同死七人

左懋弟，萊陽人，以進士官吏科給事中。弘光登極，拜都御史，同陳洪範出使燕京，視先帝陵寢，併犒北師。懋弟服衰衣謁陵，見攝政不易服。攝政延之公館，百計説之降，不聽，羈留一年。南京又陷，懋弟慟哭求死，殺之西市，麾下官七人請從死，懋弟曰：『我死分也，爾輩可速去，毋自枉。』七人曰：『某等願隨部主，即死無恨。』遂與同斬。

贊曰：懋弟之去，顓爲謁陵。洪範之去，顓爲進身。兩人之意，大相逕庭。卒也洪範用而懋弟死也，皆完其素心。所難者生隨部主而死亦與之俱去也，有此七人。

章烈婦金氏

章烈婦金氏者，明遺將章欽臣妻也。魯王遁，欽臣提兵入會稽山，屢欲解散。金氏曰：『散兵易，集兵難，魯王在海上，萬一有事，爾不可以不應。』後墮計被擒，夫婦俱獲。見鎮將，欽臣屈膝卑辭求活，金氏坐地笑曰：『委肉虎口而求生全，有是事乎？若屈膝奚爲也？』曳之起。獄成，欽臣罪剮，金氏年少有姿色，給賞幕將。金氏曰：『妾義不受辱，願從夫。』鎮將曰：『爾夫罪死。』曰：『願同死。』鎮將曰：『爾夫罪剮。』曰：『願同剮。』鎮將曰：『癡妮子，剮可兒戲邪？』婉諭再三，金氏不之聽，乃命夫婦同剮，以成其名。金氏色喜，趨赴市曹。欽臣先剮，金氏合眼念佛，不忍視。及剮金氏，割一刀輒念佛號一句，截其乳，乃大吼一聲始絶。行刑韃子馬某罵曰：『騷刑婦裝憨，不肯嫁漢子，應萬剮。』遂以刀刺其牝，金氏股夾住，死不可開，乃支解之，割其牝，傳示觀者。觀者皆墮淚急走。次日馬韃於白日歸，見烈婦立其門，猝然自倒，乃叫曰：『剮我是正法，刺我醜，奚爲邪？』家人百計禳之不應，自捶其胸，嘔血死。

贊曰：髦頭入越，遍地行淫。藉爾摑血，以洗臊腥。當場一剮，痛哭千人，即爲厲鬼，白晝現形。尋獲劊子，加我非刑。應時立斃，嘔血數升。生爲烈婦，死作靈神。

吴一魁　何惟一

吴一魁，南直安慶人。本府胥役，有膂力，仗義果敢。崇禎間，獻賊舟師蔽江，壓安慶界，南京騷動。一魁應募，以火器載小艇迎之，燒賊巨艦千餘，退走荆襄，一魁以功得副汪碩畫軍。乙酉，從碩畫會黄道周兵於信州，碩畫殺，一魁獨力捍信。丙戌四月，王得仁兵抵城下，義兵駭散。一魁開門迎戰，單騎不敵，突圍出萬軍中，退保懷玉。八月進閩關，乞師恢復，遇貝勒兵，與義士何惟一同受害。惟一上饒縣糧胥，以勇氣聞鄉里，國變後，别家棄妻子，誓死不二，卒以成志，亦信州之義人也，可附書。

贊曰：吴一魁，當矢鏃。捍信州，保懷玉。投閩中，圖恢復。遇勁兵，遂敗北。與惟一，同俘馘。雖百身，真莫贖。嗟！若論二人之出身也，其皆爲本府之胥役。

御厨

御厨，福建福州人，主隆武膳饌。丙戌八月，從駕於汀散失，依金華陳某義軍中。丁亥，陳某義旗指建寧，御厨執火，兵敗，爲顧道所獲。訊之曰：『爾何人？』大聲答曰：『我當今御厨。』仍詰顧曰：『爾何人？我知爾不過一降臣，讀書厚禄，何如我以口腹事人主，無貳於心。』奮舌肆罵，口若懸河。顧慚怒，今左右引繩塞其口。御厨發聲不得，以頭抵顧，觸柱死之。

贊曰：崇禎義士，非閹宦則腐儒，非負販則乞兒，非皂隸則吏胥，非菜傭則庖厨。無冠裳者，反有面目，無文理者，反有鬚眉。嗟嗟！歇後鄭五爲宰相，則時事可知。

錢鳳覽

錢鳳覽，會稽人，以祖蔭授刑部主政。甲申京師陷，鳳覽遂爲清官。太子一案係鳳覽判牘，京師無不言太子假，而鳳覽獨言其真。上疏力爭，下獄即訊。法吏曰：『易言則生，不易則死。』鳳覽曰：『身可死，言不可易。』遂坐棄市。鳳覽上疏，有書辨六人，都願署名其後，與鳳覽同日死之。

贊曰：太子至此，所謂死帝不易活鼠也，而誰人肯假？鳳覽初仕新朝，去圖富貴，而捨身以爭其真也，則太子又斷乎不假。雖然言其假，則太子猶未即除，言其真，則立刻死於犴狴之下。然則鳳覽與六人之死，又何説也？

姚時中

姚時中，宣府萬全人，爲諸生。生平自負氣節，每語諸弟子曰：『我輩讀聖賢書，倘遇國難，止應一死。』甲申三月，逆鎮王承胤迎賊，宣府破。巡撫朱之馮死之，時中具衣冠自縊於明倫堂，有衣帶贊曰：『殺賊無權，降賊不義。自分我身，止應一死。乾坤正氣，萬古如斯。妻子無知，付之不計。』

贊曰：青青子衿，多如虫豸。皆易衣冠，而服鞨靺。説恁明倫，胡天胡帝。嗟爾時中，爲何獨異？濟濟多人，反加詬詈。指汝曰：『吾輩諸生，何人不讀聖賢之書也，而偏爾腐氣？』

文乘

文乘，南直吴縣學生，爲文肅震孟子，忠介周順昌婿也。丙戌起義海上，久之衆敗，跡其同事友安大己。乘曰：『此誰事？我須當之。』遂慷慨出，自供前狀，較所發情事更悉。臨刑時，南拜三，北拜三，伸頭頸就戮，神色不改。衣帶中有《絶命詞》曰：『閥閱名家舊姓文，一身報國九原聞。忠魂今夜歸何處？明月灘頭卧白雲。』復大聲曰：『吾祔信國祠，公其許我。』大己以是得脱。

贊曰：姑蘇任俠，海上起義。軍敗潛蹤，株連同類。豈肯累人？慷慨意氣。直詣公庭，自認其罪。笑斫頭臚，神色不異。從祀信公，一毫無愧。斯人也真堪爲文文肅之子，而更堪爲周忠介之婿。

卞子厚

魏里卞子厚，常從梁谿高忠憲攀龍游，爲東林諸先達所重。丙戌以完髮見收縶獄，不食死。子世忠被敗絮，蒲伏乞詩文，楊組玉爲記其事傳之。

贊曰：遍四野，吹觱篥。入黌宫，皆荆棘。泮池水，不及膝。望門投，無可匿。慷慨仗義，不愧爲東林之羽翼。契結金蘭，不失爲忠憲之友籍。遍乞詩文，無慚名筆。

趙大中

趙大中，南直涇縣諸生。清兵陷城，大中衣冠投泮池，池淺不死。潛走察院空署，方閉户，而家跡之，脱繯歸。遺書託友人爲葬其父，竟赴門外之塘河死。

贊曰：初走泮池，水淺則揭。再覓死所，復走空署。閉户投繯，家人尋至。祈死不能，千方百計。須記須記，嗟我先人，尚未入地。既託友生，塘河遂意。

石士鳳

石士鳳，南直武進人。生齊民，微識字，貧無室，爲塾師，倚其僕龍門坐貿錢以活。乙酉六月，清令薙髮。急哭語僕：『吾不能生矣。』僕曰：『自看主襁褓至今，賴得飽飯終天年，此何言？』士鳳不答，作詩訣其兄。詩不佳，見志而已。密自削板，如木主狀，上書『義民石士鳳神主』，暗走忠義祠，列文信公西廡之末座，則又書小牌繫腰帶，家之人不知也。傾所貿錢市牲醴，祭其先人。一醉僕，僕曰：『毋輕生。』則唯唯，僕亦不意其果然也。五鼓潛出門，赴祠前池中死。僕醉醒，黎明呼主不得，疾跡祠，見池浮小牌，起之，士鳳也。牌書：『石士鳳，字瑞生，願爲明鬼，不願爲清人。』僕負屍棺殮葬之。

贊曰：石士鳳，爲明鬼。書義民，死止水。汝面無威儀，胸無文理。乃忽然馳想，欲祔主於文信公之祠裏。白屋齊民，亦欲攀髯箕尾。

鄒維則

鄒維則，浙永嘉諸生。素謹厚斤斤，不爲丰采。戊子七月十三日，清兵渡温之甌江。先一日，其家出穀暴場圃，鄰人謂之曰：『兵至矣，知之乎？』維則曰：『具知之，顧不審得食此穀否？』鄰人以爲恒語。次早，維則招其友飲於家，且醉，拉同觀清兵渡江，友亦不疑。至雙門，出袖中一書告其友曰：『爲上吾父云，維則從此入海矣。』友人牽之不得，水中猶回顧，舉手而去，竟死孤峙山下。

贊曰：鄒維則，真腐儒。爾何事，學三閭？清兵渡河身爲魚，談笑而去人不疑。前告鄰人今始知，追至甌江候伍胥。雖有粟，吾得而食諸？

葉尚高

葉尚高，浙瑞安諸生，性爽達。清兵既渡甌江，猶服明儒服，每伺上官半道，大聲曰：『即觀生冠履何如？』知府朱叱之，以爲悖制，收之。尚高曰：『君先大人蘭隅公，世所聞，亦世此衣冠，乃獨厄生。』朱爲面赭，下尚高於獄。作《祭孔子文》及《絶命詞》，因自盡，有『未浴蘭湯骨已香』之句。

贊曰：既入清朝，尚服明服。知府叱之，收繫在獄。知府爲誰，衣冠華族。父爲蘭隅，殿元侍讀。知府聞言，滿臉羞辱。爾骨已香，何須沐浴？

高孟超

高孟超，浙秀水諸生，耕田讀書，以謹厚風其家。乙酉六月，清兵陷嘉興，薙髮急。孟超顧謂其子昌苓曰：『若知所自全乎？』昌苓曰：『已知之矣。』遂俱抗首不受令，奮惡言。及難，男女少長十一人無存者。

贊曰：秀水諸生，時逢不偶。耕田讀書，世稱謹厚。清令鬀頭，走死恐後。復命兒曹，人皆抗首。怒罵惡言，遂遭毒手。被害家人，一十一口。厲鬼忠魂，呼與爲友。

蔡子標

蔡子標，浙德清諸生。從乙酉諸部起兵，被執，大言不屈，索肩輿衣冠入訊，語極不遜。甫就刑，觀者如堵。忽衆中出一人，抱持子標，大慟，欲從死。刑者駭，奪回不可解。子標曰：『公無一面，胡爲出此？速去。』其人曰：『吾與公同起，患難無失，今胡忍獨生？』然後知子標密友，子標故欲生之，而假爲不識也。是日同刑，六人臨刑，忽益其一。

贊曰：洛邑頑民，弄兵林麓。就死從容，六人被戮。忽有一人，抱頭痛哭。願與同刑，來投鋒鏃。驅逐不開，燈蛾向燭。知六人之平步生天也，而此爲俟宿。

王士琦　士珍　士璊

王士琦，與弟士珍、士璊，皆揚州諸生，同居徐寧巷。乙酉四月，清兵破城，各挈其婦，並縊於中堂，次序不亂。清爲封其門，不犯。

贊曰：余至武林，岳祠璀燦。子媳雙雙，祀之後殿。肅肅威嚴，神目如電。王氏三昆，夫婦殉難。同縊中堂，次序不亂。見之膽寒，兵不敢犯。

方國焕

方國焕，南直歙老布衣也。家稍裕有，子孫皆令就學讀《春秋》。年七十，筋骨旺如三四十歲，日伺壁聽讀書聲以爲樂。乙酉清兵及徽，薙髮令下。國焕聞之，爲移時不語，既聞其口作咄咄怪事。家人以爲歎息恒狀，不爲意。時十月之望，早就書樓，以他故令子及孫出。急鍵户，引錐刺左股，血吮筆，書七言八句詩於壁，有『冠裳爲重一身輕』之句，自縊死之。里人高其義，私謚耆貞先生。

贊曰：老布衣，壯筋骨。嘉《春秋》，教兒讀。薙髮令傳，怪事咄咄。刺股吮筆，書之墻屋。惟重冠裳，乃遍國俗。身死名存，千秋勿殁。

馮協颺

馮協颺，字曰賡，廣東順德人。爲諸生，餼于郡庠。廣州破，協颺求死。父曰：『當路縉紳先生受國恩重，猶難之，汝書生何爲？』協颺曰：『兒讀書解大義，兒死正以愧不死者。』先敺其妻女入井，而自懸于梁。時冬旱井竭，妻女得拯起，而協颺竟死。

贊曰：咄咄怪人，粤東馮子。縉紳皆生，爾獨求死。爾若死之，誰不當死。爾若不死，誰責爾死？惟此一死，一朝千古。嗟乎馮子，死乎不死。

陝西吏

陝西都司張吏，陝西人。李賊入，顧都司無與戰者，吏忠憤不欲生，遂鞬一篋，封識再三，上大書一『寶』字。李賊群校見欲奪之，吏曰：『無須。行上大王，速與通。』李賊盛威儀須之入。吏恭抱匍伏階下，賊令速上。曰：『文書諸公偕集，且須縣重賞。』賊以爲此傳國璽也，曰：『如果真寶，不惜官汝。』須臾，各官無後者來視篋，吏乃從容啓鑰，則白楮一板，大書一『賊』字，大聲高舉示衆曰：『吏亦有義不怕死，請爲大王正其名。』李賊怒且赧，促令殺之。吏曰：『吾欲死出此。』

贊曰：李闖入都，表勸登極。媚子諂臣，稱功頌德。比之堯舜，尚多武功。比之湯武，更無慚德。惟此張吏，《春秋》特筆。昔惟方孝孺之於文皇也，正其名曰篡，今惟張吏之於李闖也，正其名曰賊。吾將加之以一字褒也，口挾風霜而手藏霹靂。

周之蘭

周之蘭，蘇州人，爲梨園子弟，入粵東，號大班。庚寅，清復有粵東。之蘭與其妻訣：『必薙髮，我死。』妻曰：『吾聞清演劇皆不去網。』之蘭曰：『否。網髮者存，而髮去矣。』妻曰：『必薙髮，我先死。』投井死，之蘭從之。

贊曰：普天下，盡鼠尾。凡婦女，盡貂毳。不受髠鉗，倒是梨園子弟。凝碧池頭，萬姓朝天，獨有雷海青者，乃爲明皇吐氣。

劉復興

劉復興者，燕京土工也。曾入役德政殿，見先帝減膳徹樂，諸事儉約，宵衣旰食，不遑寧處，出歎曰：『皇帝如是，吾儕小人奈何？』甲申三月之後，闖賊入殿，莽自尊大，絶無威儀。復興狂怒，持刀直走入，間踞賊座，曰：『請殺我。』賊不及呼力士，復興輒自剄。

贊曰：燕京土工，親見先帝。旰食宵衣，爲民憔悴。如何闖賊，乃簒其位？狂怒持刀，直入殿陛。雖不能學李豬兒之刺禄山也，博浪一椎乃使秦政自斃。

賣柴鄉民

南京一鄉民賣柴者，入城聞安撫使到，棄柴船，躍入文城壩南龍游池死。

贊曰：建文殉難，東湖樵夫。此皆朝宦，以虎假狐。今此鄉民，不在仕途。若在仕途，其必投單安撫，朝拜於僞主之都。

舟山百姓

舟山百姓，僻處海外。自乙酉年黄斌卿受唐王命，發師援浙，斌卿踞海隅觀望。至丙戌清兵渡江，越中各鎮兵聞風駭散。魯王奔台州海門下海，循至舟山，斌卿不納，張明珍刺殺斌卿。魯王駐蹕於此者三歲。辛卯，明珍於酒席上禽北將黄朝宣，殺之，奪其兵。兵不肯服，投北營，願爲鄉導，襲破舟山。明珍復與魯王遁去，城中大老及宫嬪人等皆闔室自焚。而舟山百姓據城自守，後不能支，城中縱火，焚燒死亡略盡，並無一人出降。

贊曰：嗟彼舟山，魯王駐蹕。北騎一來，宫府奔佚。百姓守城，皆壘其室。舉火自燒，雞犬不出。在昔魯邦，猶待項籍。一示其頭，便爾歸一。今能若此，千古罕匹。

建寧百姓

建寧百姓，自降將金聲垣叛清舉義，百姓望風響應。百姓欲直趨金陵，而聲欲先通兩廣。踟躕日久，援兵四集，力不能支，退守建寧。圍之三匝，城中斗米千錢，民無異志。及城將破，百姓皆壘户自燒，火數日不絶。

贊曰：區區建寧，殘破已極。降將一來，又成反側。實是歸明，反爲作賊。三省會勦，合圍不克。斗米千錢，易子而食。人無怨言，墨守是力。舉室自焚，晝夜不熄。君子六千，頑民八百。洛邑睢陽，合而爲一。

江西百姓

江西百姓，自閣部黄道周提兵至信，百姓固守，清兵不敢入界。後黄師敗績，民兵駭散，村壤自保，以待天下之動。戊子，金聲垣反清起義，江西各府州縣皆起兵響應。聲垣復敗，各兵皆據險相持，而縉紳先生皆遁跡山林，子衿皆不出應試，而各府城縣城盡行燒燬。蒼茫一望，悉皆荒草。今經十年，村島山林，尚多完髮，而朱兵義旅在在皆是。一有聲援，皆思揭竿而起。稱爲洛邑頑民，當亦無愧。

贊曰：世界鼎革，十有餘歲。江北江南，民無異志。惟我江西，猶言起義。僻壤荒村，頭皆不薙。宿學名公，多不就試。縉紳先生，猶然避地。山野朱兵，多如刺蝟。余目見之，嘖嘖稱異。及見志書，昭然發寐。信州廬陵，自古尊之爲文章節義。

動物

義馬

昭烈帝初奔劉表，屯於樊城。表左右欲因會取帝，帝覺如廁。便出所乘馬的盧走，墮襄陽城西檀溪水中，溺不得出。帝急謂的盧曰：『今日厄，何不努力？』的盧躍起三丈，帝得過。

孫堅於西華失利，被鎗墜馬，衆散不知所在。堅所騎驄馬馳還營，踣地嘶鳴。將士隨驄去，得堅于艸中。

符堅爲慕容沖所襲，馳馬墮澗，計無由出。馬踟躕臨澗，垂鞚與堅。堅不能及，馬又蹲而授鞚。堅攀鞚得登岸，而走廬江。

唐秦叔寶所乘馬號忽雷駮，嘗飲以酒，每於月明中試之，能豎越三領黑氊。叔寶卒，馬嘶鳴，不食而死。

明王禎以國子監除夔州府判，會石和尚流劫入菱，禎鏖戰，死陣中，馬奔歸府門，長嘶若告急狀。子廣奔得父屍，貧不能歸，售馬於同知王，王不償直。櫬行，夜方半，馬哀嘶特異，王起視櫪，馬驟前，囓其頸，復擣其胸，王遂斃。

義象

唐玄宗有舞象，安禄山得之。誑各酋長曰：『吾當有天下，象見吾，必拜舞。』命左右引象至，則瞪目憤怒，掀鼻豎牙，直奔上殿。禄山大慚怒，命左右置檻阱中，以烈火爇之，以刀槊，俾壯士乘高投之洞中，胸臆血流數丈而死。樂工見者無不掩淚。

義鴛

劉世用嘗在高郵湖見漁者獲一鴛，其一飛鳴，逐舟不去。舟人殺所獲鴛而烹之，將熟揭釜，其一亦即飛入，投湯而死。

義雁

王蔭伯教諭銅陵時，有民舍除夜燎煙，祓除不祥。一雁偶爲煙所觸而下其家，以爲不祥，怒而烹之。明日，一雁飛鳴繞屋，亦墜而死。

元裕之赴試并州，道逢捕雁者獲一雁，殺之。其脱網者悲鳴不能去，竟自投於地而死。裕之買得，葬汾水之上，累石爲墓，號曰雁丘。

義鸜鵒

郎氏畜一鸜哥，善曉人意，客至必報知主人。一日有客欲以高價易之，主人見許。鸜哥注目久聽，觸籠而死。

楊崇義妻劉氏有殊色，與鄰兒李弇私謀殺崇義，置之智井，並無人見，但有鸚武在堂前架上。其妻反告縣，言夫不歸，四下尋覓。縣官至其家檢校，鸚武忽然稱屈曰：『殺家主者劉氏、李弇也，屍在枯井。』驗實置法。奏聞明皇，封鸚武爲綠衣使者，付后宫餵養。

唐玄宗播遷於蜀，所攜鸚武放之山林。及高力士從蜀歸，鸚武見之，輒飛翔頭上，問曰：『上皇安否？上皇安否？』

義鳩

漢高祖戰敗滎陽，項羽追之，避於枯井。雙鳩集飛井上，羽以爲無人，故高祖得免。後漢朝正旦放鳩爲此。

義鸚武

宋高宗養鸚武百十一日，問之曰：『思鄉否？』鸚武曰：『思鄉。』遂遣中使送歸隴山。後數年，有使臣過隴，鸚武問曰：『上皇安否？』使臣曰：『上皇崩矣。』鸚武聞之，皆悲鳴不已。使臣賦詩曰：『隴口山深草木黄，行人到此斷肝腸。耳邊不忍聽鸚武，猶在枝頭説上皇。』

義犬

吴興姚氏家畜二犬。主人卧病，其僕父子三人謀害其主。將下手，而主人哀祈丐飯一碗，以作飽鬼。其僕往厨下取飯，一犬咋其喉，斷而死，一犬走咋其二子，亦喉斷而死。主人獲免。

李信純，襄陽紀南人，家養一犬，字曰黑龍，愛之甚，行坐相隨。忽一日城外飲酒，大醉卧草中。太守鄭瑕出獵，見田草深，遣人縱火焚之。信純卧處恰當順風，犬見火來，乃以口拽純衣，純不動。卧處有溪，相去三五十步，犬即奔往入水，走卧處週迴，以身濕之，至此火熄，信純獲免，犬疲斃純側。俄純醒，見犬死，遍身毛濕，甚訝其事。周迴睹火蹤跡，因爾慟哭。聞於太守，太守憫之，曰：『犬之報恩甚於人，葬以大禮。』即命其棺槨衣衾如人數。今紀南有義犬塚。

會稽張然在外不歸，家有少婦與奴私通。然豢一犬，名烏龍。然歸，婦恐事露，與奴謀殺之。妻方作食進然，而奴持刀伏入。犬跳躍傷奴，奴失刀仗倒地，犬咋奴頭。然因取刀斬奴，以婦付官殺之。

柳超，唐中宗朝爲諫議，因得病卧床上，邸中無眷屬，止得二奴一犬。超病劇，二奴謀進毒藥以弑其主。持藥進房，一犬踞門噬殺其僕，一僕急來救護，并噬殺之。主人尋病愈，得以不死。

袁粲死，粲小兒數歲，乳母攜之投粲門生狄靈慶。靈慶曰：『吾聞出郎君者有厚賞。』遂抱出首。乳母呼天曰：『公昔與汝有恩，故冒難歸。汝奈何欲殺郎君，以取重利？若天地鬼神有知，我見汝滅門矣。』此兒死後經年，忽見一狗走入靈慶家，遇靈慶于庭，噬殺之，并噬其妻子稚兒。此狗即袁郎所常騎犬也。

萬曆間，蕭山有柳樹郎者，爲負販，一女贅婿某，婿畜一犬，同其飲食。一日，柳樹郎毆殺其婿，支解之，屍置數處。踰旬日，蕭山令林公諱有臺至西陵，犬攔轎咆嘷，令異之。踰頃，犬啣一人肘至，咆嘷如故。令愈異之，命一役隨犬去至荒野，犬舉足掐地。役掘其數尺，一人首血淋漓。役持獻令，令購問，乃柳樹郎婿也。即時拘樹郎，服辜成獄。

義虎

荆溪二人爲總角友，壯而一貧一富。貧子有妻，色麗，富子畜謀，賺貧子夫婦至某山趾，留貧婦守舟。二人先往入山，至僻静處，蹴之委地，出腰鉞斫之，隕絶，因作佯死。富子哭下山，謂其婦曰：『若夫爲虎所噬，可若何？』婦大哭。富子言：『哭無爲，吾試同若往跡之，得骨亦可歸葬。』婦從之上山，又引入險惡溪林中，擁而求淫。婦政窘，忽虎出叢柯間，咆哮奮前，嚙富子，躑躅而去。婦驚定，心念其夫果不免虎口矣，乃轉身歸。途次遇其夫負創至，婦疑爲鬼，相偪，果其夫也，相攜大慟，各道故，始知宛轉爲富子所計賺也。祝京兆爲作《義虎傳》。

義猴

唐昭宗播遷，隨駕有弄猴，能隨班起居。昭宗賜以緋袍，號供奉。朱梁篡位，取猴，令殿下起居。猴望見全忠，徑趨而前，跳躍奮擊，遂令殺之。

義烏

顔烏，浙之金華人。父亡，負土築墓，有群烏啣土助之，其吻皆傷，因以名縣。

義鵬

宋帝昺駐蹕於崖門山，爲元兵所迫。丞相陸秀夫抱帝赴海死，時御舟一白鵰奮擊哀鳴，墮水以殉。

烈鳥

秦吉了，能言鳥也，出蜀敘州，一日夷人買去。秦吉了曰：『我漢禽，不入夷地。』遂驚死。

義燕

宋末有女姚玉京，夫溺水死，守志。室有雙燕，一爲貓傷，其一孤飛，悲鳴徘徊。至秋集玉京之臂，有依依惜別之意。玉京以紅絲繫其足，囑曰：『明春復來，與我作伴。』自後秋歸春來，凡六七載。其後玉京病死，燕至啁唧哀鳴。家人語曰：『玉京死矣，墳在南郊。』燕飛往其地，悲啼至死。

德興土坑夏氏子，好張弓挾彈，亂射飛禽。雙燕在梁間，射之，遂斃其雄。門外有坡水，雌者遶屋飛鳴，徑往投入於水。客聞，皆作歌傷之。

烈鸛

高郵有鸛，雙棲於南樓之上。或弋其雄，雌鸛獨孤宿月餘。有鸛一班，偕一雄來與共巢，若媒誘之然，竟日始飛去。孤者哀鳴不已，忽攢嘴入巢隙，懸足而死。州人無不嗟呀，稱爲烈鸛。

義鴿

江浙平章巙巙家畜二鴿，其雄爲鶻所傷，家人另覓一雄配之。雌者不受，遂鬬而死。謝翶巢爲作《義鴿傳》。

贊曰：人之至不肖者，呼以禽獸，未有不惡。試自問之，凡所謂異於禽獸者，大約以五十步者笑其百步。如是之人，而乃稱之以禽獸，吾恐禽獸聞之，亦必赫然其怒。

（贊曰：螻蟻君臣，不離蟲垢。鴻鴈夫妻，不離禽獸。人而無禮，父子聚麀。信純義犬，嵇紹血浣。孫堅義馬，尉遲圍解。昭宗義猴，假笏擊頭。顔烏義烏，范式負土。荆溪豢虎，朱亥破斧。人之下闕）

附録一 國圖刻本别見數則

張進之

張進之，宋武帝時，家世富足，經荒年，散財救贍鄉里，遂以貧罄，全濟者甚多。太守王味之有罪，當見收，逃避進之家，供奉經時，盡其誠力。味之嘗地，墮水沈没，進之投水捄，相與沈淪，久而得免。時劫掠充斥，每入村抄暴，至進之門，輒相約勒不得侵犯。其信義所感如此。文帝元嘉初，詔蠲其徭役。

贊曰：不惜凶年穀，人人皆鼓腹。複壁藏髠鉗，呵護如戚屬。振之起泥塗，拯之出水族。燕兵入晝里，不敢驚王蠋。

李大亮

李大亮，京兆涇陽人。初時爲賊所獲，賊帥張弼見而釋之。及大亮貴，求弼，弼爲將作丞，匿不見，亮求之不能得。一日識諸途，持弼泣，悉推家貲與之，弼拒不受。乃言于帝曰：『臣及事陛下，張弼力也，願悉臣官爵授之。』上爲擢弼中郎將。時人義之。

贊曰：弼不釋，亮不生；亮不遇，弼不貴。兩人報施，瑣如牙僧。所難能者，亮已大貴。昔爲賊擒，犯其所諱。張膽言之，絶無避畏。朝廷有知，擢爲廷尉。寧使戴淵投刀，肯使陸機去位？

李綱　李安仁

李綱，字文紀，周齊王憲引爲參軍。宣帝將坐憲，召僚屬證成其罪。綱誓之以死，終無撓詞。及憲遇害，露車載屍而出，故吏皆散，惟綱撫棺痛哭，躬自埋瘞，哭拜而去。憲女孀居孑立，綱時時贍恤之，終身不怠。綱孫安仁，永徽中爲太子左庶子屬。太子被廢，歸于陳邸，宫寮皆逃散，無敢辭送者，安仁獨涕泣拜辭而去。朝野義之。

贊曰：孫宫寮，祖齊幕。祖貫高，孫欒布。覆巢遺卵徒傷心，孀居寡女加呵護。故主骸骨誰敢收？延陵季子走荒墓。我欲擬君無世家，鳳趾麟定艱其步。李綱祖兮安仁孫，純仁子兮仲淹父。

王方翼

涼州刺史趙持滿，多力善射。其舅長孫銓，長孫無忌之族弟也。無忌誅，銓坐無忌，流嶲州。敬宗恐持滿作難，誣以同反，召至下獄，訊掠備至，終無異辭。曰：『身可殺也，辭不可更。』吏乃代爲獄辭，結奏誅之，屍于城西。親戚莫敢視，友人王方翼收而葬之。上聞之，不罪也。

贊曰：涼州刺史多膂力，天子鈎距收黨籍。至死欲白長孫冤，願把尸骸蔭草液。城西暴露莫敢收，匍匐而來王方翼。黄壤仝堆義士骸，學取萇弘地下碧。

狄仁傑

狄仁傑，爲并州法曹。同僚鄭崇質當使絶域，崇質母老且病，仁傑曰：『彼母如此，豈可使之有萬里之憂？』詣長史藺仁基，請代行。仁基素與司馬李孝廉不協，因相謂曰：『吾輩豈可不自媿乎？』遂相與輯睦。

贊曰：曾聞梁公，辨人黨結。以頭觸柱，額皮盡裂。矢志勿移，中心如鐵。取日虞淵，補天陷缺。代使絶夷，此猶小節。

李撝

新興王晉，坐太平公主逆黨，伏誅。僚吏皆奔散，惟司功李撝步從，不失在官之禮，乃哭其尸。姚元之曰：『欒布之儔也。』擢爲尚書。

贊曰：指賢爲佞，屈軼艸枯。觸正爲邪，觟觽角瓬。志士填胸，義夫徒步。血化秋燐，骨爲碧墮。盡屬禮耳，不曉欒布。

柳宗元

王叔文之黨皆爲遠州刺史，柳宗元得柳州，劉禹錫得播州。宗元曰：『播州非人所居，而夢得親在堂，萬無母子俱往理。』請于朝，欲以柳易播，禹錫得改連州。

贊曰：夷箐鬼方，蠻煙棘雨。子與母俱，萬無往理。臣願易播，臣即夜馳。臣無老親，臣力未疲。臣與禹錫，寔無姻娌。

包明

包明者，不知其鄉里。少爲兵，事湯岐公，自樞密至左相，明常在府。紹興末，岐公以御史論罷。故例，一府之人皆罷，遇拜執政，則往事焉。久之，御史中丞汪公澈拜參知政事，一府皆往。汪公蓋前日劾湯公者也，於是明獨不肯往，曰：『是常擊吾公者，持何面目事之？』雖妻子飢寒，不之顧。未幾以病死。

贊曰：達者聞言，疾風過耳。鄰犬吠主，終身不齒。妻子飢寒，恨其迂腐。對之何顏，如擣如刲。吁嗟古人，毋忘檻車，射鈎仲父。

喻南彊

喻南彊，字伯彊，義烏人。少負奇氣，從陳亮游。時當路欲排善類，指陳亮爲根，煅鍊刺骨，門人噤不敢出一語。南彊誚責同門，謂：『陳先生無辜蒙罪，吾曹爲弟子，當怒髮衝冠，乃影響昧昧，是得爲人類乎？』亟走見葉適。適曰：『子真義士也。』即秉燭作數書。南彊持之去，伸訟諸公卿間，亮冤遂白。

贊曰：世界無知，擠排善類。謂陳先生，無辜蒙罪。吾曹弟子，影響昧昧。鬚眉巾幗，得爲人類？南彊怒罵，走見時貴。秉燭作書，冤囚吐氣。本屬無辜，陷之犴狴。連作數書，忽成脱距。嗟乎唏嘘！生死性命，玩仝兒戲。

林見素王陽明記

見素林公，聞寧濠之變，即夜使人範錫爲佛郎机銃，并抄火藥方，手書勉予竭忠討賊。時六月毒暑，人多道暍死。公遣兩僕裹糧從間道昌暑晝夜行三千餘里以遺予，至則濠已就擒七日。予發書，爲之感激涕下。蓋濠之擒，以七月二十六，距其始事六月十四，僅月有十九日耳。世之君子，當其任，能不畏難巧避者鮮矣，況已致其事而能急國患踰其家如公者乎？蓋公之忠誠根于天性，故老而弥篤，身退而憂愈深，節愈勵。嗚呼！是豈可以聲音笑貌爲哉！嘗欲列事于朝，顧非公之心也。爲作佛郎機頌，詠君子之同聲者，將不能已於言耳矣。

佛郎機，誰所爲？截取比干腸，裹以鴟夷皮。萇弘之血釁不足，睢陽之怒恨有遺。老臣忠憤寄所洩，震驚百里賊胆披。徒請尚方劍，空聞魯陽揮。段公笏板不在兹，佛郎机，誰所爲？

贊曰：余見朝臣，狡若市獪。身擔寄閫，擊之若浼。託言勤王，僅罔市利。金玉盈輂，談笑歸去。怎如林公，方在休致。千里裹糧，先期攘臂。不欲題請，但存素志。郎機一聲，電轟雷厲。

冀元亨

陽明逆知濠變，使門人冀元亨因講學，説濠以君臣大義，或格其奸。濠不懌，已而滋怒，遣人陰搆害之。冀辭陽明曰：『濠必反，先生宜蚤計。』遂遁歸。至是聞變，知陽明必起兵，即日潛行赴難，躬冒矢石。後坐濠黨逮繫，陽明爲出疏糾正之。

贊曰：使隋何，説黥布。烹酈生，逃鼎鑊。赴趙軍，從無忌。救邯鄲，談笑去。戮黨錮，醢子路。出髡鉗，赦季布。

王忬

王司馬忬，爲嚴黨所陷，下詔獄論死。山陰胡公朝臣亦在獄，意氣相得。一夕，胡愾歎，王偵之，胡曰：『山荆書來，爲兒子畢姻，家無擔石，增忉怛耳。』王問：『幾許可了？』胡曰：『至儉得六十金。』王曰：『是不難，當爲兄辦之。』至黎明駕帖到，王公即時處斬。王公子世貞、世懋俱未至邸。家奴倉遑問家事，王弟曰：『我昨晚許山陰胡參政六十金了姻事，汝急往措辦，即日送去，勿忘吾言。』言畢赴市，餘都無説。

岱子曰：王司馬典刑，二子適以是日至，跪舐頸血，鬶地成坳。後嵩敗，世蕃腰斬，弇州賂儈子千金，多截一肪，得肉二觔，薦司馬訖，二子生啖之，可謂憤而毒矣。然則蕃之殺忬，非自殺乎？一間耳。

贊曰：天威迅烈，灰飛煙滅。倉皇而來，奴與主訣。主第怡然，安詳嫳屑。昨許斷金，吾信恐缺。若往餽之，更有何説。鐵嚮金鳴，清風明月。文山帶銘，猶然饒舌。

七姬

七姬皆良家子，事江浙行省左丞潘元紹爲側室。事其主及夫人，皆能以禮。潘在任，外寇抵城，潘臨戰。一日急歸，召七姬曰：『我受國重寄，義不顧家，脱有不諱，若等宜自引決，毋爲人恥也。』一姬曰：『主君遇妾厚，妾終無二心。請及君時死以報，毋令君疑也。』遂趨入室，以其帨自經，死於户。六人者亦皆相繼經死。潘聞之，痛絶，乃斂其屍焚之，合爲一塚，勒石以誌其名焉。一程氏，蜀郡人，年三十。一翟氏，廣陵人，年二十三。一徐氏，黄岡人。一羅氏，濮州人。一卞氏，一彭氏，俱海陵人，年二十。一段氏，大寧人，年十八，蓋先死者也。

贊曰：田横已死，黄蛇穿土。元紹未死，雉經在户。未雨先潦，何其太駛！及君先盡，令君勿疑。賊寇未來，妾等勿知。

雷學憲妻

雷學憲，爲廉吏子，家不聊生。妻家嫌其貧，更納某氏采。其女日夜泣，阻之不得，乃告其父曰：『大人以雷貧負盟，兒亦惟命。但聞其姑日無炊，兒幼所貽玩，得金數鎰，請歸迎時迂道雷家，兒得親贈之，于願畢矣。』父不得已，從之。親迎之日，輿過秀才廬，使人呼秀才。秀才不肯出，使者覆命再三，新婦不答。及啟轎扉，新婦用釵股刺其喉幾斷，頸血淋淋出乘輿矣。衆人驚散，秀才聞，亟出抱之。畀至中堂，以婦禮發喪，終身不娶，報其義焉。及登第後，凡行立坐卧，每奉一主以從，昏定晨省，必低聲呼夫人者再，儼如生者。

贊曰：壻家奠雁，貞女出幃。誰謂摽有梅，吾自殷其雷。吾爲雷家婦，吾爲雷家鬼。怒氣清塵，血淚灑道。借彼作前旌，送我於歸妹。

陳堯典　林守卞

陳堯典，字虞甫，林守卞，字大璧，俱閩之福清人。虞甫習聞歐陽暉伯曦與大璧交，若有意乎其人者，伯曦未之聞也。伯曦被逮入，竊謂從黄一鳳曰：『萬里無親，相識遠避，吾其死矣。此去前門不遠，林大璧若在，尚可幾也，試往偵之。』大璧初不識一鳳，信至，淚下沾襟，即排闥以進，與伯曦相向哭失聲，遍向旗尉叩首，爲伯曦請命，辭甚悲壯。諸尉有爲泣下者，如是者再。人皆爲大璧危。大璧毅然不顧，解衣貿金，以濟其急。既得事始末，轉謀之虞甫。虞甫聞之，如己事，茫茫若有所失者數日，捐金相問。伯曦就訊司寇，適有招虞甫飲者，虞甫憮然曰：『友人方罹於法，未知死所，吾其忍以杯酒腐腸耶？』座上爲之不歡。比出獄，虞甫始與伯曦相識，若不勝情。旋遣使辭曰：『昨閲邸報，聖主多雨露之恩。讀爰書，知贖金一鍰有奇。竊計清白逐臣，安所措置？不肖雖逆旅貧儒，索槖中，猶可佐其半。』願輸之司寇之庭，爲公結此局。』伯曦敘其事曰：嗟乎！暉何以得此於虞甫哉！令暉於虞甫有夙昔交好意氣，猶恐患難生死易心，況乎臨不測之淵，處必陷之穽，以索未半面之交，鰓鰓然恤其乏而賑其窮，若骨肉至親而必不可解者？此何人也耶？暉蒙難而德大璧，復因大璧而德虞甫。語云：『不知其人，視其友矣。』

贊曰：勿謂無耦，友以及友。勿謂羨金，貧以濟貧。當其周急，情仝至戚。及其相見，未通半面。影響金蘭，夢寐膠漆，患難死生，況臨不測之人也。其氣挾風霜、志凌金石也耶？

附録二　記張岱未刊稿本《古今義烈傳》

丁　紅

浙江圖書館善本書收藏中，有一部《古今義烈傳》八卷未刊稿本，是明末清初著名的文學家和史學家張岱撰寫的一部述評歷代義烈之士的傳記體史書。

張岱，初字宗子，以人稱石公，即改字石公，號陶庵，又號蝶庵，山陰（今浙江紹興）人。生於明萬曆二十五年（一五九七），卒於清康熙年間（一説爲康熙二十四年，一六八五）。平生讀書廣博，經史百家，靡不涉獵，著述弘富，史論、小品，佳作迭出。據其《自爲墓誌銘》所載，已編集成書的即有十五種，其中像《瑯嬛文集》、《石匱書》、《陶庵夢憶》、《西湖夢尋》等，早已爲世人所熟知。這部《古今義烈傳》，則是見載於《自爲墓誌銘》而又流傳甚少的一種。

《古今義烈傳》爲一個八卷四册的本子，正文以楷書寫録，書口上下方分别印有『石匱書』、『鳳嬉堂』字樣，而《石匱書》是張岱入清後編纂的一部著名的明代史書，其原稿本也録在有『鳳嬉堂』字樣的稿紙上，由此可知這部《古今義烈傳》乃是張岱原作的謄清稿本，具有極爲珍貴的文獻價值。

《古今義烈傳》卷首有明末文士陳繼儒、劉光斗、祁彪佳、馬如蛟、劉榮嗣所撰的序和張岱自序，除劉光斗序未署明年份外，其餘五篇序均撰於崇禎元年至五年間（一六二八—一六三二)。其中崇禎四年(一六三一)祁彪佳序云:『張宗子目窮學海,才注文河,十年搜輯,得烈士數百餘人,手自删削,自成一家言。』據此,張岱開始纂輯本書的時間不會晚於天啟元年(一六二一)。本書張岱自序撰於崇禎元年(一六二八),序中有『余自史乘,旁及稗官,手自鈔集,得四百餘人,繫以論贊,傳之剞劂』云云,而列於該篇自序後的《古今義烈名籍》(張岱撰),則謂本書『始於周鎬京,迄於明崇禎甲申(十七年,一六四四)』,『得五百七十三人,爲四百七十二贊』。兩文對勘,可見早在崇禎初年,張岱已經完成本書的第一稿,請人作序,準備刊印。而後由於時局的變化,作者續加搜輯,人數由初稿的四百餘人增加到五百餘人,時間下限也延至崇禎末年,這便是我們今天所能見到的本子。簡略記載這個本子纂輯實況的《古今義烈名籍》未曾撰寫年月,但從本書收人的下限看,它的最終定稿,當在清初。

從天啟到清初,歷史發生了重大的轉折,明王朝從没落終至於崩潰,清兵入關,統治了全國大部分地區。張岱本人也在這天崩地裂的突變中,由一個二十餘歲喜愛鮮衣美食的紈絝子弟,成爲一位年近知命、布衣蔬食而又富於洞察力的史學家。這一歷程在《古今義烈傳》裏留下了明顯的印痕。一方面,受晚明以來崇尚個性解放、思想獨立思潮的浸潤,作者在選擇『義烈』之士時,首先考慮的是那些不爲功利目的所左右,純粹從道德立場出發,而其行爲又明顯具有個人魅力的人。卷首《凡例》開宗明義:『凡慷慨赴義,必於倉皇急遽之交,生死呼吸之際,感觸時事,卒然迸裂,如電光、江濤不可遏止,雖生平未通半面,遽欲與臧洪同日死者,此爲第一。其餘受人恩結，有爲而死，如荊軻、聶政之流，不在此列。』荊軻、聶政在傳統中國社會中一向被當作義士的典範，而張岱卻棄之不取，原因即在張岱所謂的義烈，是非功利性的，而荊、聶所爲，則是受人之恩，帶有交换性的功利之舉。與這種非功利性相關聯，張岱所看重的，還有義烈之士思想人格上的獨立性。他對於傳統的君臣名分評價甚低，認爲『君臣之分，莫逃天壤，無論名節懸於其前，實亦斧鑽逼於其後。故一丁艱厄，有死無他』（同上），一針見血地指出了『忠臣死節』背後的嚴酷。由此對愚忠之舉痛加貶斥，以爲『有死主之勇，須先有擇主之明。苟託身非人，不能見幾，復爲死難，則是蔡邕之哭董卓，揚雄之死王莽，徒資萬世笑駡耳，何義之有與』（同上）。這也就將習慣上經常連提並舉的『忠義』之説，從理論上作了細致的區分，能盡忠者未必都是義士。在自序中，張岱回憶自己讀《水滸傳》小説時的感受，謂『宋江爲宋室一大盜俠，少有折挫，輒爲之扼腕懊惱，與官兵截殺，惟恐水滸之人不獲全勝；一至以征大遼，手足零落，慘然悲悼，不忍終卷。宋江，盜也，何愛護之若是？無他，爲忠義兩字所排激也。』這其中所歸的『忠義』兩字，聯系上面所引，可知重心在『義』字，是基於義的忠。這種基於義的忠基本上不考慮政治名分，而同時又帶有十分强烈的個人性格魅力，因此即便是大盜，依然爲張岱所激賞。

另一方面，由於明清易代之際，士大夫在去就大節上出現分流狀况，有人屈服以至投靠清王朝，有人義不降清，而張岱本人作爲明王朝高級官僚的後裔（高祖天復爲嘉靖二十六年進士，曾任雲南臬司副使，曾祖元忭乃隆慶五年狀元，官至翰林院侍讀、詹事府左諭德，祖父汝林是萬曆二十三年進士，出任廣西參議，而父親耀方晚年做過山東兖州魯王府的右長史，是魯獻王的親信），感情上必然偏向明室，因而在《古今義烈傳》的最後二卷中，録載了不少盡忠王朝的義烈之士。如陳元綸條云：『陳元綸，字道掌，福州人，名士貢薦。丙戌，貝勒兵入福京，有爲清官者，與元綸夙交，造廬通好，元綸束網頂儒巾青袍迎坐。清官顧駭，請具清式以見。元綸笑起，云：「欲生换制，乞少選。」入内。清官竢之坐次，忽哭聲出户，報元綸頂儒巾青袍雉經死矣。』這種對於名分的重視，又顯現了張岱在特定時期裹編纂本書的特殊用意。不過即便如此，作者對於那種追求形式的迂執的『義烈』做法仍然不太贊賞。如卷八記述平湖人陸士鉉在甲申事變後撰《絶粒篇》，並絶食而死；一位福建籍的『畫網巾先生』因不願雉髮，反在自己額上畫網巾，而被清兵所害，即撰贊曰：『作《絶粒篇》而不必絶粒，畫網巾而不必網巾。世間凡事，何須認真？取其意也，則亦可以成名。』雖語涉玩世，但所謂『取其意』，歸根到底還是强調『義烈』之舉應建立在尊重個人的人格以及思想獨立方面，而非片面的殺身成仁。

《古今義烈傳》從總體上説是一部帶有濃重道德色彩的史傳著作，然而由於作者張岱不僅是一位睿智的史學家，同時也是一位傑出的文學家，因此本書在文學上也頗有創意。祁彪佳謂『其點染之妙，凡當要害，在餘子宜一二百言，宗子能數十字輒盡情狀。及窮事際，反若有千百言在筆下』（《義烈傳敘》），即點出了張岱寫傳言短意長、情狀畢肖的特色。檢書中所記，如卷六『彭任』條述宋代富弼的門客彭任自請跟隨富氏出使時，『一旦坐酒肆，與其徒飲且酣，聞彦國當使不測之虜，憤憤推酒床，拳皮裂，遂自請行，蓋欲以死扞彦國者也』，即十分生動。又書中敘述義烈之士的事跡時，常采用轉録人物對話的形式，增加了本書的感染力。像卷四『嚴顔』條記三國時張飛破劉璋軍，俘獲巴郡守嚴顔後，張、嚴二人間的一段對話，便極有意思：『飛呵之曰：「大軍至，何敢拒戰不投？」顔答曰：「卿等無狀，侵奪我州，但有斷頭將軍，無降將軍也。」飛怒，令左右牽去斫頭。顔應曰：「斫頭便斫頭，何爲怒耶？」』幽默的語言活畫出一位視死如歸的義士不屈的性格。

本書每則傳記的末尾，又均有張岱所撰的論贊，或爲總結義士之思想，或爲補充篇中未及之事，或抒己見，或寓褒貶，文筆流暢清新，語句跌宕多姿，被陳繼儒評爲『蒼翠筆底，贊語奇峭，風雹雲霆，龍蛇虎豹，腕下變現，而雋冷悠然，飄渺孤鴻，天外嘹嚦，是又《漢書》、《三國》諸贊中所絶不經見也』。

同時，論贊還載録了在明亡以後張岱自己的行跡。明亡之後，張岱披髮入山，避居剡溪，生活發生根本變化，『布衣蔬食，常至斷炊』（《自爲墓誌銘》），但仍能以明代愛國遺民的身份矢志勵節，在窮困中堅持著述，直至老死。而《古今義烈傳》使我們發現張岱在明亡之後，還先後到過江西、陝西、江浙一帶進行實地考察，體察民情，收集資料。更值得注意的是，張岱在卷六『張鎧』條贊中記曰：『嗟余大明，勢如瓦解。岱奉魯王，支持宗社。移檄浙東，取齊兵馬。

意欲渡江，恢復華夏。死守一年，兵疲將寡。遇同天祥，竟傾大廈。東奔西逃，被執復捨。岱亦有言曰：「今日降而死，何以見我祖魏公於地下！」』這説明張岱作爲愛國遺民，其矢志勵節不僅僅表現在長時間的堅持撰著方面，還表現在直接投身於抗清保明的社會政治活動中。因此，《古今義烈傳》對我們研究張岱的生平事跡、明代史學和文學無疑頗有參考價值。

圖書在版編目(CIP)數據

古今義烈傳 /（明）張岱撰；丁紅點校. —杭州：
浙江古籍出版社，2018.4(2023.5 重印)
（張岱全集）
ISBN 978-7-5540-1082-2

Ⅰ.①古… Ⅱ.①张… ②丁… Ⅲ.①歷史人物—列
傳—中國—古代 Ⅳ.①K820.2

中國版本圖書館 CIP 數據核字(2017)第 184015 號

古今義烈傳

（明）張岱 撰　丁　紅 點校

出版發行　浙江古籍出版社
（杭州市體育場路 347 號　郵編：310006）
網　　址　www.zjguji.com
責任編輯　况正兵
文字編輯　潘丕秀
封面設計　劉　欣
責任校對　余　宏
責任印務　樓浩凱
照　　排　浙江時代出版服務有限公司
印　　刷　浙江新華數碼印務有限公司
開　　本　880mm×1230mm　1/32
印　　張　12.125
插　　頁　2
字　　數　250 千
版　　次　2018 年 4 月第 1 版
印　　次　2023 年 5 月第 3 次印刷
書　　號　ISBN 978-7-5540-1082-2
定　　價　50.00 圓(精裝)